"东莞市中学综合实践活动课程建设的实践研究"系列成果

课题负责人　王　健

综合实践活动建构与行动

主　编	王　健			
副主编	卢名远	万　飞	冷芬腾	
编　委	杨颖峰	王淑娟	刘昌波	赖桂婷
	李　敏	郑敏祥	余　璐	何祁黎
	梁　毅	丁梦蕾	梁燕凤	朱迎莉
	年玉娟	郁昌富	许伟沛	卢佳燕
	黄泽鑫	邓艳梅	曹峰华	徐航航
	黎　强			

·广州·

图书在版编目（CIP）数据

综合实践活动　建构与行动/王健主编. —广州：广东高等教育出版社，2017.12（2019.12 重印）

ISBN 978 - 7 - 5361 - 5896 - 2

Ⅰ. ①综… Ⅱ. ①王… Ⅲ. ①社会实践 - 活动课程 - 中学 - 教学参考资料　Ⅳ. ①G632.429

中国版本图书馆 CIP 数据核字（2017）第 075285 号

出版发行	广东高等教育出版社
	地　址：广州市天河区林和西横路
	邮政编码：510500　电话：（020）87553335
	http：//www.gdgjs.com.cn
印　刷	虎彩印艺股份有限公司
开　本	787 毫米×1 092 毫米　1/16
印　张	20
字　数	492 千
版　次	2017 年 12 月第 1 版
印　次	2019 年 12 月第 2 次印刷
定　价	45.00 元

编 写 说 明

综合实践活动是一门新兴课程。该课程的实施存在以下客观困难：缺乏专业教师，缺乏教学资源；该课程具有跨学科"综合性"特点，需要多学科教师协同指导学生开展相关活动，协同开发教学资源，而绝大多数教师又不甚了解该课程，所以迫切需要对全体教师进行通识培训。基于以上原因，东莞市教育局教研室主任王健以省级课题"东莞市中学综合实践活动课程建设的实践研究"为抓手，带领全市骨干教师尝试用一种新的体例方式编写了《综合实践活动 建构与行动》一书。

综合实践活动是国家必修课程。社会实践是学生综合素质的重要组成部分；《国务院关于深化考试招生制度改革的实施意见》（国发〔2014〕35号）及《教育部关于加强和改进普通高中学生综合素质评价的意见》（教基二〔2014〕11号）等文件指出，要全面推进学生综合素质评价，建立健全综合素质评价制度，规范学生综合素质档案，建立包含学生综合素质在内的多元录取机制；《广东省人民政府关于深化教育领域综合改革的实施意见》（粤府〔2015〕20号）也指出，要将综合素质评价纳入中考、高考招生录取体系。因此，加强中学综合实践活动课程建设，适应新的招生改革，深入推进素质教育是十分必要和迫切的。

本书主要介绍综合实践的以下几个模块：研究性学习、社会实践、社区服务、劳动与技术、社团活动，每个模块主要从模块含义、主要内容、实施要点、典型案例等部分进行介绍。本书较多内容采用"思维导图形式"来编写，各知识点之间的层次与关系清晰，易读易理解。本书可以作为教师教学参考用书，也可以作为教师通识培训用书，还可以作为学生学习的辅导用书。

开发、编写本书的过程存在诸多困难：经验不足、全新尝试、课余时间少等。本书定有不足之处，敬请各位专家、同行批评指正！

本书的编写得到了广东省教育研究院的领导与专家、东莞市教育局领导的支持与指导，本书也是东莞市各位骨干教师的智慧与汗水的结晶，在此一并真诚致谢！

编 者
2017年2月

目　　录

研究性学习

第一章　研究性学习简述 …… 3
　一、研究性学习的含义 …… 3
　二、研究性学习的特点 …… 4
　三、研究性学习的内容 …… 5
　四、研究性学习的意义 …… 8

第二章　研究性学习的开展 …… 11
　一、研究性学习的实施原则 …… 11
　二、研究性学习的实施类型 …… 12
　三、研究性学习的组织形式 …… 13
　四、研究性学习的实施过程 …… 14
　五、研究性学习的评价 …… 20

第三章　研究性学习案例 …… 23

社会实践

第一章　社会实践简述 …… 77
　一、社会实践的含义 …… 77
　二、社会实践的性质 …… 77
　三、社会实践的特点 …… 77
　四、社会实践的课程内容 …… 78
　五、社会实践的意义 …… 79

第二章　社会实践的开展 …… 81
　一、社会实践的实施原则 …… 81
　二、社会实践的基本类型 …… 82
　三、社会实践的组织形式 …… 83
　四、社会实践的资源开发 …… 83
　五、社会实践的实施过程 …… 86

第三章　社会实践案例 ………………………………………………………… 105

社区服务

第一章　社区服务活动简述 ……………………………………………………… 191
　一、社区服务活动的含义 ……………………………………………………… 191
　二、社区服务活动的特点 ……………………………………………………… 191
　三、社区服务活动的内容 ……………………………………………………… 192
　四、开展社区服务活动的意义 ………………………………………………… 193

第二章　社区服务活动的开展 …………………………………………………… 195
　一、社区服务活动的实施原则 ………………………………………………… 195
　二、社区服务活动的基本类型 ………………………………………………… 195
　三、社区服务活动的组织形式 ………………………………………………… 198
　四、社区服务活动资源的开发 ………………………………………………… 198
　五、社区服务活动的基本过程 ………………………………………………… 199
　六、社区服务活动的评价 ……………………………………………………… 204

第三章　社区服务活动案例 ……………………………………………………… 208

劳动与技术

第一章　劳动与技术简述 ………………………………………………………… 249
　一、劳动与技术的含义 ………………………………………………………… 249
　二、劳动与技术的内容 ………………………………………………………… 249
　三、劳动与技术的意义 ………………………………………………………… 257

第二章　劳动与技术的开展 ……………………………………………………… 259
　一、劳动与技术的实施原则 …………………………………………………… 259
　二、劳动与技术的课堂模式 …………………………………………………… 260
　三、劳动与技术的组织形式 …………………………………………………… 261
　四、劳动与技术的资源开发 …………………………………………………… 262
　五、劳动与技术活动的基本过程 ……………………………………………… 264

第三章　劳动与技术案例 ………………………………………………………… 270

社团活动

第一章　社团活动概述 …………………………………………………………… 293
　一、社团活动的含义 …………………………………………………………… 293
　二、社团活动的特点 …………………………………………………………… 293

三、社团类型及活动内容 …………………………………………… 294
四、开展社团活动的意义 …………………………………………… 295

第二章 社团活动的开展 …………………………………………… 300
 一、社团活动的管理机构 …………………………………………… 300
 二、学校社团活动的组建 …………………………………………… 300
 三、学校社团活动的实施原则 ……………………………………… 301
 四、学校社团活动的基本过程 ……………………………………… 302
 五、社团活动的开发策略 …………………………………………… 302
 六、社团活动的实施困惑与品质提升策略 ………………………… 303
 七、社团活动评价 …………………………………………………… 304

第三章 社团活动案例 …………………………………………… 306

研究性学习

第一章 研究性学习简述

一、研究性学习的含义

(一) 研究性学习的内涵

《全日制普通高级中学课程计划（试验修改稿）》指出：研究性学习，是学生在教师指导下，从自然、社会和生活中选择和确定专题进行研究，并在研究中主动地获取知识、应用知识、解决问题的学习活动。具体来说，这个表述包含了以下三层含义：

"学生在教师指导下"，表明了在研究性学习过程中的师生关系。在学习过程中，学生是主体，学生需要的是"指导"或"帮助"，教师的主要职责是创设一种有利于研究性学习的情境。

"从自然、社会和生活中选择和确定专题进行研究"，表明了研究性学习的基本形式是进行专题研究，研究的课题主要来源于自然、社会和学生的生活。在课题研究的过程中，学习者将模仿科学家进行科学研究，提出问题并解决问题。从学生的研究过程来看，大多并不具备严格意义上的科学研究的严谨性和规范性；从研究结果来看，一般是学生经过自己的探究，对已有科学研究成果的"二次发现"。因此，研究性学习是学习者对科学研究的思维方式和研究方法的学习与运用，通过这样的形式和手段培养创新意识和实践能力。

"主动地获取知识、应用知识、解决问题的学习活动"，表明了学习的基本内容，这包括学生如何选择课题；如何搜集、梳理和提取信息；如何运用有关知识来解决实际问题；如何在研究过程中与人交流、合作；如何表述和展示研究的结果；等等。研究性学习的知识来源是多方面、多渠道的，既包括经过加工处理的间接知识——教科书，也包括未被加工的第一手资料。而获取知识的目的是为了应用，学会实际动手操作是研究性学习的重要内容，也是与一般的知识性学习的基本区别。

(二) 研究性学习与科学研究的区别

"研究性学习"是一门中小学必修的课程，不是通常意义上的科学研究，开设"研究性学习"课程，不是将大学的培养目标下放到中学。研究性学习中的"研究"与大学或科研所的研究不同，研究性学习中的"研究"不是目的，而是完成中学阶段培养目标的一种手段，是中小学为培养21世纪人才应具备的能力选择的途径。大学研究的目的就是为了创新，成果一定要有创新或发明创造，大学科研成果的价值是以创新或发明创造的程度来衡量的；而研究性学习的评价则重过程，不重结果，不要求创造社会价值和经济价值，不要求学生的研究结果达到发明、创新的标准，当然也不排除其中会出现发明创造。例如有中学生对室内装潢的设计方案被某设计院看中，上海某中学的学生对木地板和瓷砖的比较研究的成果被某开发商采纳等。由一些试验学校开展研究性学习的结果表明：40%的学生的成果只是知识资料的堆积，这个结果与他们的能力是匹配的。

因此，在开展研究性学习活动时，我们要注意让学生去自主探究，在探究的过程中重塑自己的学习方式，从而达到开设研究性学习的目的。

二、研究性学习的特点

研究性学习是一种新型课程形态，与传统的学科课程和接受性学习方式相比，具有突出的特点。其特点如图1所示。

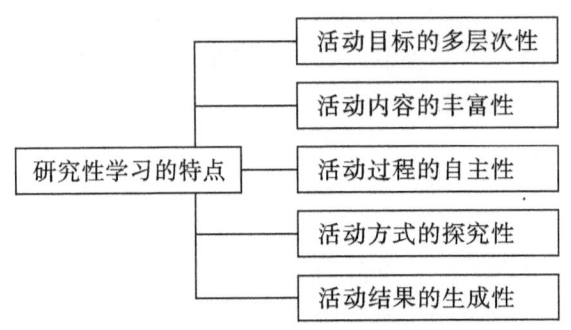

图1 研究性学习的特点

（一）活动目标的多层次性

研究性学习试图给学生创造一个宽松、和谐、民主的心理氛围，尊重每一个学生的个性，照顾到每一个学生发展的特殊需要。它关注学生在研究性学习过程中所获得的丰富体验和个性化表现，根据每一个学生的兴趣、爱好、已有的知识经验及能力水平设定各自的研究目标，从而形成多层次的目标群。

（二）活动内容的丰富性

研究性学习内容的来源主要有三个方面：自然、社会和自我。它不但将各个学科领域的知识交融在一起，从学生的生活经验和社会环境中选择课题，而且学生在解决问题的过程中，除了从学校寻找资料，还要充分利用身边的社会资源，比如请教父母、访问专家、参观考察等。

（三）活动过程的自主性

研究性学习主要是强调学生在教师的引导下主动探索，要求学生独立地用自己的眼睛观察、用自己的手操作、用自己的头脑思考，以获得丰富的知识和经验。它改变了以往教师讲、学生被动接受的学习方式，学生从选题、搜集资料到撰写报告、答辩、成果展示的整个过程，都是自己决断、自主探索。

（四）活动方式的探究性

研究性学习的学习方式不是学生背诵、理解教师传授的知识技能，而是敏锐地发现问题、主动提出问题、积极地寻求解决问题的方法和探究研究结论。探究的结论不是由教师传授或从书本、网络上直接得到，而是像科学家那样，以类似科学研究的方式，查资料、做实验、做调查、做设计等，然后通过假设和求证，最终得出自己的研究结论。

（五）活动结果的生成性

研究性学习虽然有一定的计划，每个研究性学习课题都要制定一定的活动方案，但是随着活动的不断展开，新的目标会不断生成，新的主题也会不断生成，而学生在这个过程中的认识和体验也将不断加深，不断迸发创造性的火花。这些都体现了研究性学习的生成性。

三、研究性学习的内容

研究性学习的课程内容可以归纳为五类，具体划分如图 2 所示。

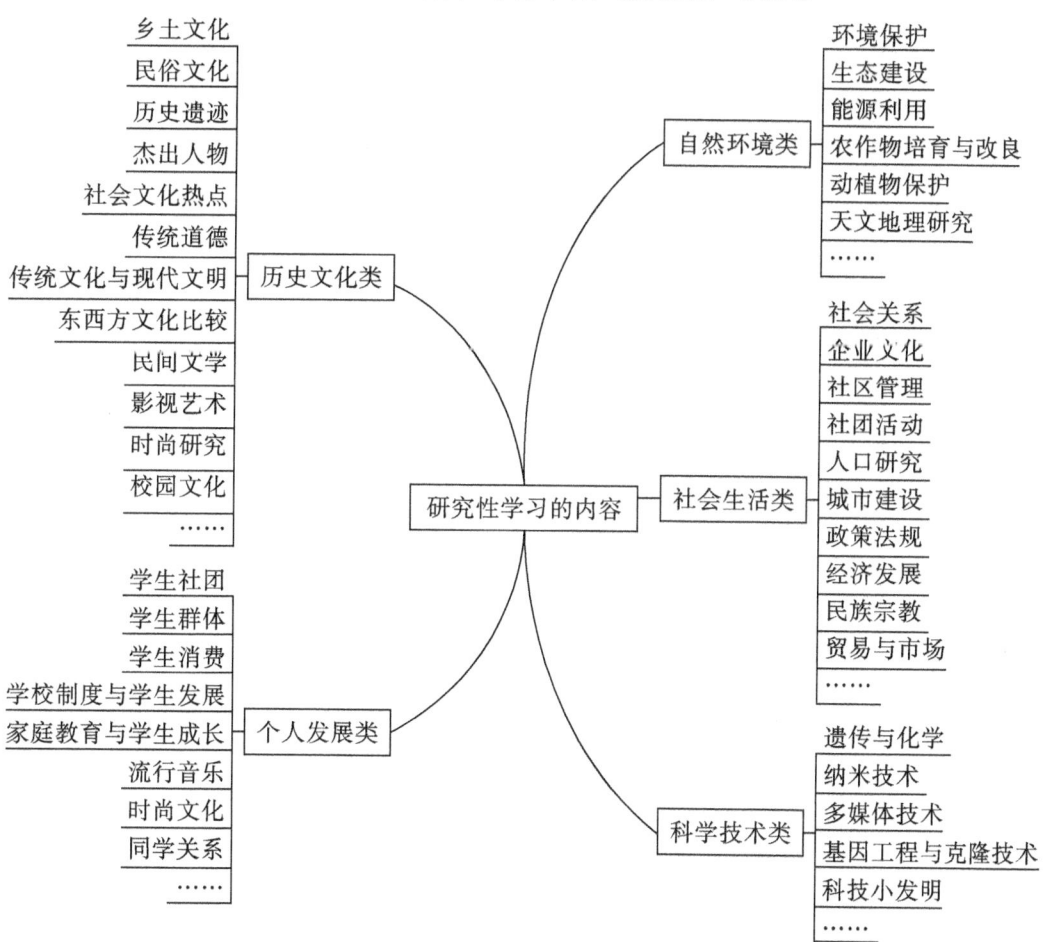

图 2　研究性学习的课程内容

（一）自然环境类

主要是从研究人与自然关系的角度提出的课题。如环境保护、生态建设、能源利用、农作物培育与改良、动植物保护、天文地理研究等方面与个人生活背景相关的课题。

（二）社会生活类

主要是从研究人与社会关系的角度提出的课题。如社会关系、企业文化、社区管理、社团活动、人口研究、城市建设、政策法规、经济发展、民族宗教、贸易与市场等与个人生活背景相关的课题。

（三）历史文化类

主要是从研究历史与人关系的角度提出的课题。如乡土文化、民俗文化、历史遗迹、杰出人物、社会文化热点、传统道德、传统文化与现代文明、东西方文化比较、民间文学、影视艺术、时尚研究、校园文化等与个人生活背景相关的课题。

（四）个人发展类

主要是从关注个体成长的角度提出的课题。如学生社团、学生群体、学生消费、学校制度与学生发展、家庭教育与学生成长、流行音乐、时尚文化、同学关系等与学生生活直接相关的课题。

（五）科学技术类

主要是从科学技术与时代发展的角度提出的课题。如遗传与化学、纳米技术、多媒体技术、基因工程与克隆技术、科技小发明等与现代生活息息相关的研究课题。

从学科来说，可开展的研究性学习课题有很多，如表1所示。

表1 研究性学习课题及所涉及的学科

研究性学习内容	参考研究课题	涉及学科
历史文化 自然环境 社会生活	《史记》人物列传研究 魏晋风流人物之嵇康 高考满分作文研究 我眼中的孔子（老子、庄子、孟子……） 现代流行语言的背后 本市初中生阅读情况抽样调查及我的见解	语文
科学技术 个人发展	银行存款利息和利税的调查 余弦定理在日常生活中的应用 从"养老金"问题谈起 中国彩票中的数学问题 二次函数图象特点应用 股票（基金）投资中的数学	数学

续上表

研究性学习内容	参考研究课题	涉及学科
历史文化 自然环境 社会生活 科学技术 个人发展	中西方的社会文化差异 商品名称中的英文与汉译方法探究 旅游景区的标识英语 兴趣爱好与学习英语之间的联系 "中英美"人之间的交际习惯 《了不起的盖茨比》之盖茨比角色的悲剧性剖析	英语
	阿里巴巴公司及其背后的网络产业的兴起 我身边的企业——以纯 万达广场的组织经营方式研究 中学生消费状况的调查研究	政治
	走进化学生活——自制豆腐 水果音乐贺卡制作 探究肥皂的家庭制作方法 亚硝酸钠的用途及检测方法研究	化学
	基因工程的现状及其发展 玫瑰的种植培养 食物的相克与真伪 ××学校生物种类（植物、动物、真菌）调查	生物
	粒子加速器及高能粒子的应用 法拉第的生平和贡献 涡流现象及其应用 温室效应的产生与影响	物理
	袁世凯称帝的原因揭秘 袁世凯治国思想的研究 东莞名人研究 可园的研究	历史
	自贸区的布局和意义 模拟海面原油的泄露与清理 东莞旅游资源的研究 野外如何找水	地理
	中学生如何科学用嗓 古今建筑艺术的对比 素描对中国艺术的影响 探讨中西方（或传统与流行）音乐的差异	艺术

续上表

研究性学习内容	参考研究课题	涉及学科
历史文化 自然环境 社会生活	东莞××中学体育锻炼调查研究 乒乓球运动击球原理探索 篮球运球急停跳投技术在综合技术中的实践运用 体育锻炼与学习效率的关系程度的探讨	体育
科学技术 个人发展	压力发电保暖鞋 校服的设计与探讨 物联网的研究 3D打印技术的探究	技术与综合

四、研究性学习的意义

（一）研究性学习的目的

设置研究性学习的目的在于改变学生以单纯地接受教师传授知识为主的学习方式，为学生构建开放的学习环境，提供多渠道获取知识，并将学到的知识综合运用于实践的机会，促进他们形成积极的学习态度和良好的学习策略，培养创新精神和实践能力。

当前，受传统学科教学目标、内容、时间和教学方式的局限，在学科教学中普遍地实施研究性学习尚有一定的困难。因此，在高中阶段将研究性学习作为一项特别设立的教学活动，并作为必修课纳入《全日制普通高级中学课程计划（试验修订稿）》，在初中阶段综合实践课则以研究性学习为主要开展方式，这样逐步推进研究性学习的开展，从制度上保障这一活动的深化，满足学生在开放性的现实情境中主动探索研究、获得亲身体验、培养解决实际问题能力的需要。

（二）研究性学习的作用

1. 对学生的培养作用

研究性学习强调对所学知识、技能的实际运用，注重学习的过程和学生的实践与体验。研究性学习的最大特点是让学生自主学习，学生可以在教师提供的充足的自由空间内，充分发挥自己的学习主动性，从而改变学生在学习中的被动地位和不自由状态。它对学生的主要作用如图3所示。

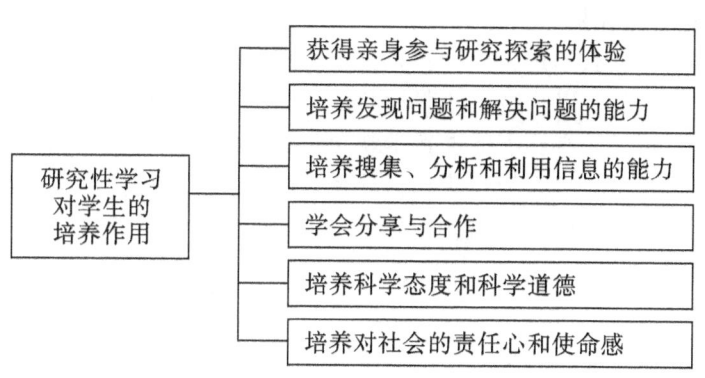

图3　研究性学习对学生的培养作用

（1）获得亲身参与研究探索的体验。

研究性学习强调学生通过自主参与类似科学研究的学习活动，获得亲身体验，逐步形成善于质疑、乐于探究、勤于动手、努力求知的积极态度，产生积极情感，激发他们探索、创新的欲望。

（2）培养发现问题和解决问题的能力。

研究性学习通常围绕一个需要解决的实际问题展开。在学习的过程中，通过引导和鼓励学生自主地发现和提出问题、设计解决问题的方案、搜集和分析资料、调查研究、得出结论并进行成果交流活动，引导学生应用已有知识与经验，学习和掌握科学的研究方法，培养发现问题和解决问题的能力。

（3）培养搜集、分析和利用信息的能力。

研究性学习是一个开放的学习过程。在学习中，培养学生围绕所研究的主题主动搜集、分析和利用信息的能力是非常重要的。通过研究性学习，要帮助学生学会利用多种有效手段、通过多种途径获取信息，学会整理与归纳信息，学会判断和识别信息的价值，并恰当利用信息，以培养搜集、分析和利用信息的能力。

（4）学会分享与合作。

合作的意识和能力，是现代人所应具备的基本素质。研究性学习的开展将努力创设有利于人际沟通与合作的教育环境，使学生学会交流和分享研究的信息、创意及成果，发展乐于合作的团队精神。

（5）培养科学态度和科学道德。

在研究性学习的过程中，学生要认真、踏实地探究，实事求是地获得结论，尊重他人的想法和成果，养成严谨、求实的科学态度和不断追求的进取精神，磨炼不怕吃苦、勇于克服困难的意志品质。

（6）培养对社会的责任心和使命感。

在研究性学习的过程中，通过社会实践和调查研究，学生要深入了解科学对于自然、社会与人类的意义与价值，学会关心国家和社会的进步，学会关注人类与环境和谐发展，形成积极的人生态度。

2. 对教师的促进作用

在研究性学习中，教师是课程的实施者、研究者、发展者，教师参与课程目标的制定、实施和评价，改变了以往被动地服从和执行课程的角色地位，增强了教师教学的主动性、开放性和创造性，有利于促进教学观念和教学行为的转变；在研究性学习中教师也是学生学习的促进者、组织管理者和指导者，教师在指导学生自主学习的过程中会发现原有的知识面太窄，迫使教师主动地学习学科前沿知识和跨学科知识，可见，研究性学习有助于提高教师终身学习的意识和能力。此外，科研水平一直是中学教师的弱项，教师为了更好地指导开展研究性学习，不得不主动提高自己的科研水平，通过研究性学习课程的实施使教师和学生同步成长，是提高教师综合素质的有效途径。

第二章　研究性学习的开展

一、研究性学习的实施原则

研究性学习是学生针对某一课题进行研究的一种实践活动，我们在开展研究性学习活动时要遵循发展性、实践性和创新性等原则，如图 1 所示。

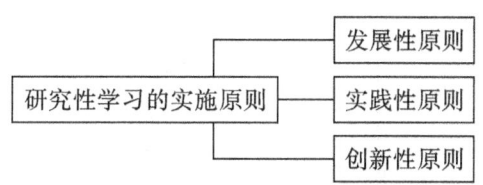

图 1　研究性学习的实施原则

（一）发展性原则

发展性原则是指研究性学习课程的实施，要有利于学生开阔视野，扩展课内外知识；学会用新技术搜集并处理信息，在实践中获取知识；有利于学生发挥主观能动性，主动探究研究课题；促进学生的智力和非智力因素的发展，为终身学习奠定基础。

（二）实践性原则

实践性原则是指研究性学习的课题从实践中来，在实践中进行研究。首先，引导学生从自己熟悉的生活环境出发，选取感兴趣的自然、社会、科技等方面的问题进行研究。其次，坚持在实践中学会与小组成员合作，与社会中的其他人沟通，从而培养良好的社会交际能力。

（三）创新性原则

研究性学习的目标之一就是培养学生的创新能力，教师要培养学生的创新意识、激发学生的创造性。研究性学习的很多过程都体现着创新性：在选题过程中，要引导学生从发散思维过渡到聚敛思维，以独特而新颖的视角发现问题；在研究方案的设计中要有创意，使学生根据自身特点，设计出量身定做的、独一无二的研究方案；在研究过程中要鼓励学生使用新技术、新方法、新思维解决问题；研究成果要有一定的新意，并倡导学生有新发现、新发明、新创造；在展示成果时更能体现学生的创意，采用各种形式的创新型展示都是值得肯定与推崇的。

二、研究性学习的实施类型

根据研究内容的不同,研究性学习的实施主要可以分为两大类:课题研究类和项目(活动)设计类,如图2所示。

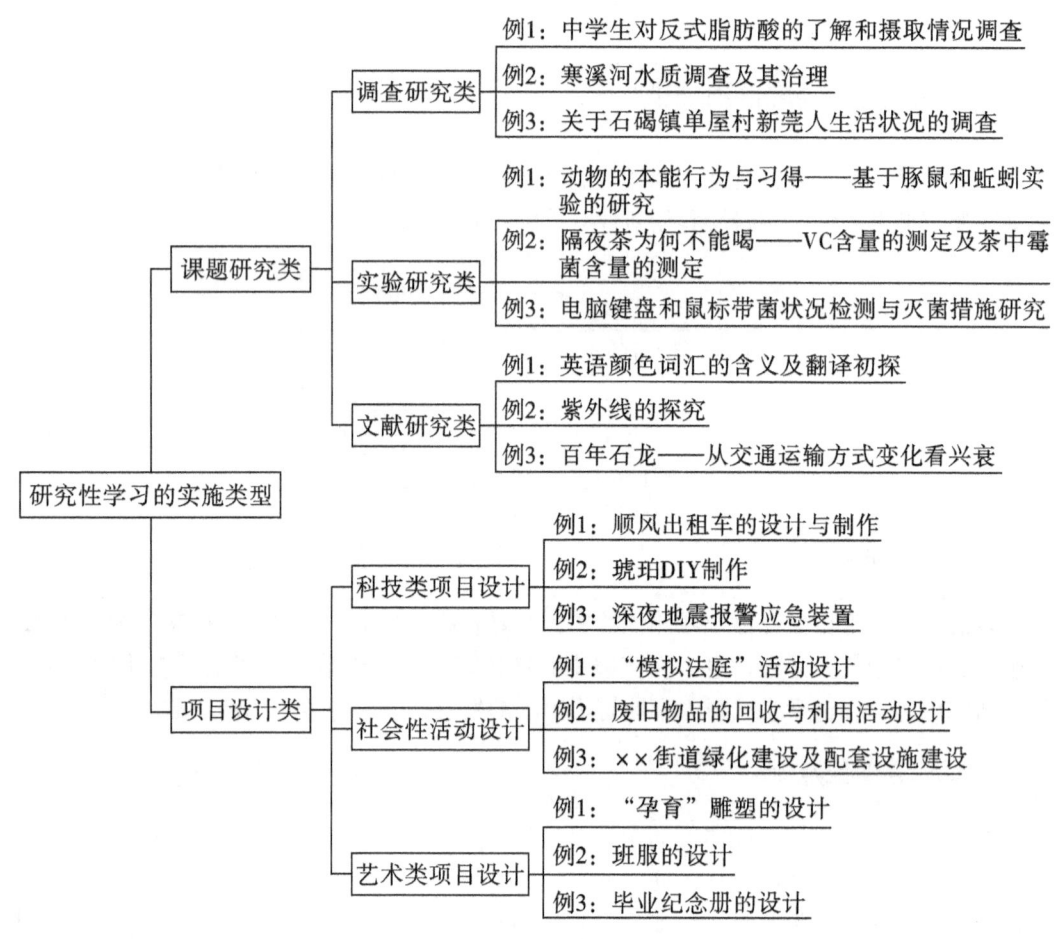

图2 研究性学习的实施类型

(一)课题研究类

课题研究是以认识和解决某一问题而开展的研究或实践活动,具体包括调查研究、实验研究、文献研究等类型。这一类研究性学习活动借鉴、模仿或遵循科学研究的一般过程,选择一定的课题,通过调查、实验、搜集文献资料等手段,搜集大量的文献资料或调查数据,运用实验、论证等研究方法,对课题展开研究,并撰写研究报告或研究论文。

（二）项目设计类

项目（活动）设计类以解决比较复杂的操作问题为目的，一般包括科技类项目设计（如带提醒功能坐垫的制作、新型课桌椅的设计、太阳能利用可行性方案设计、阅读光线偏暗报警装置的研制）、社会性活动设计（如废旧物品的回收与利用活动设计、参观知识产权企业活动的设计、设计我的小天地）和艺术类项目设计（如设计一个雕塑方案、设计班级形象宣传画、设计一套校服、设计一种新型的校徽）三种类型。项目设计要体现和突出设计的思想方法，设计的流程和规范，设计方案的对比、优化和改进，强调动手动脑的结合。

三、研究性学习的组织形式

研究性学习的组织形式主要有三种类型：小组合作研究、个人独立研究和班级合作探究，如图3所示。

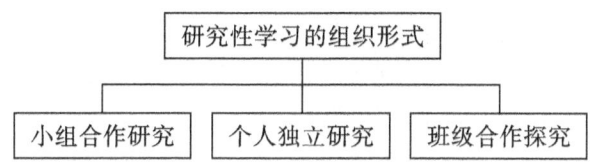

图3 研究性学习的组织形式

小组合作研究是研究性学习实施的基本形式，即由若干名学生组成一个小组进行探究活动。小组一般由3~6人组成，成员可以由同班同学自由组合而成，也可以由跨班级、跨年级志趣相投的同学组合而成，甚至还可以由跨校跨地区的学生自由组合而成。学生自己推选小组长，自己聘请有一定专长的校内外专家为导师。

个人独立研究是研究性学习实施的一种形式。它通常适用于课题比较小、内容比较少、不太复杂的研究课题，而且这种实施形式对学生的独立学习、探究、实践能力要求更高，需要课题承担者具有较强的独立开展课题研究的能力。

班级合作探究是研究性学习实施的一种集体活动形式。它通常是根据班级学习或研究的需要，将全班同学组织起来围绕某一个大家共同关心的大课题来开展研究工作，大课题下再细分任务或小课题，由各小组承担相关研究任务和课题。在开展探究活动的过程中，有效的分工合作非常重要，需要课题组长进行严密的组织管理，在严格分工的基础上，密切合作，及时组织小组内交流、组际交流、全班集体讨论，分享研究信息和各组、各人的创意，进行思维碰撞，推动课题研究的顺利开展和深入进行。

四、研究性学习的实施过程

（一）一般步骤

研究性学习的实施过程大致可以分为五个阶段，即"确定选题—制定方案—实施方案—撰写报告—交流展示"，如图4所示。

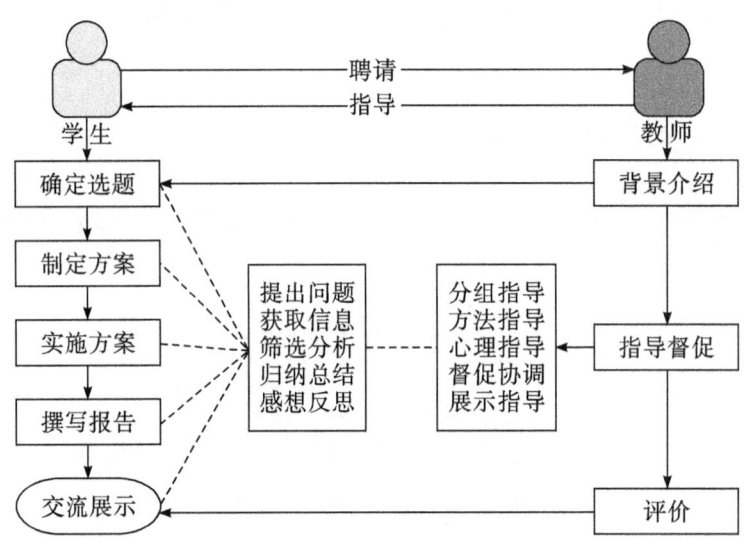

图4　研究性学习实施的一般流程

（二）具体过程

1. 确定选题

课题的选择是研究性学习实施的第一个步骤，是指在众多的问题之中选择一个恰当的研究主题。课题选择是否恰当，直接关系到研究性学习活动能否顺利进行以及整个研究活动的质量。选题的方式和策略如图5所示。

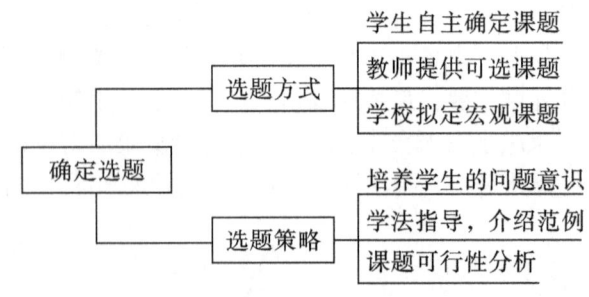

图5　选题的方式和策略

（1）选题方式。

①学生自主确定课题。由学生根据自己的兴趣爱好，自主确定研究主题；教师只在课题的可行性和科学性方面给予适当的指导。

②教师提供可选课题。学生初次开展综合实践活动，确定主题有困难时，可以由教师提出若干便于实施的具体主题供学生选择，或是引导学生借鉴参考课题以确定新的活动主题。

③学校拟定宏观课题。学校根据社会、周边环境、文化背景、学校资源条件和教师特长爱好拟定几个宏观课题，学生根据自己的兴趣爱好选择其中之一，经自主考虑或教师相关指导后，再在此课题范围内确定自己的小课题。

（2）选题策略。

①培养学生的问题意识。现实生活是问题产生的源泉和基础，教师可创设一定的问题情境，一般可以开设讲座、组织参观访问等，做好背景知识的铺垫，调动学生原有的知识和经验，引导学生把自己所学知识与周围的现实生活联系起来，从中发现问题，形成研究课题。如"某动物生活习性研究""农药污染对本地生态环境影响的调查研究""某地交通拥堵情况的调查与对策研究""超市商品销售状况的调查研究"等。

②学法指导，介绍范例。教师平时可注意搜集一些好的研究问题或成功案例，通过编辑成册，印发给学生，或者通过橱窗展示、集体报告等形式向学生推荐，以打开学生思路，激发他们的问题意识和研究兴趣。

③课题可行性分析。教师要先指导学生评估自己的知识水平、生活经验、实践和能力等方面是否与课题的大小、难易程度相适应；然后再从时间、地点、人力、信息资料、资金，以及必要的工具、设备等方面去考虑课题开展的可行性。待二者权衡后，再确定研究课题，以避免因主客观条件不具备而造成的徒劳和盲目。

2．制定方案

在提出研究性学习活动的课题之后，就要围绕课题制定具体详细的活动方案，制定方案主要回答三个问题：研究什么？怎么研究？什么成果？具体包括以下几个方面的内容：课题名称、课题成员、指导老师、研究背景、研究目的、研究内容、所需条件、具体实施计划、预期成果等。表1是研究性学习方案表样例。

表1　研究性学习方案表

课题名称	（说明：课题的名称应准确、简洁地概括课题研究的内容，揭示课题研究的实质）		
课题成员		指导老师	
研究背景	（说明：阐明在选择课题时，为什么在提出的众多问题中最终选择了这个课题）		
研究目的	（说明：阐明本课题要解决哪些问题，它的理论意义和实际意义是什么）		
研究内容	（说明：阐明本课题所要研究的具体问题和范围，真正找到问题切入点）		
所需条件			

续上表

	阶段任务	阶段目标	研究方法	完成时间	负责人
具体实施计划					
预期成果	（说明：结题后，研究成果的形式和数量。如论文、建议书、考察报告、照片、实物模型等）				
家长意见					
教师意见					

3. 实施方案

实施方案就是将研究性学习活动的构想付诸实践的过程。在实施方案的过程中，教师要明确指导者的角色定位，始终本着学生是活动主体的思想，让学生亲自参与活动，开展课题研究。为了保障活动的有效实施，教师要努力为学生的活动创设相对宽松的环境，尽可能创造各种便利的活动条件。如与相关活动部门或相关人员进行沟通，协调学生活动所涉及的单位、部门的关系等。教师要指导学生学会分析、判断信息资料的真伪和优劣，识别资料对本课题研究的价值；学会加工、整理与归纳资料；学会综合信息资料进行推理判断，得出研究的结论。此外，指导老师还要引导学生了解搜集资料的途径和方法，做好研究日志，做好各种资料的积累保存工作。在实施的过程中，一般用到调查研究法、实验研究法、观察研究法和文献研究法等研究方法，如图6所示。

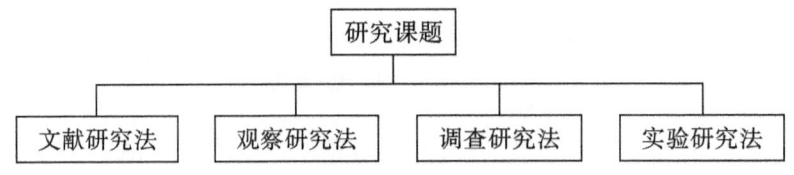

图6 常用的研究方法

（1）文献研究法。

文献研究法就是以过去为中心的研究，它通过对已存资料的深入研究，寻找事实，然后利用这些信息去描述、分析和解释过去的过程，同时提示当前人们所关注的一些问题，或对未来进行预测。文献研究法区别于其他研究方法的独特之处在于，它探索资料而非生产资料。文献研究法的一般实施步骤如图7所示。

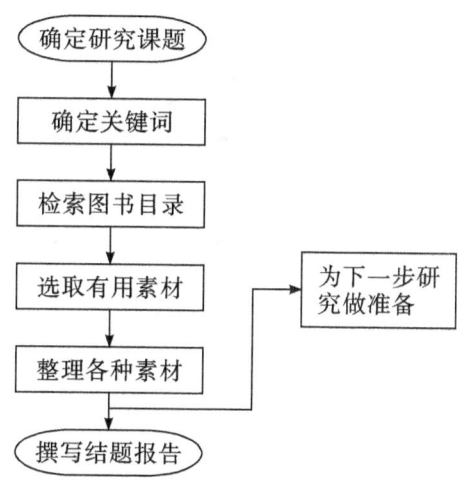

图 7　文献研究法的实施步骤

（2）观察研究法。

观察研究法就是人们对周围存在的客观事物或现象进行有目的的感性认识活动。观察研究首先是在自然状态下进行，对研究对象不加任何干扰和控制，以便反映事物真实的面貌。其次，它的目的性明确，根据课题研究需要，在研究开始前要有明确的观察目的、观察计划、观察方法和观察步骤。观察研究法的一般实施步骤如图 8 所示。

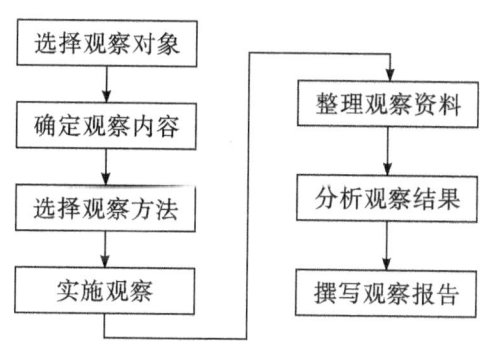

图 8　观察研究法的实施步骤

（3）调查研究法。

所谓调查研究法，是指有目的、有计划、有系统地搜集研究对象的材料，借以发现存在的问题，探索一定规律而采取的研究方法。按调查形式可分为调查问卷、访谈、座谈会等方法。学生应根据个人或小组集体设计的研究方案，按照确定的研究方法，选择合适的地方进行调查，获取调查结果。在这一过程中，学生应如实记载调查中所获得的基本信息，形成记录实践过程的文字、图片、视频等多种形式的"作品"，同时要学会从各种调研结果、实验、信息资料中归纳出解决问题的重要思路或观点，并反思是否获得足以支持研究结论的证据，是否还存在其他解释的可能。以下是访谈法的记录表和问卷调查样例。

表2 "我镇学生近视情况调查"课题小组访问调查表[①]

访问准备	访问主题	调查我镇学生近视情况、近视原因及矫正、预防的措施。			
	访问对象	姓　名	郭壮志	职　务	卫视眼镜验光师
	访问时间	2012年1月20日		访问地点	卫视眼镜店
	访问工具	笔记本、笔、相机、摄像机			
	小组分工	提问：高平平、于佳伟　记录：高丽、张宇			
	注意事项	先自我介绍，说明来意；围绕中心发问；最后勿忘感谢。			
访问提纲	访问题目		被访者回答要点		
	1. 现阶段配眼镜的消费者以什么年龄阶段为主？		学生为主，尤其是小学高年级学生、初中生。		
	2. 对于近视以该年龄阶段为主，您认为原因是什么？		学生学业压力大，加上用眼时间长，用眼不卫生，甚至长时间看电脑等电子屏幕。		
	3. 目前比较科学可行的矫正视力的方法有哪些？		激光矫正是目前比较常用的方法，效果也不错。但预防才是根本，保证睡眠，合理用眼，是最好的方法。		
访问结果	访问结果	本次访问围绕主题进行，达到了调查我镇学生近视发生的年龄阶段、近视原因及矫正、预防措施的目的，掌握了访问调查应该注意的问题，同时在活动过程中促进了小组的分工合作。 （成员访问感想另附）			
	被访者的意见或建议	目前学生近视情况普遍，近视发生的年龄越来越小。该小组进行这次研究很有价值，在访问过程中注重形象、素质高。 　　　　　　　　签名：郭壮志　2012年1月20日			

"沙角火力发电厂对周边环境的影响"问卷调查[②]

　　朋友您好！我们是东莞中学松山湖学校的高一学生，因学习需要，想调查一下沙角火力发电厂对周边环境的影响。在此占用您宝贵的一分钟做一个匿名调查，真诚感谢您的大力支持！此调查只做学习用途，绝无商业性质。

　　1. 您是因什么原因生活在发电厂附近的？
　　　A. 原有居民　　B. 工作需要　　C. 暂时居住　　D. 路过此处　　E. 其他_____
　　2. 您对周边环境整体感觉如何？
　　　A. 满意　　　　B. 一般　　　　C. 不满意　　　D. 相当糟糕

---

① 本案例选自东莞市第八高级中学。
② 本案例选自东莞中学松山湖学校。

续上

> 3. 您认为附近的空气质量怎样?
>   A. 尘土飞扬　　B. 有点浑浊　　C. 一般　　　　D. 很清新
> 4. 附近的河流、池塘水质如何?
>   A. 清澈　　　　B. 一般　　　　C. 浑浊　　　　D. 发黑
> 5. 家人是否出现鼻炎、鼻塞、咳嗽等呼吸道问题?
>   A. 无　　　　　B. 偶尔　　　　C. 经常　　　　D. 其他_____
> 6. 您觉得近年来酸雨的情况如何?
>   A. 更严重了　　B. 和以往一样　C. 好转了　　　D. 没有了　　　E. 其他_____
> 7. 您认为以上环境问题,沙角电厂应担当多大的责任?
>   A. 80%以上　　B. 50%以上　　C. 25%以上　　D. 25%以下
> 8. 2007年3月,沙角发电厂多台大型脱硫装置正式启动,您认为安装脱硫系统前后,周边环境改善情况如何?
>   A. 有明显改善　B. 稍有改善　　C. 无任何变化　D. 更严重了
> 9. 您认为发电厂对环境治理态度如何?
>   A. 很积极　　　B. 比较积极　　C. 马虎应付　　D. 不处理
> 10. 如果可以,您希望发电厂以何种方式发电?
>   A. 火力　　　　B. 水力　　　　C. 风力　　　　D. 核能　　　　E. 其他
>   如果您对沙角发电厂还有什么建议,可以写在下面的空格中_____
>   _____。(此栏可不填)
>   再次感谢您的大力支持,祝您和您的家人身体健康、万事顺意!

(4) 实验研究法。

人们根据一定的目的,在人为控制或模拟自然现象的条件下,通过仪器和其他物质手段,对研究对象进行观察的方法称为实验研究法。其主要目的是查明研究现象发生的原因或检验某一理论或假说的实际效果。实验法的重要特点是对事物情况加以适当控制,排除无关因素困扰,准确探索事物间的因果关系。实验研究法的一般实施步骤如图9所示。

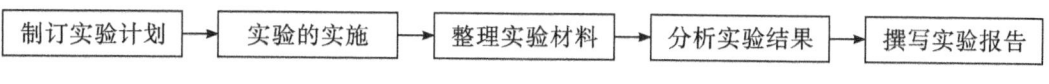

图9　实验研究法的实施步骤

4. 撰写报告

研究报告的撰写是很重要的环节,因为研究报告是我们研究性学习的外在表现形式。一方面通过写研究报告,可以系统地组织所要表达的思想,并用书面形式表达出来;另一方面,大家通过阅读研究报告,可以知道做了哪些工作,观点是什么。研究报告的撰写会有不同的形式,但一般的形式总是包括标题、署名、摘要、关键词、研究目的、研究内容、研究结论、体会和参考文献等。各种类型的研究性学习研究报告的格式可以参考第三章的相关案例。

5. 交流展示

在这一阶段，学生要将取得的收获进行归纳整理、总结提炼，形成书面材料和口头报告材料。成果的表达方式要提倡多样化，除了按一定要求撰写实验报告、调查报告以外，还可以采取开辩论会、开研讨会、搞展板、出墙报、编刊物（包括电子刊物）、制作网页等方式，同时，还应要求学生以口头报告的方式在班里展示，或通过指导老师主持的答辩。如图10所示。

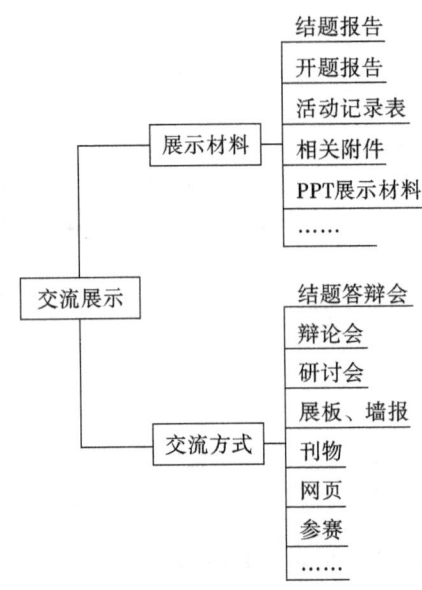

图10　交流展示的材料和方式

五、研究性学习的评价

研究性学习的评价是贯穿于研究性学习全过程的多元评价。评价的内容与形式，应充分体现研究性学习的价值取向，促进研究性学习目标的达成。研究性学习的评价具有图11所示的特点。

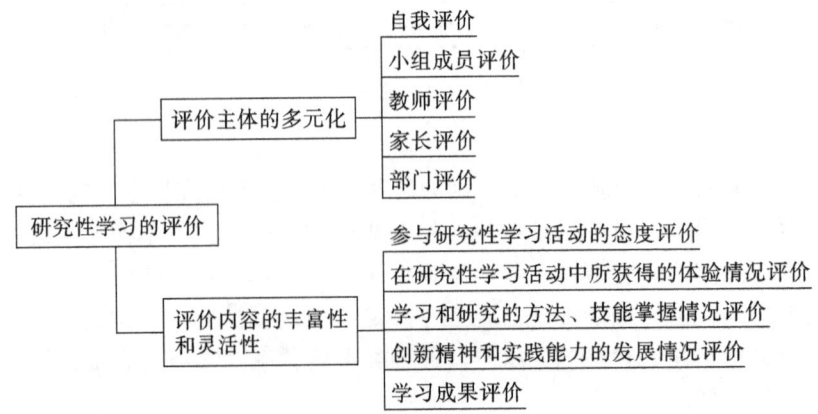

图11　研究性学习的评价

（一）评价主体的多元化

评价者可以是教师或教师小组，可以是学生或学生小组，可以是家长，也可以是与开展项目内容相关的企业、社区或有关部门等等。

（二）评价内容的丰富性和灵活性

研究性学习评价的内容通常涉及以下几个方面：

1. 参与研究性学习活动的态度

可以通过学生在活动过程中的表现来判断，如是否认真参加每一次课题组活动，是否认真努力地完成自己所承担的任务，是否做好资料积累和分析处理工作，是否主动提出研究和工作设想、建议，能否与他人合作，采纳他人的意见等。

2. 在研究性学习活动中所获得的体验情况

主要通过学生的自我陈述以及小组讨论记录、活动开展过程的记录等来反映，也可通过行为表现和学习的结果反映出来。

3. 学习和研究的方法、技能掌握情况

要对学生在研究性学习活动各个环节中掌握和运用有关方法、技能的水平进行评价，如查阅和筛选资料、对资料的归类和统计分析、使用新技术的能力、对研究成果的表达和交流等。

4. 学生创新精神和实践能力的发展情况

要考查学生在一项研究活动中从发现和提出问题、分析问题到解决问题的全过程所显示出的探究精神和能力，也要通过活动前后的对比和几次活动的比较来评价其发展状态。

5. 学生的学习成果

研究性学习成果的形式多样，它可以是一篇研究论文、一份调查报告、一件模型、一块展板、一场主题演讲、一次口头报告、一本研究笔记，也可以是一项活动设计的方案。

表3和表4分别是研究性学习小组评价表和研究性学习自我评价表样例。

表3 研究性学习小组评价表①

课题名称	
小组成员	
指导老师	

---

① 本案例选自东莞中学松山湖学校。

续上表

评价指标	评价内容	评价结果		
		自评	师评	总评
选题能力（10分）	课题的研究价值及科学性（5分）			
	课题的研究的可行性（5分）			
研究态度（30分）	活动过程中的投入积极性和研究热情（10分）			
	研究过程中的学习心态和探索精神（10分）			
	克服困难和团队合作精神（10分）			
研究能力（30分）	收集和加工信息的能力（10分）			
	发现、分析、解决问题的能力（10分）			
	整理和撰写研究材料的能力（10分）			
成果状况（30分）	研究结果有一定的实用价值或参考价值（10分）			
	成果呈现有规范的表达形式（10分）			
	有研究过程记录研究参考资料档案（10分）			
描述性评价（指导老师填写）				
综合评定等级		指导老师签名：		

表4 研究性学习自我评价表

班级：		姓名：		课题名称：		指导老师：	
序号	评价内容			描述性评价			
1	你对研究的课题感兴趣吗？						
2	你积极参加小组活动吗？						
3	你与小组成员合作愉快吗？						
4	你遇到困难时如何处理？						
5	你有哪些途径搜集资料和信息？						
6	你对研究的成果满意吗？						
7	你的收获有哪些？						
8	你还能改进本次的研究吗？						

第三章 研究性学习案例

案例1：调查研究类

校园也堵车[①]
——学校私家车接送研究调查

课题成员：陈小川 李梓玮 指导老师：吴振梅

摘　要：我校地处三镇交界处，优美的风景和较好的师资，吸引了各地的学生，但由于公共交通不发达，学生都是由家长开私家车接送的，这样就导致了学校校园及校外道路的拥堵。作为学校的一员，我们开展了对私家车接送的调查研究，发现了很多问题，同时也提出了我们自己的建议。

关键词：校园　私家车　拥堵　学生　家长

一、研究背景

东莞中学松山湖学校地处三镇交界处，学校优美的风景和较好的师资吸引了各地的学生。由于公共交通不发达，学生都是由家长开私家车接送的，这样就导致了学校校园的拥堵。作为学校的一员，我们有责任对学校私家车接送的情况进行调查研究。

二、研究目的与意义

（1）了解校园拥堵的情况；学习与人沟通、交往的知识。

（2）通过调查活动，培养搜集整理和分析处理资料的能力；锻炼社会生活的技能与方法。

（3）通过活动培养对松湖莞中的认同感，增强社会责任感和主人翁意识；培养热爱学校，为学校添光彩的思想意识；增强认识社会、参与社会生活的意识。

三、研究过程

第一阶段：实地考察放学的拥堵情况，获得第一手资料和照片等。

---

① 本案例选自东莞中学松山湖学校。

第二阶段：搜集有关学校私家车接送情况的资料。

第三阶段：学习问卷调查的基本方法。

（1）确定调查的目的、对象（大部分家长和初一、初二、高一、高二四个年级的学生）。

（2）学习如何设计调查问卷。

（3）学习收集、整理、分析调查数据的方法。

（4）学习问卷调查需要注意的礼仪。

第四阶段：设计调查问卷。

第五阶段：制作调查计划并实施。

（1）实地考察。

地点：学校北门、男女生宿舍附近校道、从北门到公交车站路段

考察时间：2009年4月30日下午放学

（2）学生问卷调查。

地点：初一、初二、高一、高二四个年级课室

时间：2009年6月11日

对象：四个年级的学生

（3）家长问卷调查。

地点：风雨球场

时间：2009年6月23日

对象：高二年级家长

（4）采访柴校长。

地点：校长办公室

时间：2009年6月29日

对象：柴校长

第六阶段：分析资料，撰写报告。

四、研究成果

（一）私家车接送情况

根据调查的情况，我们发现，由于一般要花15～30分钟等待公交车，且只有两路公交车，家长也担心孩子的安全没有保障，所以选择公共交通的同学比较少。

家长普遍认为开私家车接送孩子能保证孩子的安全，节约孩子的时间；能在车上与孩子沟通、交流、了解孩子的情况；爱孩子，希望早些见到孩子，认为接孩子是家长的义务，所以64％的同学都乘坐私家车上学、放学。

学校分东门和北门，其中东门供车辆进入，北门供车辆出去。而车辆进学校后分散到不同的地方等待孩子，可停在教学区、男女生宿舍、东门、北门或北门到公交车站路段。

据调查,家长从进学校到接孩子离开学校,大部分要花0.5~1小时,导致了放学高峰期的车辆拥堵。据调查,其中49%的车流集中在男女生宿舍地段,25%的车流集中在北门到公交车站路段,只有2%的车流在教学楼区,说明男女生宿舍周围的拥堵情况尤为严重。

(二) 私家车接送导致的问题

具体问题如下列图片所示。

车距过小,容易发生碰撞等事故

司机乱扔垃圾,破坏学校环境卫生

车辆停在路中间,阻碍交通

乱停乱放,导致秩序混乱

人车同道,比较危险

行人站在路中间,车辆无法通行

车辆逆行，导致交通秩序混乱

多个方向车流汇聚，造成交通堵塞

家长在等待孩子的时候无所事事

学校路口变成停车场

（三）针对私家车接送导致的拥堵现象的解决方案

1．通过校方的疏导工作等做出改进

（1）增加停车位，合理安排停车路段，在校外设立停车场，扩建道路。

（2）错峰放学，指定年级按指定时间指定地点放学。

（3）加强交通指引，增加出入口。

2．提倡使用公共交通

好处：减少到校接送私家车的数量，节能减排。

困难：85%的同学都认为还需要增加公交车的班次，但是有关部门已经增加了线路，却不能根本解决问题；坐公交车费时，且麻烦，等车时没有安全保障。

3．校车接送

好处：满足学生的需要，32%的同学赞成用校车接送，其中高一年级同学赞成用校车接送的人数占年级总人数的33%，高二年级同学赞成用校车接送的占37%。家长支持，73%的家长赞成用校车接送，家长认为校车接送放心，与其他方案相比较更安全一些；减轻家长的负担，节省资源和时间；培养孩子的独立性；孩子之间可以多交流心得，促进团结。

困难：收费和责任分配问题校方与家长很难解决，校方要承担一定风险；部分家长

担心学生的安全；有的家长想自己接送的时候可以多与孩子交流。

4. 拼车

好处：减少到校接送的私家车的数量，切合实际，方便，有利于家长安排时间，其中69%的家长愿意接受拼车的方式。

困难：家长担心孩子的安全没有保障，责任分配问题难解决。

五、收获与体会

我们清楚地记得，计划做这个课题的时候，正值我们花了很长时间做的另一个课题被否定的时候。不管是我们，还是我们的指导老师，都受到很大的打击，因为我们做上一个课题的时候，为了做实地调查请了很多人，花了很多心血。几个月的付出，就这么被否决了，我们都难于接受。就当我们的状态十分低迷的时候，老师提出了一个新的课题：学校私家车的接送问题。

校长十分支持我们，愿意给我们力所能及的帮助。这让我们惊喜不已，我们便坚定信心，决定好好完成这个课题的研究。

第一个星期，我们所做的主要工作还只是列出计划、在网上搜集资料。令我们失望的是，网上几乎没有关于学校私家车接送的有用信息。

我们打算在五一假期前尽快做第一次实地调查。我们找到老师，说明了我们的想法和计划，老师表示十分赞同。但是由于我们小组只有两个人，两部相机，而有五个点需要拍照，一个点需要数车流量，且每个点相隔的距离都比较远，所以我们的实地调查面临着困境。于是我们向班主任和熟悉的任课老师借相机，并请班里的同学协助我们。在我们说明情况后，他们都欣然同意帮助我们。当天（周五）下午放学后，我们就带着相机，各就各位了。这一次拍摄的照片内容十分详细，特别具有说服力，老师和我们都非常满意。经过这次的活动，我们学会了从哪些角度拍摄照片更能说明问题，学会了如何请别人帮忙别人会更乐意，学会了如何安排人员，学会了如何整理照片，等等；这一次的实地调查，我们尝试着把平常在课堂上学到的知识运用到实际生活中，让参与的每一个人都受益良多。

第一手的资料完成，接着我们要做的就是获取具体的数据、表格等。可是无论是在图书馆、网上，还是在学校的资料库，都没有具体的可用资料，这让我们非常头疼。经过指导老师之间的讨论，我们决定自己来做。为了了解学生对私家车接送而导致拥堵问题的看法，我们采取了问卷调查法。在设计调查问卷方面，我们就花费了将近一个月的时间。学生的调查问卷修改了四次，印刷了一次。在这个过程中，问卷的框架、前言、具体题目、题目排序都一步一步地做了出来。我们坚持"做了就要做好"的想法，将调查问卷修改了一遍又一遍，终于完成印刷。我们对初一、初二、高一、高二四个年级做了问卷调查。通过对问卷的回收，我们发现了一个问题，因为我们是做全面调查，所以回收率还是比较高的，但是无效问卷和无效回答也不少，于是经过讨论，我们决定将这些无效问卷和无效回答作废。

如果想了解家长的意见，我们可以做问卷也可以采访。于是我们花了半个月的时间设计并修改了三次问卷，印刷了两次。第一次家长问卷调查，是让学生拿回家做，由于种种原因，回收率并不是很高，不能代表总数。于是我们设计了第二次问卷并做了第二次家长问卷调查，有了校方的帮助，我们选择了高一年级开家长会的时候进行调查。由于高一年级的学生不像高二、高三年级的学生那样愿意坐公交车，所以比较具有代表性。

在做问卷调查的过程中，我们从设计问卷、修改问卷、印刷问卷、下发问卷、回收问卷、统计数据、数据分析等各个环节和步骤中，锻炼了发现问题、分析问题的能力，将地理、数学、语文、社会交往等众多方面的知识联系在一起，灵活运用，得到了很好的锻炼。

在最后写论文和结题的时候，我们将所有的资料，包括图片、视频、文字、数据、问卷等整理好，在论文中充分体现，并提出了我们的解决办法，旨在为学校解决问题提供参考依据和建议。

这次课题研究能够顺利完成，除了我们的信心和努力外，还与指导老师和众多地理老师对我们的支持是分不开的。当我们遇到困难的时候，老师们的专业知识指导和我们的机灵头脑，每每都能使得困难迎刃而解，我们都坚信：方法总比困难多。每个星期的集中讨论，让我们的工作进度保持一致，让我们的计划有条不紊地进行。同学们的热情参与，让实地调查、统计数据等庞大的工作变得高效而轻松。校长的鼎力支持，给我们的问卷调查提供了方便，同时校长也给我们的工作提出了宝贵的意见，让我们不断地完善，不断地进步。

完成这次课题研究，不仅培养了我们的社会责任感和各方面的能力，更让我们感受到了学习的快乐和合作的力量。这次课题研究，每一步艰辛，每一步前进，都让我们终生难忘。

六、教师点评

参与课题研究的同学都是第一次接触社会调查，因此他们在整个过程中都十分认真。无论是最基本的调查礼仪，还是复杂的数据统计分析，每一位同学都表现出了极大的热情和耐心。在现场调查过程中，他们克服了种种困难，较好地完成了任务，虽然调查结果的分析相对简单，但这是他们共同努力的结果，反映了初二学生的认知水平与能力。

通过这次活动，学生懂得了与人沟通和交往的方法，学生的社会实践能力得到了锻炼，学生的集体荣誉感和社会主人翁的意识也得到提升。

这次活动得到了学校领导和地理科组全体老师的大力支持，才使得活动开展得比较顺利，感谢他们！

参考文献：

[1] 王文永，李克强. 问卷调查及数据资料分析 [M]. 北京：中央民族大学出版社，2008.

[2] 周孝正，王朝中. 社会调查研究 [M]. 北京：中央广播电视大学出版社，2005.

[3] 基茨，王曙光，张胜康. 交流访谈及其互动沟通技巧 [M]. 成都：四川科技出版社，2004.

附　件：

一、学生调查问卷数据分析

第一部分

1. 你的居住点是在哪个镇、区？

　　A. 大朗、大岭山、寮步、松山湖等镇区（8.415 km）（14%）

　　B. 长安、东城、茶山、横沥、东坑、常平、黄江等镇区（16.83 km）（32%）

　　C. 莞城、南城、万江、道滘、高埗、石碣、石龙、石排、企石、桥头、樟木头、厚街等镇区（25.245 km）（39%）

　　D. 中堂、麻涌、望牛墩、洪梅、沙田、虎门、谢岗、清溪、塘厦、凤岗等镇（33.66 km）（15%）

　　大部分同学的住地离学校比较远，有71%的同学住在离学校16.8～25.2 km的镇区。这是私家车接送偏多的原因之一。因为路途遥远，家长都不放心让孩子自己行动，于是都愿意用私家车接送，以确保孩子的安全。统计图见下图。

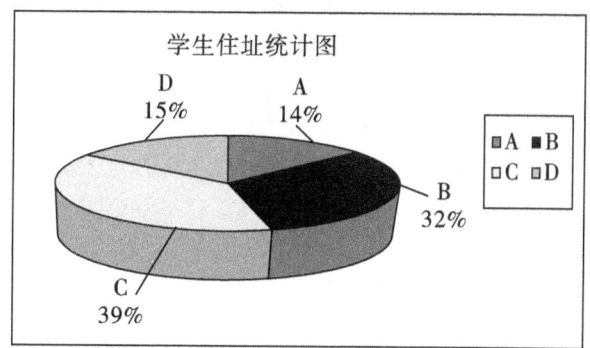

2. 你是怎样回家的？

　　A. 父母开车来接（63%）

　　B. 坐同学家的车（7%）

　　C. 乘坐公交车（23%）

　　D. 其他（7%）

　　学生的家庭经济条件都比较好，大部分同学都由父母开车来接送，这是私家车接送偏多的原因之一。而愿意选择乘坐公共交通工具的只占23%，其中，由于年龄的影响，高中生占多数。高一同学中乘坐公交车上学的占总人数的27%，高二同学中乘坐公交车上学的占40%，统计图见右图。

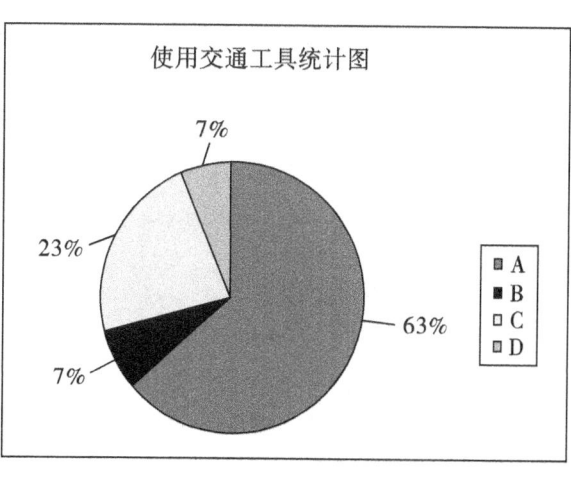

3. 你家的汽车排量多少？
   A. 小排量1.6 L以下（24%）
   B. 中排量1.8～2.4 L（60%）
   C. 大排量2.4 L以上（16%）

   学生家的汽车中排量的有60%，大排量的有16%，这对环境的污染是不言而喻的。

4. 你一般会选择在哪里上车回家？
   A. 女生宿舍或男生宿舍区（49%）　　B. 教学楼（2%）
   C. 正门附近（24%）　　D. 从学校后门到公交车站（25%）

   选A与D的同学偏多，说明宿舍和后门的车流量比较大，宿舍和后门比较拥挤，其中，最大的是男女生宿舍地段，占49%。而选B的同学只占2%，教学楼区根本没有出现拥堵现象，说明学校应该分地段分时段放学，缓解拥堵现象。统计图见下图。

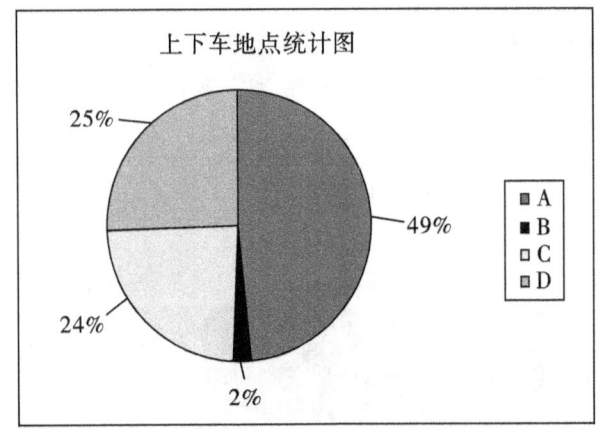

5. 平时你会选择在校道中间上下车吗？
   A. 经常这样做，因为我速度很快（7%）
   B. 如果赶时间就这样做（33%）
   C. 偶尔这样做，尽管不赶时间（11%）
   D. 绝对不会这样做（49%）

   选B与D的同学占大部分，说明较多的同学都比较遵守交通规则。但是少部分的同学仍选择在校道中间上下车，大约占18%。这导致了本可以避免的交通堵塞。说明学校对学生的宣传工作尚需加强。

6. 家长在等候你的时候做什么？
   A. 读书看报（20%）　　B. 抽烟（4%）
   C. 站着等待（60%）　　D. 跟认识的家长聊天（16%）

   选择C的占60%，说明家长在等待孩子的过程中浪费了很多时间。有约20%的家长在读书看报，但相对来说只是少数。学校应该增加报纸刊物的阅读区，或可以增加关于学校的相关宣传，让家长将这段时间合理地利用起来，这样不至于让他们浪费过多的时间与精力等待孩子。4%的家长在抽烟，这对学校的环境和形象都会造成不好的影响，有待改善。

7. 你觉得学校疏通方式（保安指挥等）合理吗？

　　A. 很好，保安十分认真负责（31%）

　　B. 比较合理，保安比较认真负责（51%）

　　C. 一般，有时会出错（15%）

　　D. 不合理，保安玩忽职守（3%）

选择 B 的同学较多，这说明保安的工作比较到位，但是还有提升的空间，同时说明学校的疏通方式还是存在一些不足。

8. 你一般坐哪一路公交车回家？

　　A. 22 路（45%）　　B. K2 路（32%）　　C. 其他（23%）

较多的同学选择了 A，占 45%，说明乘坐 22 路公交车的同学比较多，会产生拥挤的现象。

9. 你一般要花多长时间等公交车？

　　A. 15 分钟以下（33%）　　B. 15~30 分钟（52%）　　C. 30 分钟以上（15%）

53% 的同学等待公交车所花的时间在 15~30 分钟之间，这说明大部分同学在等待公交车时所花费的时间还是比较长的。也有 15% 的同学选择了 C，这说明有时等待公交车所花费的时间甚至比回到家的时间还要长，希望公交车公司能做出调整。

10. 从上公交车到回家，一般要多长时间？

　　A. 30 分钟以下（12%）　　B. 30~40 分钟（12%）　　C. 40 分钟以上（76%）

选 C 的同学占 76%，说明在公车上花费的时间还是比较多的，同时也说明了普遍同学住得离学校比较远。与第 1 题的数据相符。

11. 你认为放学回家时公交车的班次要增加吗？

　　A. 需要（85%）　　　　　　　　B. 不需要（15%）

85% 的同学都认为还需要增加公交车的班次，说明公交车的数量还是偏少，不能满足学生的需要。

第二部分

12. 你觉得学校星期五放学时的拥堵情况严重吗？

　　A. 很严重（24%）　　　　　　　B. 比较严重（40%）

　　C. 一般（32%）　　　　　　　　D. 不严重（4%）

96% 的同学认为学校交通还是拥堵的，甚至有 64% 的同学认为学校的交通拥堵情况比较严重，说明学校的交通拥堵情况急需解决。

13. 你觉得选择哪种交通工具上学、放学更适合？

　　A. 私家车（37%）　　　　　　　B. 公共交通（11%）

　　C. 拼车，即与同学家轮流接送（20%）　　D. 校车接送（32%）

37% 的同学认为私家车接送是最合适的，出于安全、方便、快捷等众多考虑，大部分同学还是愿意坐私家车上学放学，但是大家都知道这对环境的污染比较大。32% 的同学赞成用校车接送，其中高一同学赞成用校车接送的占年级总人数的 33%，高二同学赞成用校车接送的占 37%。希望校方可以考虑用校车接送同学。

14. 你认为不限制使用私家车会给我们带来什么负面影响？（可多选）
    A. 加重空气污染（32%） B. 造成交通堵塞（50%）
    C. 增多交通事故（9%）   D. 其他（9%）

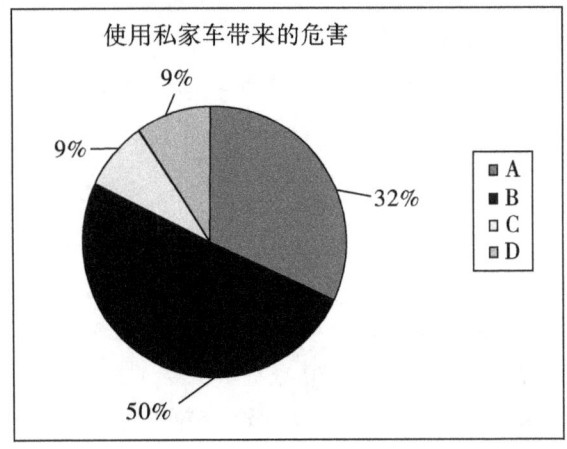

50%的同学认为会造成交通堵塞，32%的同学认为会加重空气污染，说明大家都认识到了不限制使用私家车的负面影响，但是仍有37%的同学认为用私家车接送是最适合的，这说明虽然大家都有认识，但是大部分同学都不愿意付诸行动。

15. 你如何看待与同学拼车上学、放学？
    A. 很好，我就是这样做的（14%） B. 可以，我偶尔会这样做（33%）
    C. 想法不错，但是我没有机会（46%） D. 比较反对（8%）

46%的同学都认为拼车的想法很好，但是没有机会。这说明拼车的做法没有普及，虽然大家都有这个想法，但是都没有付诸行动。只有33%的同学会偶尔这样做，这对缓解学校拥堵情况只是杯水车薪。只有14%的同学选择拼车上学，他们的做法值得提倡。学校如果想解决交通拥堵的问题，应该做好家长的宣传工作。

16. 你支持学校用校车接送吗？
    A. 支持，这样能减少尾气排放（44%）
    B. 中立，如果实在要求也无所谓（31%）
    C. 想法很好，但不实际（20%）
    D. 比较反对（5%）

44%的同学支持使用校车，其中高一同学支持校车接送的占全年级总人数的50%，说明同学们还是希望校方用校车接送；也有20%的同学认为校车接送不实际，可能涉及一些安全、收费等问题，校车接送也是解决交通拥堵问题的方案之一。

二、家长调查问卷数据分析

1. 您的居住地点是?

   A. 大朗、大岭山、寮步、松山湖等镇区（8.415 km）（12%）

   B. 长安、东城、茶山、横沥、东坑、常平、黄江等镇区（16.83 km）（23%）

   C. 莞城、南城、万江、道滘、高埗、石碣、石龙、石排、企石、桥头、樟木头、厚街等镇区（25.245 km）（44%）

   D. 中堂、麻涌、望牛墩、洪梅、沙田、虎门、谢岗、清溪、塘厦、凤岗等镇（33.66 km）（20%）

   大部分同学住得比较远，距离为 16.8～25.2 km 的占了 67%。这是私家车接送偏多的主要原因之一。因为路途遥远，家长都不放心让孩子自己上学，于是都愿意用私家车接送，以确保孩子的安全。

2. 您家汽车的排量?

   A. 小排量 1.6 L 以下（27%）

   B. 中排量 1.8～2.4 L（50%）

   C. 大排量 2.4 L 以上（23%）

   50% 家庭的私家车排量都处于中排量范围，同时也有 23% 的私家车是大排量的车。这对环境的影响十分大，尾气排放对环境造成的污染不言而喻。

3. 从您来学校直至接到孩子离开学校大概要多长时间?

   A. 30 分钟以下（27%）

   B. 0.5～1 小时（包括 1 小时）（62%）

   C. 1～2 小时（包括 2 小时）（11%）

   D. 2 小时以上（0%）

   62% 的家长等待孩子需要花费 0.5～1 小时，甚至还有 11% 的家长需要花费 1～2 小时，这说明家长在学校逗留的时间比较长。

4. 您觉得接送孩子用这么多时间值得吗?

   A. 值得（90%）　　　　　　　　B. 不值得（10%）

   90% 的家长认为接送孩子花再多时间也值得。一方面说明家长对孩子的关心和爱护，另一方面也说明大多数家长愿意花时间开车来接送孩子，这也是私家车多的一个原因。

5. 您在等孩子的时间里做什么?

   A. 读书看报（31%）　　　　　　B. 抽烟（1%）

   C. 站着等待（40%）　　　　　　D. 跟认识的家长聊天（28%）

   40% 的家长在等孩子的过程中只是站着等待，就相当于半小时甚至 1 小时以上的时间都浪费在等待中了。只有 31% 的家长在这过程中读书看报。还有 1% 的家长在等待时抽烟，这对学校卫生、空气的影响都十分的不好。建议学校可以增加一些书报类的读物来满足家长的需求。

6. 您有想过要利用等孩子的这段时间来做一些事情吗?

   A. 有（59%）　　　　　　　　　B. 没有（41%）

59%的家长有想过利用等孩子的这段时间来做一些事情，说明一半以上的家长有这个需求，那么学校就可以增加一些设施来满足这些家长的需求；至于其他41%的家长，也许他们有自己的安排或者接孩子的时间比较短，不过希望在这次调查后他们会想到这个问题。

7. 放学时，学校拥堵吗？

  A. 拥堵（25%）   B. 一般（70%）   C. 不拥堵（5%）

有70%的家长认为放学的时候学校虽然比较拥堵，但可以接受。说明我们学校处理这个事情的时候做得比其他学校还是好一些；但是仍有25%的家长认为学校放学时拥堵，这说明我们学校这方面的工作仍需要再继续完善。

8. 您的车一般停在哪里？

  A. 男女生宿舍区（56%）   B. 教学楼附近（5%）
  C. 正门附近（26%）   D. 从学校后门到公交车站（13%）

有56%的家长将私家车停在男女生宿舍区，这导致了男女生宿舍区的拥堵情况最为严重；有26%的家长将车停在正门附近，这也是拥堵比较严重的地方；只有5%的家长将车停在教学楼附近等待孩子，这说明学校可以安排一部分学生在教学楼附近上下车，这样可以稍微解决男女生宿舍区的车辆拥堵情况。

9. 如果条件允许，您愿意让您的孩子与同学拼车上学放学吗？

  A. 愿意（69%）   B. 偶尔可以（24%）   C. 不愿意（7%）

69%的家长愿意让孩子与同学拼车上学放学，这说明大多数家长都比较支持拼车的方式。学校可以多做宣传，提倡同学们拼车上学放学，因为大部分家长和学生都支持拼车的方式，但是由于各种原因，没能付诸行动。这就需要学校和家长的配合和努力了。

10. 如果校方要求家长将车停在校外，走进学校接学生，您支持吗？

  A. 支持（79%）   B. 不支持（21%）

79%的家长支持将车停在校外，走进学校接孩子。这说明这个措施有可行性，但是仍有21%的家长持反对意见。据校领导表示，这种措施能解一时之急，但是这样就会导致校内不拥堵、校外很拥堵。

11. 您愿意让校方派校车接送孩子上学放学吗？

  A. 愿意（73%）   B. 偶尔可以（20%）   C. 不愿意（6%）

73%的家长愿意让校方派校车接送孩子。鉴于高中生自立能力比较强，而初中生会相对薄弱一点，校方可以考虑用校车接送初中学生，而高中学生可自愿选择。

案例2：实验研究类

一种输出功率可控的化学原电池的研究[①]

课题成员：郑俊荣　梁咏祺　伍廷锵　何汝谦　指导老师：梁毅

摘　要：本研究主要利用了控制变量的科学研究方法，研究不同材料的电极组合、电极间距、电极与电解质溶液的接触面积、电解质溶液的浓度对化学原电池的输出功率的影响，通过对探究实验结论的讨论，设计出一种电极模组合方式，实现对原电池输出功率的控制，使得同样的电池组能够给不同额定电压的用电器供电。

关键词：化学原电池　高效　输出功率可控

一、研究目的与意义

在学习原电池知识的过程中，我们发现化学老师在做原电池的演示实验的时候，往往是点不亮小灯泡的，只能根据灵敏电流表的指针偏转来判断原电池是否具有产生电的能力。但是课本中的阅读资料上明明介绍这样的原电池可以当小灯泡、音乐卡的电源。是化学老师使用的原电池的问题还是另有原因呢？我们决定研究化学原电池，探讨到底是什么原因影响原电池的性能，从而影响原电池的输出功率，以至于不能让小灯泡发光。同时，我们发现在平时的生活中，不同型号电池的输出功率有大有小，如果一些输出功率小的电子元件接到大功率的电池上，马上就会被烧了。能不能调节电池的输出功率，使得大功率电池既能给大功率的电子元件当电源，也适合给小功率的电子元件使用呢？于是，我们决定研发输出功率可控的电池。

二、研究思路、步骤与分工

（一）基本研究思路、步骤

（1）学习化学原电池的发电原理。
（2）探究化学原电池正负电极的最适合材料组合。
（3）探究电极状态对原电池输出功率的影响。
（4）开展电解质溶液浓度对原电池输出功率影响的研究。
（5）开展输出功率、输出电流可控的电池组的研究。

---

① 本案例选自东莞市第八高级中学。

（二）研究分工

项　目	人　员
在网络上查找、搜集与本研究相关的资料	郑俊荣
准备所需实验器材	梁咏祺、何汝谦
实验操作	郑俊荣、伍廷锵
记录实验数据	梁咏祺
数据处理、图表制作	何汝谦
结题报告的撰写	全体成员

三、实验器材

材料	锌片、铜片、铁丝、碳棒、铝片、硫酸铜溶液、硫酸溶液、导线等
工具	各种烧杯、数字万用表、LED 灯、直尺、美工刀、电烙铁、砂纸、玻璃棒等

四、实验过程与结论

化学原电池是一种把化学能转变成电能的装置，它的原理是通过化学反应（在正负极发生不同的氧化还原反应）使闭合电路中产生电子流，从而产生电流的。

（一）探究不同电极材料组合对电压、电流的影响

1. 实验方法

（1）把常见且廉价的电极材料如锌片、铜片、铁片、铝片等裁剪成长 5 cm、宽 1 cm 的长方形。

（2）取饱和的硫酸铜溶液 100 mL，实验时，将电极之间的间距固定为 5 cm，插入电解质溶液中的深度为 2 cm，分别测量不同材料组合成电极时原电池的电压、电流，每隔 3 秒读数一次，每组材料组合测量 3 组数据。

2. 记录实验数据

用不同材料组合成电极时，原电池产生的电压 U

单位：V

组次	电极组合方式						
	Zn – Fe	Zn – Al	Zn – Cu	Zn – C	Fe – Cu	Al – Cu	Al – C
1	0.47	0.79	0.93	0.98	0.48	0.03	0.10
2	0.53	0.83	0.95	0.97	0.69	0.03	0.10
3	0.54	0.69	0.91	0.91	0.47	0.03	0.09
平均电压	0.51	0.77	0.93	0.95	0.55	0.03	0.10

用不同材料组合成电极时，原电池产生的电流 I

单位：mA

组次	电极组合方式						
	Zn－Fe	Zn－Al	Zn－Cu	Zn－C	Fe－Cu	Al－Cu	Al－C
1	29.8	31.7	56.9	10.1	19.1	0.4	0.6
2	28.7	22.7	42.7	9.08	19.2	0.4	0.6
3	27.6	37.5	30.7	9.23	20.1	0.3	0.7
平均电流	28.7	30.60	43.40	9.47	19.47	0.4	0.6

用不同材料组合成电极时，原电池的输出功率 P（$P=UI$）

单位：V·mA

电极组合方式	Zn－Fe	Zn－Al	Zn－Cu	Zn－C	Fe－Cu	Al－Cu	Al－C
功率 P	14.52	23.56	40.36	9.00	10.73	0.01	0.06

3. 实验结论

通过数据分析可知，用常见的几种材料组合成原电池的电极时，对原电池的电压有一定的影响，但对电流影响比较明显，其中锌铜电极的原电池输出功率最高。

（二）探究电极间距对电压、电流的影响

1. 实验方法

（1）把常见且廉价的电极材料如锌片、铜片、铁片、铝片等裁剪成长 5 cm、宽 1 cm 的长方形。

（2）取饱和的硫酸铜溶液 100 mL，采用锌铜电极，每次实验时，电极插于电解质溶液中的深度为 2 cm，分别测量电极间距不同时原电池的电压、电流，每隔 3 秒读数一次，每组测量 3 组数据。

2. 记录实验数据

电极间距不同时原电池的电压 U

单位：V

组次	距离/cm				
	5	4	3	2	1
1	0.97	1.04	0.93	0.95	1.03
2	0.98	1.03	0.95	0.98	0.92
3	0.96	0.95	0.99	1.03	0.98
平均电压	0.97	1.01	0.96	0.99	0.98

电极间距不同时原电池的电流 I

单位：mA

组次	距离/cm				
	5	4	3	2	1
1	21.9	25.9	31.7	40.8	56.9
2	19	27.3	22.7	41.2	59.2
3	17.6	29.6	37.5	45	62.7
平均电流	19.5	27.6	30.6	42.3	59.6

电极间距不同时原电池的输出功率（$P = UI$）

单位：V·mA

距离/cm	5	4	3	2	1
功率 P	18.92	27.78	29.31	41.77	58.21

3. 实验结论

通过数据分析可知，随着电极间距的变小，电池电压变化不明显，电流变化明显，主要是因为随着电极间距的缩小，两电极之间的内阻变小，电流变大，即电极间距越小，原电池的输出功率越高。

（三）探究电极与电解质溶液接触面积对电压、电流的影响

1. 实验方法

（1）把常见且廉价的电极材料如锌片、铜片、铁片、铝片等裁剪成长 5 cm、宽 1 cm 的长方形。

（2）取饱和的硫酸铜溶液 100 mL，采用锌铜电极，每次实验时，电极间距为 5 cm，分别测量电极浸入电解质溶液不同深度时原电池的电压、电流，每隔 3 秒读数一次，每组测量 3 组数据。

2. 记录实验数据

电极浸入电解质溶液不同深度时原电池的电压 U

单位：V

组次	浸入深度/cm				
	0.5	1.0	1.5	2.0	2.5
1	0.91	0.89	0.89	0.89	0.90
2	0.88	0.89	0.88	0.90	0.91
3	0.88	0.89	0.90	0.90	0.91
平均电压	0.89	0.89	0.89	0.90	0.91

电极浸入电解质溶液深度不同时原电池的电流 I

单位：mA

组次	浸入深度/cm				
	0.5	1.0	1.5	2.0	2.5
1	21.6	23.7	28.1	32.5	37.2
2	23.2	25.1	27.9	30.6	36.9
3	22.9	22.6	26.8	31.5	38.1
平均电流	22.57	23.80	27.60	31.53	37.40

电极浸入电解质溶液深度不同时原电池的输出功率（$P=UI$）

单位：V·mA

浸入长度/cm	0.5	1.0	1.5	2.0	2.5
功率 P	20.02	21.25	24.64	28.23	33.86

3．实验结论

随着电极浸入电解质溶液越深，即电极与电解质溶液的接触面积越大时，电压无明显变化，电流变得越大，原电池的输出功率也越高。

（四）探究电解质溶液浓度对电压、电流的影响

1．实验方法

（1）把常见且廉价的电极材料如锌片、铜片、铁片、铝片等裁剪成长 5 cm、宽 1 cm 的长方形。

（2）采用锌铜电极，每次实验时，电极间距为 5 cm，电极浸入电解质溶液深度为 2 cm，分别测量用不同浓度的硫酸铜溶液充当电解质溶液时原电池的电压、电流，每隔 3 秒读数一次，每组测量 3 组数据。

2．记录实验数据

电极浸入不同浓度的电解质溶液时原电池的电压 U

单位：V

组次	浓度 mol/L				
	0.1	0.2	0.3	0.4	0.5
1	1.04	1.03	1.03	1.02	1.02
2	1.03	1.03	1.03	1.02	1.02
3	1.03	1.04	1.04	1.03	1.02
平均电压	1.03	1.03	1.03	1.03	1.02

电极浸入不同浓度的电解质溶液时原电池的电流 I

单位：mA

组次	浓度　mol/L				
	0.1	0.2	0.3	0.4	0.5
1	52.4	46.6	56	61.3	82.3
2	47.6	46.2	52.6	60.6	79.9
3	40.6	46.4	49.4	59.3	77.5
平均电流	46.87	46.40	52.67	60.40	79.90

电极浸入不同浓度的电解质溶液时原电池输出功率的对比（$P=UI$）

单位：V·mA

浓度	0.1	0.2	0.3	0.4	0.5
功率 P	48.43	47.95	54.42	61.91	81.50

3. 实验结论

电解质溶液的浓度增大时，电压无明显变化、电流不断变大，所以电解质溶液浓度越高，原电池的输出功率越高。

五、实验讨论

分析实验数据，我们发现，在常见的电极材料组合里，最适宜选择锌铜组合；电极间距变小会导致电流变大，主要原因是间距缩小，原电池的内阻变小；电极与电解质溶液的接触面积越大，电解质溶液浓度越大，反应越激烈，电子移动越快，所以电流越大，在电压基本不变的情况下，原电池的输出功率就更高。

六、高效且可控电池组的设计研究

（一）设计思路

要想提高原电池的输出功率，可以从提高电池的电压、电流入手，从上述的探究实验可知，通过改变电极、电解质溶液的方式大幅度提高电压是不行的，只能通过串联原电池，组合成电池组的方式来大幅度增大电压；而增大电流的方式有很多种，但高浓度的电解质溶液耗费高，强酸强碱当电解质溶液不安全，故通过改变电极的间距、电极与电解质溶液的接触面积来增大电流的可行性比较高。

（二）设计方案

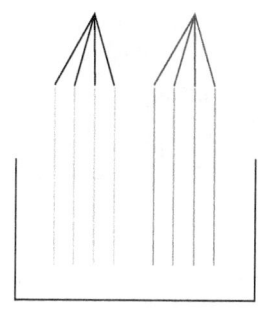 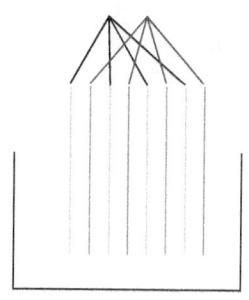

　　4片锌片、4片铜片分别并排组成电极　　　　4片锌片、4片铜片交叉排组成电极

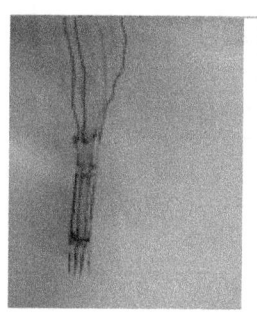 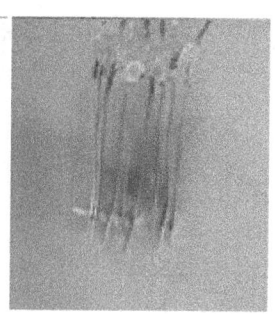

电极模组实物图

　　通过试验发现，锌片和铜片交叉排列的方式与锌片和铜片并排的方式产生的电压没有明显的差异，但是前者电流远远大于后者，故采用电极间交叉的方式设计电池组。

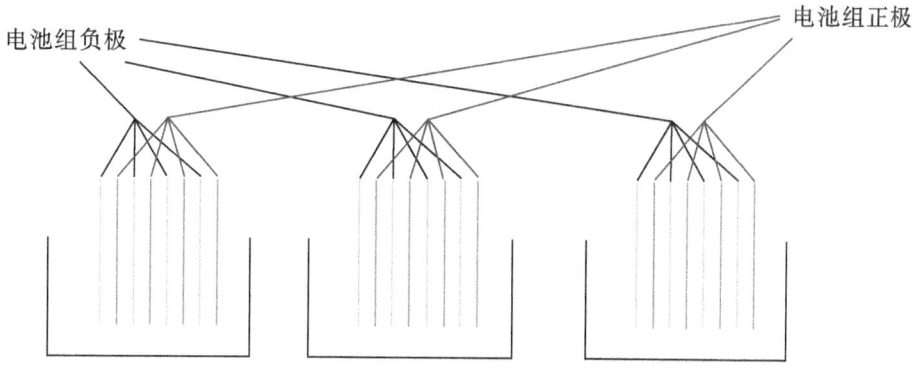

电池组设计图

（三）电池组的设计

电池组实物图

电池组效果图

电池组试验结果

组次	电压 U/V	电流 I/mA	功率 P/V·mA
1	1.97	372	732.8
2	2.32	350	812
3	2.21	330	729.3
平均值	2.17	350.7	758.0

经过改良后，原电池组的输出功率比原来输出功率最高的锌铜原电池提高了近10倍。

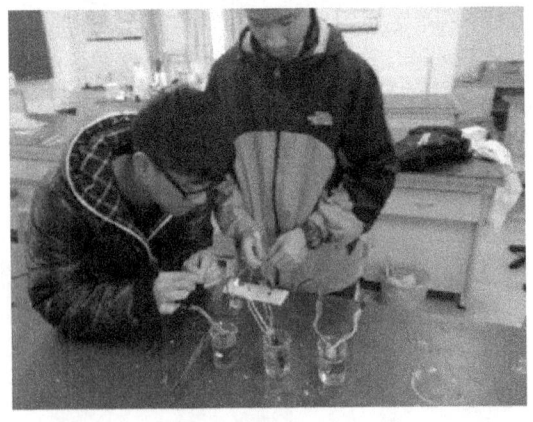

实验现场图

（四）稳压、输出电流可控的电池组设计

电池组稳压模块

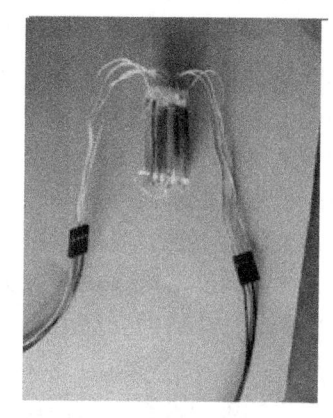
插针式电池组输出功率控制模块

电池组通过稳压模块，输出电压可以基本稳定在 5 V 左右，升压之后就可以给小型马达、小风扇等提供电源。插针式电极模组的设计，可以通过减少电极模组中的铜片、锌片的数量来控制电池组的输出功率，从而使电池组可以为低功率的 LED 灯等用电器提供电源。

七、研究的创新点

通过实验探究，发现原电池的输出功率主要跟电极材料、电极间距、电极与电解质溶液接触面积、电解质溶液浓度等因素有关。

根据探究实验的结论，我们设计了改良的电极模组，从而完成了电池组的设计，该电池组可以提供基本稳定的 5 V 电压，也可以通过调节电池组的输出功率，满足低功率用电器的需求，该电池组还有发电量高，使用时间长的特点。

电池组点亮5个5 V的闪烁彩灯3小时

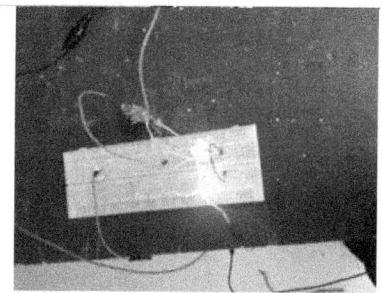
电池组点亮7个普通的3 V LED灯8小时

八、收获与体会

参加本次研究性学习，让我更好地掌握控制变量这一科学研究方法。我们在做实验的过程中，虽然遇上了很多困难，刚开始的时候做出来的化学电池甚至连一只普通的

LED 灯都没有办法点亮，这距离我们预期的效果差太远了，那时候我们也曾感到气馁，但是在队长的鼓励下，我们继续寻找失败的原因，不断地试验，随着一个个问题的解决，我体会到了努力解决问题后收获成功的喜悦。（郑俊荣）

这次研究性学习的经历让我懂得了只有实践过才知道当中的苦与乐。刚开始，我们觉得做个化学原电池很简单，按照书本的步骤操作一遍就完事，没有什么好去研究的。但我们开始做出来的原电池给了我们当头一棒，事情远没有我们想象的那么简单，很多时候，我们对一些常见的东西不屑一顾，认为没有研究价值，这是大错特错的。真正去实践，用心去研究就会发现，当中有着太多太多值得我们去学习的知识。（梁咏祺）

我本来是一个很腼腆的人，在这次研究性学习中，我分到的任务是向实验员老师借实验器材。对于我这个不敢向任课老师提问的人而言，这是个很残酷的任务。我多次徘徊在实验员老师的办公室门口，却不敢敲门进去。直到我们开始要做实验，没有办法了，才硬着头皮敲开了老师办公室的门，吞吞吐吐地向老师表明来意。老师听了之后欣然答应了我的请求，说以后有什么需要可以大胆地过来找他，还表扬我们有探究精神，知道利用课外时间向老师借工具做实验。有了这一次经历，我渐渐地没有那么害怕与老师打交道了，接下来几次向老师借东西，我都能比较自然地和老师交谈，我觉得老师也没有那么恐怖了。（伍廷锵）

在本次研究性学习中，我感受最深的就是，在科学探究的世界里，只有以恒心为伴，方能体验成功的乐趣；只有秉持严谨的态度，才能保证我们的探究顺利进行；只有做到正确的分工合作，减少不必要的重复工作，才能更好地提高实验的效率。（何汝谦）

九、教师评价

本小组的研究课题来源于化学课本知识，同学们能对学习中遇上的问题进行思考，并用实际行动去探究当中的原因，这说明同学们能善于观察与思考问题。在实验的过程中，同学们虽然遇上了各种各样的问题，但是都能通过相互之间的讨论、上网查阅资料或者寻求老师帮忙，一一地去解决。在本次研究性学习的过程中，同学们解决问题的能力得到了一定的提升，掌握了实验研究的一种重要方法——控制变量法；在实验操作方面，同学们掌握了基本的实验操作技巧，学会通过多次实验、多次读取数据取平均值等方法来减小实验误差；同学们还能利用自己的研究成果，成功制作的电池模组可以长时间点亮很多 LED 灯泡。虽然同学们的研究成果还没有能够实现随心所欲地控制电池组的输出功率，但同学们能有意识去设计模块来控制电池的输出功率。如果电池的输出功率可以随意控制，这项技术将会给我们带来更多的便利。

参考文献：

[1] 傅献彩. 物理化学［M］. 北京：高等教育出版社，1993：578－645.

[2] 司大均. 两种原电池的功能比较和浓度分析［C］//于华夫. 科学中国人优秀论文集. 北京：中国社会出版社，2000：179.

[3] 王懿萍. 工程化学实验［M］. 成都：西南交通大学出版社，2009.

例案3：文献研究类

紫外线的探究[①]

课题成员：刘梦思（组长）　陈志东　欧志聪　叶惠洪　周宝峰
　　　　　殷煜华　许芮　指导老师：万飞

摘　要：紫外线问题一直是热门话题，它与地球环保、人体健康都息息相关。我们研究小组通过查阅各种文献，了解了紫外线的含义、利弊、分布以及作用，并对如何防护紫外线进行了总结。

关键词：紫外线含义　分布　利弊　防护　利用

一、研究背景

对紫外线的探索逐渐成为世界上热门的话题，南极臭氧洞问题、紫外线杀菌灯、皮肤癌、日光浴等等，这些关键词都与紫外线有着千丝万缕的联系。于是我们产生了研究紫外线的兴趣，并通过各种渠道与实验去了解紫外线的含义、利弊、防护以及作用，我们还希望能在探究的过程中，有所发现，能利用紫外线的性质为人类解决实际问题。

二、研究目的与意义

我们通过研究性学习了解紫外线，不仅可以开阔视野，拓宽自己的知识面，而且在学习的过程中，我们力图有所发现，为人类解决实际问题。无论成果如何，研究过程本身就提高了我们的探索意识与创新精神，培养了克服困难和团队合作的精神，还学会了如何收集和处理信息、培养了科学探索的能力。

三、研究过程

（一）成立小组

组长：刘梦思；成员：陈志东、欧志聪、叶惠洪、周宝峰、殷煜华、许芮。

（二）分工

第一阶段：欧志聪、叶惠洪负责到图书馆搜集相关文献；周宝峰、殷煜华每周上网查找有关紫外线定义、特征、作用的资料；陈志东、许芮每周上网查找紫外线相关的说法及紫外线是如何产生的问题；刘梦思负责整理资料和协调工作。

[①] 本案例选自东莞中学松山湖学校。

第二阶段：欧志聪、叶惠洪查找高原植物抗紫外线原理；周宝峰、殷煜华查找防晒霜抗紫外线原理；陈志东、许芮查找防紫外线眼镜抗紫外线原理；刘梦思负责整理资料和协调工作。

第三阶段：全组研讨紫外线测试笔方案并动手制作紫外线测试笔。

（三）研究方案

（1）先对该课题进行讨论分析，搜集相关文献资料。

（2）上网搜集信息和实地调查。

（3）研制紫外线防护工具。

（4）总结整理，以论文和图片或实物形式展示成果。

（四）研究过程

（1）问题提出、小组分工与合作。

（2）认识紫外线，大致了解紫外线的特征、定义、利弊，形成初步认识。

（3）紫外线防护研究，通过查资料、走访厂家，对紫外线的防护方法、原理进行研究。

（4）紫外线防护工具研制。

（5）整理图片及相关资料，讨论分析有关问题，写出结题报告和学习心得。

四、研究结果

（一）什么是紫外线

紫外线是指波长在 10~400 nm 之间的太阳光线，根据波长主要分三类：UVA 波长为 315~400 nm，UVB 波长为 280~315 nm，UVC 波长为 200~280 nm。到达地球表面的太阳光线中紫外线约占 13%，这其中 UVA 约占 97%，UVB 约占 3%，而 UVC 接近于 0。

一些与紫外线有关的名词：

1. 波长

若是横波，其波长便是相邻波峰或相邻波谷间的距离，若是纵波，其波长便是相邻最密部或相邻最疏部的距离。

2. nm（纳米）

纳米是一种长度单位，符号为 nm。1 纳米 = 10^{-9} 米（即十亿分之一米），约为 10 个原子的长度。假设一根头发的直径为 0.05 毫米，把它径向平均剖成 5 万根，每根的厚度即约为 1 纳米。

3. 紫外线指数

紫外线指数是度量到达地球表面的太阳紫外线对人类皮肤损伤的程度。紫外线指数变化范围用 0～15 的数字来表示，其中 1 级强度最低，11 级以上为危险级。通常，夜间的紫外线指数为 0；热带、高原地区、晴天时的紫外线指数甚至能达到 15。紫外线指数越高，辐射越强，其危险性也越高。

（二）紫外线在地域、时间的差异

1．地域

人们通常认为赤道地区终年太阳高度较大，辐射强，但这里并不是全球太阳辐射最强的地区，因为赤道地区空气对流强、多雨、云量多、大气的反射作用强的缘故。

而高原上空气稀薄、气候寒冷、太阳辐射强烈、日照长、纬度高，因此接受了较强的太阳辐射。例如，1966—1968 年中国科学院西藏科学考察队在珠穆朗玛峰海拔 5 000～7 029 m 之间的 12 个高度上取得了较为系统的太阳辐射资料，证明了该区是世界上太阳辐射较强的地区之一。

2．时间

每天的 10：00—14：00 是紫外线最强的时间段，每年的 7—11 月是阳光紫外线最强的月份，而到了夜晚，紫外线指数为 0。

3．影响紫外线的因素

科学家们发现紫外线的辐射强度随着地理位置的变化有着很大的差异，这主要是由于不同地区、不同时间影响紫外线辐射强度的客观因素差别太大，概括起来主要有以下几个因素。

（1）云层：一般是云层越大越厚，到达地面的紫外线就越少。

（2）臭氧：臭氧存在于大气的同温层中，可以大量地吸收入射紫外线；但臭氧的损耗度与纬度有关，南北极最严重，随着纬度降低有所缓和，南北纬 30 度之间的地区近似可以忽略。

（3）阳光入射角：入射角越大，同一束阳光照射的区域就越大，斜射时接受的阳光强度就比直射时小得多，而且斜射时阳光到达地面的路程也就越长，就会有越多的紫外线被臭氧吸收。因此高纬度的紫外线辐射远远小于低纬度。

（4）悬浮物：大气对流层中存在着大量的悬浮物，这些尘埃、烟雾不但可以将紫外线辐射回去，还可以吸收部分 UVB 辐射，从而使得到达地面的紫外线辐射减少。

（5）水体：水体和其中的杂质可以大量吸收入射的紫外线，保护水中的动物、植物和微生物免受伤害。

（6）海拔：一些在高空中生活的生物受到紫外线伤害的概率要远远高于那些在地面上生活的生物，这是因为紫外线只是通过了一层薄薄的云层过滤的缘故。

（三）紫外线的利与弊

1．有益的一面

首先，中长波紫外线的照射，可使皮肤中的脱氧胆固醇转变为维生素 D，维生素 D

可增强钙磷在体内的吸收,能帮助骨骼的生长发育,成长期的儿童多晒太阳,多在户外活动,有利于预防佝偻病。

其次,不同波长的UVA、UVB波段能够治疗类风湿性关节炎、红斑狼疮、银屑病、硬皮病、白癜风、玫瑰糠疹和皮肤T细胞性淋巴瘤等皮肤病。仅对红斑狼疮的治疗研究表明,用紫外线治疗的病人可以显著减轻症状和减少综合征发生的危险,而且随着治疗时间的延长,治疗的有效性不断增强。

再次,紫外线还可使微生物细胞内核酸、原浆蛋白发生化学变化,用以杀灭微生物,对空气、水、污染物体表面有灭菌消毒的作用。

2. 有害的一面

UVA段称为晒黑段,它对皮肤的伤害是日积月累的;UVB段称为晒红段,穿透力可达表皮层,能使皮肤晒伤,临床表现为皮肤潮红、灼痛明显,可出现小水泡,1周后开始脱皮,这是导致皮肤晒伤的主要波段。

紫外线对人眼也有伤害,科学研究证实,强烈的太阳光是导致人眼患白内障的主要原因之一。美国约翰霍普金斯大学的研究人员认为,每天多晒1小时的太阳,一年中患白内障的危险将会增加10%;户外工作者患白内障的危险是一般人的3倍。角膜、晶体是最常受到紫外线损害的部分,日光性角膜内皮损伤也是与之最相关的眼部疾病,而结膜、眼睑受影响较小。

紫外线诱发皮肤癌,大阪大学研究生院生命机能研究专业花冈文雄教授领导的研究小组发现了一种新物质,它被称为"人DNA聚合ETA"。在受到过量紫外线照射时,皮肤细胞的DNA会受到损害,并在人DNA聚合酶ETA的影响下发生变异,进而导致皮肤癌。澳大利亚也有相关调查表明,紫外线的长期积累可诱发皮肤癌,这项调查也发现白种人患皮肤癌的概率明显高于黄种人。

(四)紫外线的防护

植物对紫外线的防护措施:既然植物在进行光合作用时会受到紫外线的照射,为适应这种环境,其一般会采取若干的适应方式。在自然界中,植物经由形态上的改变,如植株高度降低、叶片变厚、叶面面积缩小等来减少对紫外线的接触与吸收。在高原上,植物往往会在叶面上长出一层绒毛,从而减少紫外线的辐射。

动物对紫外线的防护措施:虽然陆地上的其他动物不具备人类的防晒知识,但是它们亦可采取躲避在洞穴中或地底下、适应环境或演化成身体表面上长有鳞片或毛皮等情况,以阻挡紫外线。

人类预防紫外线晒伤的措施就比动植物更加科学先进了,比如各种各样的防晒化妆品,主要种类有:防晒霜、防晒乳、防晒粉饼、防晒口红等,此外还有防紫外线的太阳伞、太阳镜、手套、座椅等等,另外,气象台会每天及时发布当日的紫外线指数,让人们提前做好防晒措施,可见人类为了抵御紫外线也是煞费苦心。

常见防紫外线的吸收剂和添加剂有以下两种:HTUV100具有优异耐久的紫外线吸收

性能及紫外线遮断屏蔽效果，对180～400 nm波段的紫外线有良好的吸收转化、反射和散射作用。SCJ-966能吸收高能量的紫外线，通过分子能级的跃迁使之向低能量转化，降低日晒强度，从而消除紫外线对人体和织物的危害。

防紫外线添加剂可分为无机物和有机物两大类，能使紫外线散射而消除的无机物质有二氧化钛、氧化锌、滑石粉、陶土、碳酸钙等等，这些无机物质具有较高的折射率，能使紫外线发生散射从而防止其入侵皮肤。其中氧化锌和二氧化酞的紫外线透射率较低，为大多数防紫外线纤维所选用。在纤维、纱线和织物中添加了紫外线添加剂而制成的防紫外线纺织品，对紫外线的防护能力显著提高，其紫外线屏蔽率一般可达到90%以上，有的甚至在99%以上。

（五）紫外线的利用

在日常生活中，人们利用紫外线杀菌的特点，为棉被、牙具等私人用品消毒；日光浴也逐渐流行，它是利用日光进行锻炼或防治慢性病的一种方法，主要是让日光照射到人体皮肤上，引起一系列理化反应，以达到健身治病目的，而小麦色逐渐成了时尚的肤色，时下一些年轻人通过日光浴或紫外线灯来达到目的。

在工农商业生产中，紫外线发挥着更大的作用。

最有效的杀菌紫外线的波长范围在240～270 nm之间，而汞在254 nm处正好有一个发射谱线，所以人们就在紫外线灯管中充入汞蒸汽，并且提高了汞消毒的254 nm波长的发射能力，这就形成了当前制造汞蒸汽紫外线消毒灯的技术。

除了杀菌的功能以外，日本还利用紫外线鉴别鸡蛋鲜度。日本农林水产省家畜卫生试验场研究发现，对鸡蛋进行紫外线照射，鸡蛋会发出荧光，根据荧光的强弱可鉴别鸡蛋的新鲜程度，因蛋壳中有一种卟啉成分，能对紫外线产生作用。刚产下的新鲜鸡蛋中含大量卟啉，荧光强烈，随着时间的延长，荧光量逐渐减少。

美国的北美皮尔金顿公司日前称，2017年底该公司将推出一款可利用紫外线分解尘埃及靠雨水自动清洗的窗子。该公司介绍说，这种窗子有自动清洗功能是由于玻璃窗上有一层氧化钛，该氧化钛膜暴露在阳光下吸收几天紫外线之后，即使在阴天或晚上也能对附着在玻璃上的灰尘进行分解，但是在干旱的日子里，户主须用水冲刷窗户。

现在一种利用紫外线发电的光伏电池已由日本产业技术综合研究所电子装置研究部开发出来。这种以玻璃为衬底的、利用紫外线发电的太阳电池，可让50%的可见光与70%以上的红外光透过。

五、收获与体会

这次研究性学习活动，我们按照计划，进行了资料搜集、信息整合、小组讨论、动手创新和成果形成五大步骤。第一阶段，我们通过互联网，有目的地搜集和掌握了一些有关于紫外线的资料，并进行了相关的删节与整合，形成了一份比较系统详尽的资料报告，并制作了一辑介绍紫外线小知识的幻灯片；第二阶段，我们在已有资料的基础上进行了小组讨论，构想出了一套较为科学的"紫外线测试笔"的小发明制作方案；第三阶段，我们开始动手实践这一方案，并策划了一期有关紫外线的宣传板，在国际花园城市评比中展出。

总结这次紫外线的研究性学习，总体上来说我们是成功的，因为我们汲取了知识，开阔了视野；学到了许多调查研究的方法及知识；初涉了搞小发明的苦与乐，提高了分析问题并解决问题的能力；学会了如何与人相处，如何为他人着想；锻炼了自己的意志，同时也增进了同学之间的友谊。有了这次研究性学习的经验，我相信未来的我们将做得更好。

六、教师点评

成功之处：

（1）研究小组以紫外线探究为研究内容，有积极的意义。资料搜集和汇总比较全面，有说服力。在研究过程中，采用实地调查访问和文献研究两种方法进行，互为补充，较为合理。

（2）研究小组在研究过程中初涉了搞小发明的苦与乐，提高了创新意识和动手解决实际问题的能力。

（3）在本次活动中，一切研究计划和成果展示都由同学们亲自讨论并设计参与，在活动过程中，同学们表现出善于钻研、团结协作的精神是值得肯定的。

不足之处和建议：

（1）大部分信息仍来自网上资料的搜集汇总，在实地调查方面做得不够。

（2）紫外线测试笔功能有待改进，学生创新实践能力还需加强。

参考文献：

［1］柴树人. 对书籍的几种紫外线辐射及其防护［J］. 图书馆界，1988（4）.

［2］高炜，施默尔特. 全球气候变化中的紫外线辐射：观测、模拟及其对生态系统的影响［M］. 北京：清华大学出版社，2006.

附 件：

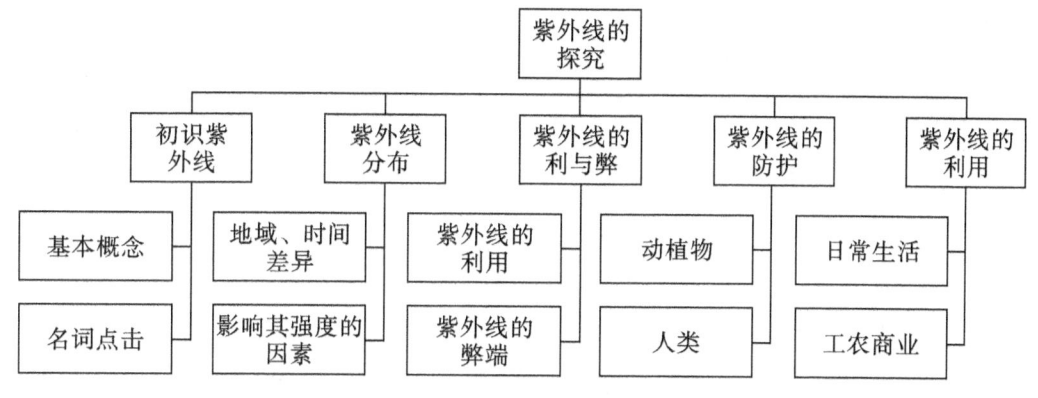

紫外线探究流程图

案例4：科技类项目设计

一种电梯坠落减震装置[①]

课题成员：陈仕峰　冯倚天　指导老师：郑敏祥

摘　要：本作品是一种在电梯坠落时达到减震目的，保护乘客安全的装置。在电梯最底层内分别装上弹簧、塑料板和海绵等软质材料，以及在电梯吊缆断裂时能自动充气的安全气囊三层装置，能有效减少电梯坠落时发生的安全事故。

关键词：减震装置　电梯　坠落　安全气囊

一、研究背景

近几年来，由电梯引起的事故层出不穷。电梯的确是方便了我们的生活，可电梯也容易发生安全事故，电梯一个小小的零件的质量出了问题，都有可能使电梯发生故障、短路，从而给使用电梯的人们带来生命危险。最近发生的事故大多是由于电梯突然停电或缆绳断裂导致电梯急速下坠而造成的。因此我们想发明一种电梯坠落减震装置，以保证乘客的安全。

二、研究的目的和意义

我们设计的这种电梯坠落装置，不仅制作简单、造价不高，而且非常实用，能够将损失降到最低，可以在生活中广泛使用，从而有效保证乘客的安全。

---

① 本案例选自东莞中学松山湖学校。

三、研究方法和计划

（一）研究方法

（1）文献法：查阅引发电梯安全事故的原因以及电梯的结构原理，选定相应的课题与制作方法。

（2）实验比较法：通过动手操作，设计制作电梯装置，并分析比较，制作模型。

（二）研究计划

（1）查阅新闻资料，了解目前电梯发生的安全事故，确定研究课题。

（2）查阅文献资料，了解电梯的结构与原理，分析发生安全事故的原因，确定设计方向。

（3）讨论并探究防止电梯突然坠落的安全装置设计。

（4）确定设计方案并进行模型制作。

（5）测试模型并改进。

（6）整理资料，完成论文。

四、研究过程

（一）设计思路

1. 已有的研究

从文献来看，目前的电梯防坠落装置一般是利用电磁异性相斥、弹簧减震等原理来防止电梯坠落时发生安全事故。也有一种利用紧锁装置，当缆绳下落速度过快时，将缆绳锁紧从而防止电梯坠落。但以上设计要么底座必须定做，要么成本更高，要么更换不方便，要么对于高度不同的电梯坠落没办法做到自动感应，要么当缆绳断裂时不能使用。而我们设计的作品是：在电梯最底层挖出一定深度的空间，装上减震材料，安全气囊在电梯吊绳断落时能自动触发充气，而且高度越大，安全气囊充气程度越高，减震就越有效，而且成本更低，更换更方便。

2. 我们的设计

在电梯上方的缆绳上安装电路，当电梯缆绳断裂时，由触发电路触发安全气囊充气，作为第一层减缓电梯下坠速度的装置。每台电梯还在最底层挖出一定深度的空间，最下面安装弹簧、泡沫板子等作为第二层减缓电梯下坠速度的装置。

另外，由于电梯箱四壁都是光滑的金属，当电梯停电时，没办法爬到顶部逃生，因此我们设想在电梯箱的后壁内装上向里凹的把手，在紧急情况下方便从电梯内部爬到顶部逃生。

（二）研究和制作过程

1. 发现问题

现在的电梯事故越来越多，已经不知道有多少人在事故中造成身体伤残甚至失去了宝贵的生命。针对这些问题，我们就想，能不能做一个在电梯发生事故时，能最大限度降低损失与伤害的装置呢？

2. 制作过程

（1）第一阶段制作。

一开始我们思考如何避震的问题，想到了电影里面有人要跳楼时，下面的人们都会拉开一张布，这样人跳下来时会相对安全一些；另外，我们也想到了跳高时都会在地上垫一层海绵。于是，我们就上网查找了最容易避震的东西，比如缓冲胶、PVC、塑料板、弹簧等，然后设想，当电梯钢缆断开而导致电梯下坠时，在电梯下面把这些东西放置上去不就行了吗？

（2）第二阶段制作。

然而很快问题又来了，电梯下面如果放置东西，那电梯怎样才能停到最底层？经过一番思考，我们想到了在电梯最底层里面再挖出一定的深度来放置这些减震的材料。老师建议我们做实验来试验一下，我们马上行动，用重物在一定高度坠下来模拟电梯下坠的情形，发现当下坠的高度不大时，坠落物体还是很安全的，但随着高度的增加，里面放置的减震材料必须增加，但深度却不能无限地增加。

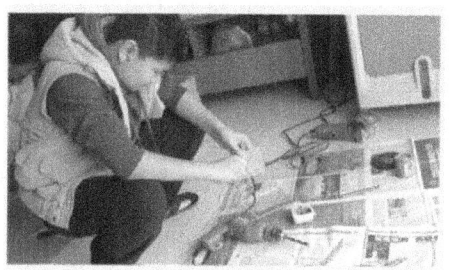

制作减震装置

于是我们继续寻找材料，在最底层安装了弹力较好的弹簧，再在弹簧上装上塑料板，在塑料板上装上PVC，这样改进之后，发现效果好了很多，但当重物在更高的位置下坠时，还是显得不够，而且反弹力也不小，怎么办呢？

（3）第三阶段制作。

这时，老师跟我们提起了汽车安全气囊的作用，我们为什么不用上安全气囊装置呢？还可以加上一个电路装置，当吊起电梯箱体的钢缆断开时，电路断路，马上触发充气装置，而且坠落时的高度越大，充气时间越长，能更有效地达到第一层减震效果。由于我们没有找到合适的试验装置，老师建议我们用自行车内胎来做这个实验，在不同高度时充上不同量的气体，结果证明，这种装置的效果非常明显。

于是我们马上动手制作，用有机玻璃板来制作电梯完整的模型，我还请了家长帮忙切割，一起加工、黏合，最终完成了模型。当然，改进的路还很长，但是我们充满了信心！

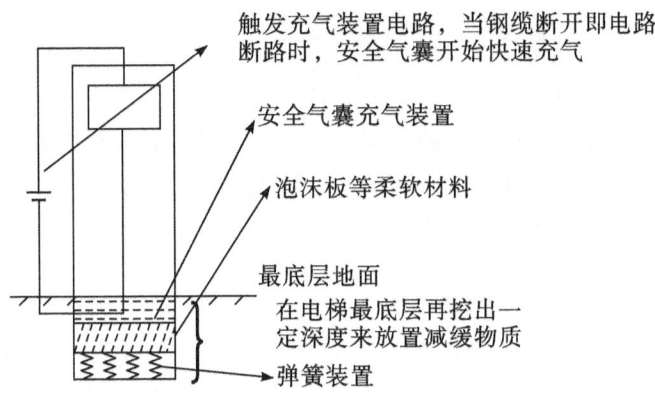

减震装置实物及原理图

（三）结构与原理

在电梯上方的缆绳上装上电路，当电梯缆绳断裂时，会触发泡沫板子上的安全气囊充气，作为第一层减缓电梯下坠速度的装置，还在每台电梯最底层下面挖出一定深度的空间，在中间层装上泡沫板等柔软材料作为第二层减缓装置，最下面再安装弹簧加塑料板子等作为第三层减缓装置。

其中安全气囊在电梯钢缆断开的瞬间触发充气装置，电梯箱体坠落的高度越大，安全气囊充气时间越长，缓冲作用越大，越能有效减少事故发生。另外，电梯箱体内壁设有内凹的把手也能方便里面的乘客往箱顶逃生，且不会阻碍电梯的正常使用。

（四）测试结果

我们对作品进行了实验测试，用硬板、弹簧海绵、弹簧海绵加气球、弹簧海绵加气球和安全气囊分别做了不同的测试，实验结果证明，本作品可有效起到缓冲作用，能降低电梯坠落时对乘客的人身伤害。若每一个电梯都能安上防坠落减震装置，这样电梯的安全系数就增加了，因事故造成的损伤也更小。

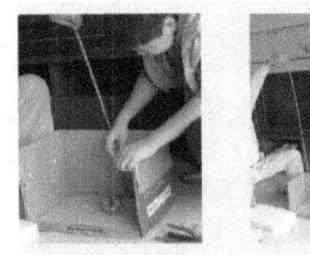

测试场景

（五）创新点

（1）电梯最底层里面挖出一定深度来放置减缓物质，能有效减缓电梯下坠的速度并降低损害。

（2）安全气囊的触发装置给下坠的电梯箱体做第一层缓冲，而且电梯下坠时的高度越大，安全气囊充气的时间越长，缓冲的作用越大。

（3）电梯箱体内壁内凹的把手既能方便里面的人逃生，又不会阻碍电梯的正常使用。

五、收获与体会

虽然把想法变成实物的过程是一个艰难和漫长的过程，但当看到作品成功地展现在自己面前时，那种成就感是无可代替的，这就是成功的喜悦。经过这次的发明创新，我发现其实每一个人都可以成为发明家。只要用心去发现问题，利用创新思维去解决问题，再加上坚持不懈的努力，就可以成功。

感谢学校郑敏祥老师对我们的悉心指导，引导我们走上了科学研究的道路，并在生活、学习上给予了我们大力的帮助。在研究过程中，郑老师很关心我们，经常和我们一起探讨一些新的想法，所以我们才能顺利完成作品。还要感谢父母在机械制作方法及原理等方面给我们的指导，是他们让我们学到了课堂上学不到的东西，也使我们对科学研究充满了兴趣。

在整个研究过程中，我们不仅学到了科学研究的方法，还学到了如何做人做事，学会了在困难面前不低头以及勇于接受挑战的勇气。在未来的生活里，我们也会利用自己的创新思维，坚持不懈地努力，还要把这种坚持不懈的精神用到方方面面中去，让自己不断地提升！

六、教师点评

在电梯坠落事件日益增多的今天，两位初中学生选择了这样一个关注生命、关注安全的研究课题，这是他们开始有社会责任感的一种体现。他们如果能够把想法变成实际作品，不但对他们科学素养的培养起到很大的作用，而且这种社会责任感亦会随之生根发芽，这也是学校开展研究性学习的最终目的！

在整个项目研究过程中，两位同学能够在老师的指导下，踏实勤奋地按计划执行，并且能够通过动手实验去改进设计、制作模型等，他们逐渐掌握了简单的发明方法，虽然模型的制作有些简单，但对于初中的学生来说，他们克服了这么多的困难，体验了项目制作的过程和成功，学会了简单的实验方法，提高了自己的能力和知识水平，这已经达到了活动的目的。同时，他们通过项目制作活动锻炼了动手能力、培养了不怕困难的精神，相信这次经历会激发他们走向更大的成功。

参考文献：

［1］刘培尧. 电梯原理与维修［M］. 北京：电子工业出版社，2001.

［2］王志强，杨春帆，姜雪松. 最新电梯原理使用与维护［M］. 北京：机械工业出版社，2006.

案例5：社会性活动设计

废旧笔芯的回收与利用[①]

课题成员：袁焕棠　祝锦昌　李雅梦　梁少冰　陈倩敏　指导老师：何祁黎

摘　要：中性笔是目前最流行的书写工具，因其使用量巨大，所以带来了大量的废旧笔芯，而随意丢弃废旧笔芯带来的危害却是惊人的。我们策划了在校园内开展废旧笔芯回收与利用的活动，以期让更多同学了解废旧笔芯的危害，自觉减少笔芯的使用，并主动把废旧笔芯收集起来进行回收利用，通过推广环保活动，提高同学们的环保意识。

关键词：废旧笔芯　回收　利用

一、活动设计的背景

中性笔自问世以来，便迅速替代了钢笔和圆珠笔，成了当前最流行的书写工具。中性笔使用量最大的人群就是中学生，高中生几乎每人每天都要用掉一支笔芯，其消耗一次性笔芯的数量惊人，在教室里的垃圾桶随时都可以见到废旧笔芯的身影。而大家在享受一次性笔芯带来流畅的书写时，却没有意识到它对环境造成的危害。废旧笔芯是由各种难降解的物质组成的，直接扔掉便会造成类似于"白色污染"的危害。于是，我们打算在全校范围内开展一次关于废旧笔芯回收与利用的活动。

二、设计的目的与意义

（1）通过查找资料了解废旧笔芯对环境产生的影响，调查中学生对一次性笔芯的消耗状况，从而制作出相关资料宣传废旧笔芯的使用现状及对环境的危害，提高同学们对废旧笔芯危害的认识程度。

（2）通过本活动号召大家把废旧笔芯收集起来，并利用自己的想象力与创造力，将废旧笔芯做成创意作品，并自觉减少使用一次性笔芯，为环保做出一点贡献。

三、研究方法

文献研究法；调查问卷法；实践探究法。

---

① 本案例选自东莞中学松山湖学校。

四、活动的设计过程

（一）活动计划与分工

1. 活动计划

第一阶段：查找资料，了解废旧笔芯对环境的危害。（时间1周）
第二阶段：调查废旧笔芯使用与回收状况。（时间2周）
第三阶段：小组成员探索创意作品的制作。（时间4周）
第四阶段：组织全校学生参与制作废旧笔芯创意作品。（时间3周）
第五阶段：整理资料，展示活动成果。（时间1周）

2. 小组分工

小组成员	分工状况
袁焕棠	组长，负责规划研究性学习开展，统筹小组工作，督促各项工作按时完成
祝锦昌	负责废旧笔芯创意作品的设计与制作
梁少冰	负责填写活动记录表，整理并保管小组各种资料
李雅梦	撰写宣传稿，制作海报，设计小组LOGO
陈倩敏	拍摄及剪辑视频

（二）活动过程

1. 了解废旧笔芯的危害

暑假期间，我们通过网络查找了相关资料，了解了笔芯的制作材料、使用量及丢弃后对环境的危害等。虽然我们知道废旧笔芯是由某些难降解的物质组成，直接扔掉会造成类似于"白色污染"的危害，但是，令我们意想不到的是，其危害程度远远超乎我们的想象。我们从湛江市第二中学某教师的博客中查找到了下面两个对比实验。

第一组：

（1）实验材料：两个大小相同的鱼缸，两条生长状况、大小相同的鱼（甲和乙），废旧笔芯。

（2）实验方法：在甲金鱼的水缸中放进用废旧笔芯剩余的油墨与清水配成浓度为千分之二的溶液，在乙金鱼的水缸中放进同等量的清水，实验结果如下表所示。

时间	现象	
	甲金鱼	乙金鱼
10 分钟	身体开始快速发抖，神情呆滞	正常
20 分钟	急速地呼吸	正常
30 分钟	浮上水面呼吸并觉呼吸困难	正常
40 分钟	游动迟钝，身体失去平衡	正常
50 分钟	死亡，身体浮肿	正常

（3）分析结论：以上的实验结果说明了鱼在被油墨污染的水中，短时间内不会死亡，但长时间若环境得不到改善，随着油墨里的毒性物质的迅速蔓延，将导致死亡。由此可见，被油墨污染的水不仅严重威胁水生动物的生命，同时也破坏了水环境。

第二组：

（1）实验材料：一盆盆栽、一只鹌鹑、废旧笔芯、一个透光的玻璃罩。

（2）实验方法：把玻璃罩放在阳光下，在玻璃罩内燃烧废旧笔芯的塑料部分，使燃烧产生的废气充满玻璃罩，接着迅速放入盆栽（进行光合作用而制造氧气）和鹌鹑，实验结果如下表所示。

时间	现象	
	鹌鹑	盆栽
10 分钟	到处乱跳，挣扎	正常
20 分钟	不停地喘气	正常
30 分钟	双脚发软，站立不稳	叶片有点发黄
40 分钟	趴在地下，双脚伸直，发抖	叶片低垂

（3）分析结论：废旧笔芯燃烧时释放的有害气体可使鹌鹑死亡，且影响植物正常生长，从而证明这些气体对生物的危害性很大。

2. 调查中学生对废旧笔芯的认识

为了了解中学生使用中性笔的具体状况，获得一手资料，并且了解中学生对废旧笔芯危害的认识，以及大家对于举行"废旧笔芯回收利用活动"的参与意识，我们查找了相关资料，查阅了调查问卷的设计原则和方法等资料，制作出了一份关于"废旧笔芯回收利用"的问卷调查表，并在学校高一、高二年级展开了问卷调查。

关于"废旧笔芯回收利用"的问卷调查

1. 你一般使用什么类型的笔？（请打钩）
 A. 圆珠笔　　　　B. 水笔　　　　C. 钢笔　　　　D. 其他_____
2. 你每月大概使用多少支笔芯？
 A. 1~3　　　　　B. 4~6　　　　　C. 7~9　　　　　D. 10 支以上
3. 当笔没水时你会怎么处理？
 A. 换笔头　　　　B. 扔掉　　　　C. 其他方法_____

4. 你是否了解过废旧笔芯对环境的污染？
   A. 是　　　　　　　B. 否　　　　　　　C. 稍有了解
5. 你知道一支笔芯耗费多少资源吗？
   A. 是　　　　　　　B. 否　　　　　　　C. 稍有了解
6. 新笔用完了，你怎么做？
   A. 换新笔　　　　　B. 换笔芯
7. 你对废旧笔芯怎么处理？
   A. 直接扔了　　　　B. 收集起来　　　　C. 拿来玩
8. 你对回收废旧笔芯有什么看法？
   A. 有必要　　　　　B. 无所谓　　　　　C. 多此一举
9. 如果学校举办有关废旧笔芯回收利用的活动，你的态度如何？
   A. 积极参与　　　　B. 看情况而定　　　C. 不理睬
10. 你对废旧笔芯的回收利用有什么好建议？

为了节省资源，我们在每个班级后面张贴了一张问卷调查表，并给每位同学发放了"问卷调查结果统计表"（见图1）。虽然条件十分简陋，但是同学们参与的热情很高，我们一共回收了1 000份有效问卷，从统计结果来看，83%的同学都习惯使用中性笔，大家对一次性笔芯的使用消耗量非常惊人，且被直接扔掉的中性笔笔芯数量也十分可观（见图2）。

图1　问卷调查统计

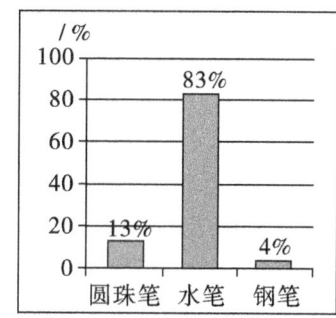
Q1：你一般使用什么类型的笔

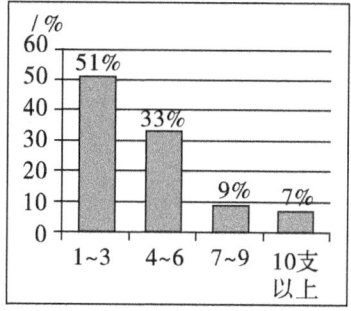
Q2：你每月大概使用多少支笔芯

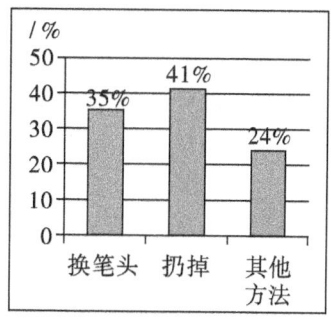
Q3：当笔没水时你会怎么处理

图2　"废旧笔芯回收利用"的问卷调查结果统计（部分）

3. 收集废旧笔芯

经过前期的准备工作，校园内绝大部分同学都知道了废旧笔芯的危害，也意识到了身边大量废旧笔芯的存在，那么，怎么来处理这些废旧笔芯呢？我们想到了组织一次"废旧笔芯的回收"活动，通过这种方式既可以宣传本次活动，又可以为接下来的废旧笔芯再利用收集原材料。于是，我们撰写了一份"废旧笔芯大翻身"活动倡议书，并且制作了活动海报（见图3）。

废旧笔芯大翻身

各位同学：

你的笔芯还是一用完就扔吗？断了水的笔芯甩一甩就丢吗？噢！你OUT啦！

或许你曾经对废旧电池进行过分类处理，可是笔芯呢？你是否知道10根废旧笔芯对于环境的污染就相当于一颗废旧电池所能造成的污染？据统计，我国4亿城市人口平均每年要丢弃约29亿支废旧笔芯，平均每支笔芯1.5克，这些笔芯合计重量将近4 500吨，总体积超过5 000立方米。据估算，一个城市每年有近2 000万支中性笔和笔芯被弃置在生活垃圾中掩埋，再加上当今"抛笔风行"的扩张，每年被遗弃的废旧笔芯数量正以惊人的速度增长。

制造一次性笔的主要材料是聚苯乙烯或改性聚苯乙烯，均有耐老化、抗腐蚀的特征。一次性笔芯被当成一般生活垃圾处理时，除非实行严格垃圾分类，或进行焚化处理，否则永远无法自行降解。此外，笔芯中含有挥发性物质、多余墨水、浮脂等污染物，任意丢弃还会造成土壤、河川的污染。

但是，如果我们积攒它，一根根色彩斑斓的笔芯经过我们DIY后，摇身一变成为富有创意的工艺品，定会收到意想不到的效果。

现在，由我们，GREEN FASHION——"气候酷派——绿色校园行动"小组引领的"废旧笔芯大翻身"活动，即将在松湖这片沃土上掀起一股时尚环保热潮！

"气候酷派——绿色校园行动"是英国驻华大使馆文化教育处和中国科技部科学技术交流中心于2010年联合启动的"气候酷派"项目的一部分，旨在通过活动提高中小学校广大师生对气候变化、能源及相关环保问题的认识，鼓励师生们以实际行动应对气候变化，并积极影响身边的社区。

从今天开始，不要再乱扔你的废旧笔芯；从今天开始，让用过的笔芯投入到我们环保低碳的行动中！我们同样期待你的参与和创意，让我们给平凡笔芯的生命之旅画上一个不平凡的句号！

献出你的笔芯与创意吧！

GREEN FASHION 行动小组

图 3　废旧笔芯回收活动海报

4. 探索废旧笔芯的回收利用方式

经过一段时间的宣传与收集活动，我们收集到了大量的废旧笔芯，这些废旧笔芯该怎么处理呢？我们想到了利用废旧笔芯制作创意手工的办法。于是，我们开始探索如何利用废旧笔芯进行创意手工制作。我们将小组成员分成四组，分别根据自己的爱好和想法进行创意设计，虽然耗费了很多时间，也走了很多弯路，但最终我们还是有了惊人的创意，这个过程令大家振奋不已！

第一组：梁少冰、陈倩敏　创意作品：《米菲笔筒》

图 4　利用"米菲"牌笔芯制作的《米菲笔筒》

第二组：袁焕棠、祝锦昌　创意作品：《蒲公英馆》

图 5　《蒲公英馆》制作过程展示

第三组：祝锦昌、李雅梦　创意作品：《中国馆》（初始版）

  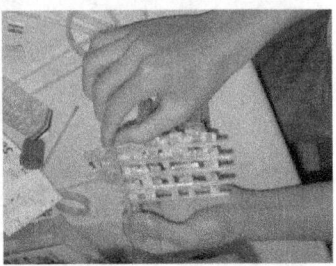

图6　《中国馆》（初始版）制作过程展示

第四组：祝锦昌、梁少冰　创意作品：中国馆（升级版）

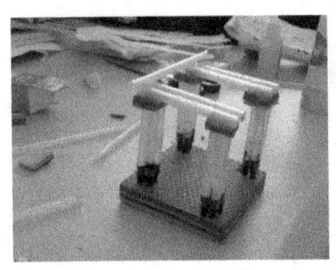  

图7　《中国馆》（升级版）制作过程展示

5. 开展"废旧笔芯大翻身"活动

有了之前探索阶段的一些经验，我们开始在全校范围内宣传废旧笔芯创意作品制作的方法与技巧，并且号召高一、高二、初一、初二的同学积极参加"废旧笔芯大狂想"活动，利用废旧笔芯，结合自己的想象力与动手能力，创造出令人惊奇的作品。本次活动得到了学校各个层面的大力支持，同学们的参与热情十分高涨，我们也收到了很多特别有创意的作品（见图8至图13）。

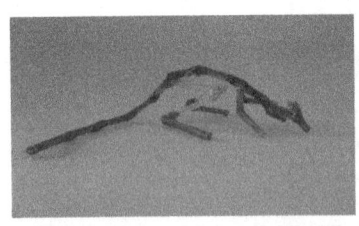  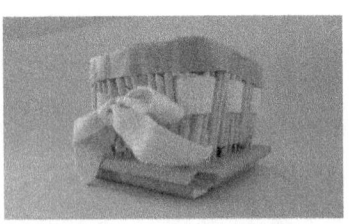

图8　《红龙》　　　　图9　《亚运圣火》　　　　图10　《林木物语》

图 11　《花语纸筒》　　　图 12　《坚强的我们》　　　图 13　《神舟九号》

我们将收集到的废旧笔芯创意作品进行了展出，还举办了一次声势浩大的投票活动，得到了全校师生的积极响应，活动现场热火朝天（见图 15 至图 17），大家都惊叹小小的废旧笔芯竟然能设计出这么多的创意作品！

图 14　投票活动宣传海报

图 15　大家都在忙碌着　　　图 16　你看那个作品！　　　图 17　请投上宝贵的一票！

6. 废旧笔芯回收利用成果展示

（1）参加了 2010 年"气候酷派——绿色校园行动"比赛活动，获得华南赛区一等奖，全国最具创意奖。

图18 "绿色校园行动"比赛现场　　　　图19 收获成功的喜悦

（2）在全校范围内承担了一次"国旗下讲话"。
（3）采访柴校长对环保的看法，交流与学习，并获得校长的高度赞赏。

图20 小组成员与柴校长畅聊环保话题

（4）成立了"绿尚社团"，继续开展环保活动。

图21 社徽　　　　图22 社服

五、收获与体会

经过一个暑假漫长的计划，我们征求了老师的意见，搜集了大量信息，最终决定进行一项笔芯回收利用计划，旨在宣传笔芯回收理念，增进大众（同学）的环保意识。初期我们查阅大量信息，了解笔芯的种类及其生产加工过程所需的材料，了解废弃笔芯对环境的危害和回收的必要性；然后我们广泛深入调查学校里老师和学生的笔芯使用情况，了解各个群体对废旧笔芯的处理方式，发放了有针对性的调查问卷，分析总结出具有代表性的数据。

通过小组会议讨论，我们充分认识到天马行空与自身能力、创新理念与实际情况的差距。确定了通过先回收一批笔芯，制作出一批有看点、有实用价值的作品，再加强宣传扩大影响力，增加学生参与度，最终增强学生的环保意识的行动计划。在小组行动计划的指导下，我们联合起草并印发了关于自觉收集并回收利用笔芯的倡议书，先后在全校范围内发放。其间我们也希望在同学中间回收一些笔芯，我们在倡议书后面附上一个废纸做成的小袋子，以方便同学将笔芯顺手放进袋中。这就解决了行动滞后于倡议的问题，让同学们能及时响应号召而不是听我们空唱口号。

接着我们开始了对宣传方式的探索。面对一堆笔芯，小组成员绞尽脑汁，经过多次讨论，确定了一些笔芯加工对象，并利用课余时间加紧制作。一开始，我们尝试制作杯垫，但是因为制作难度大，且笔芯外形和材质上的局限性使我们不得不放弃。于是我们又用笔芯插成一圈制作成笔筒，这个作品花的时间很少，且过程简单，成品外形美观，而且旧笔芯做的笔筒也很有意义。

然后我们开始着手制作 2010 上海世博会的英国馆。它形状似蒲公英，又像一团海绵般蓬松，但是它其实什么都不是，因为它的这些意象都是外人加上去的。我们用废旧的笔芯怎么能做出这个效果呢？果然，在结构材料选择上已经让我们费尽心思，而且还要顾及笔芯的排布，如何让平面的过渡更自然呢？它似圆但是每一边又有一定面积是平坦的，所以我们又不能把它做成圆的又不能笔直排布成方的，还有各式笔芯的笔头大小相差又很悬殊。我们就在稿纸上用线条模拟笔芯的排布，又把蜡底的形状稍加修饰，使平面转接处更圆润，先用尖细笔头试着插上一面，让每个组员看看效果，不行就拔了重新插，直到大家满意为止。就这样陆陆续续工作了三个星期，最终我们用一块蜡球做基底，把用完的透明笔芯一根根地插上去并用胶水加固，这样英国馆就做成了。

最后是中国馆。一开始，因为它太特殊了以至于我们很谨慎地对待它而迟迟不敢动手，只是不断地从网上搜集它的外观图片，设计图纸、外形比例。渐渐地我们以为摸到了窍门，于是在 10 月 5 日下午我们的一位男同学找来红色的基底，用四根笔芯并起来粘紧做柱子，在上面两两平行铺开，每层都是正方形，层层增加一定的长度。但是当他做到一半时，我们其他三人凑到一起研究，发现笔芯之间的粘贴面太小，用白纸涂上 502 胶水做的界层也略显突兀，而且细心的女生还发现中国馆上部呈倒台体，但是我们做的看不到明显的侧棱。于是我痛下决心把它拆了。这位男同学闻了一个下午的胶水味，手也被胶水粘得没有知觉，而我说拆就拆了他的劳动成果，但他没有半句怨言反而顾全大局地立即积极地配合我整理材料。于是我们四人又聚在一起，不断地研究设计图纸、比较外形、揣摩内部结构。我在三人监督之下不断地用笔芯比试，用蜡暂时固定，为了让他们看清楚我不得不小心翼翼地固定每一根笔芯，有时还粘不稳散架了，于是又重新粘过……终于侧棱的效果出来了！我们兴奋而欣慰地笑了！我们不禁望着窗外舒了一口气，此时太阳已经快要下山了……（祝锦昌）

通过活动，我们了解到同学们都有着很大的环保热情，只是不太了解方式，据第二次调查结果显示，他们对于废旧笔芯的处理观念有了跳跃性的变化，明白了其实许多不起眼的东西，都可以很好地利用起来。我们的活动还会一直继续下去。尽管现在还没有找到更完美的处理方法，但是，我们相信，我们的行动最终会得到大家的认可！

为这次活动的圆满闭幕，许多人付出了自己的心血。同学们积极参与作品的制作和评选，志愿者们维持现场纪律和帮助点票。我们小组前期工作的筹备组织，每一位参与的同学都付出了许多。感谢你们，为"建设绿色校园"贡献出自己的努力，感谢你们用行动表明你们对保护环境的决心。感谢你们！

我们会把"建设绿色校园"的活动继续坚持下来。让校园变得更美丽，我们的生活环境更美好，让身边的人都积极参与到环保事业中去。环保之事，人人参与！（梁少冰）

六、教师评价

该小组成员在活动设计和实施过程中，十分认真投入，互相协作、互相帮助、分工明确、方向正确、行动能力极强，从调查问卷的发放及统计、外出实地调查等活动中，显示出了很强的研究能力，同时，各成员在活动中学到了很多知识，并得出了一系列行之有效的解决问题的方法！

参考文献：

[1] 王纬. 中学实践活动设计与指导［M］. 兰州：甘肃人民出版社，2009.

[2] 潘洪建. 中学综合实践活动指导［M］. 北京：高等教育出版社，2010.

案例6：艺术类项目设计

班旗的设计[①]

课题成员：陈钰洁　黄柳茗　　指导老师：何祁黎

摘　要：为建设班级文化，在活动中体现班级特色，同时增强班级内部小组的凝聚力，我班发起全班共同设计班旗的活动，由各个小组分别设计组徽，再将组徽融入班旗的设计中，体现我班的小组合作特色。

关键词：班旗　组徽　小组合作

一、设计的背景

一个新的班级需要各种建设，班服、班徽、班旗都可以彰显独特的班级文化。设计

---

① 本案例选自东莞中学松山湖学校。

班旗，一是为了参与校级活动，二是为了建设班级文化、提高班级的凝聚力，发动全班同学都参与到班旗的设计中来。

二、设计的目的与意义

通过班旗的设计与制作活动，提高同学们参与班级活动的积极性，增强同学们对班级的归属感、提高团队的凝聚力、推动班级文化的建设。

三、设计过程

（一）活动计划与分工

1. 成员分工

姓名	分工状况	备注
陈钰洁	规划和组织班旗的设计，统筹小组工作，督促组员工作的完成，并进行指导	宣传委员
黄柳茗	后期对班旗进行排版、美化和加工	宣传小组成员（美工）
柯珂	组织各小组成员共同设计班旗图案，记录设计过程，整理并上交设计	各小组组长
刘蕴深		
莫俊焯		
韩恒韬		
陈思羽		
袁燕珉		

2. 活动计划

第一步：宣传小组内部讨论班旗图案的大致设想。（2~3天）

第二步：召集六名组长开会讨论。（1天）

第三步：各小组长组织自己小组的组员讨论并设计班旗图案。（5天）

第四步：各小组长整理并上交班旗图案草图。（1天）

第五步：美工对草图加以整合与美化，定稿。（1天）

第六步：宣传委员进行定稿作品的最后整理，做出总结。（1天）

第七步：上交班主任处，联系厂家制作班旗。

（二）设计过程

1. 宣传小组内部讨论班旗图案的大致设想

应年级制作班旗的要求，宣传小组决定设计一面既能体现班级特色，又别具一格、吸引眼球的班旗。在宣传小组内部讨论中，我们筛选出以下几种设计方案。

方案一：背景为爱尔兰绿，中间是白色麋鹿手绘图，图的上方为英文"FOUR"。寓意：麋鹿象征着幸运，和已有的班服图案一致，可爱清爽。（见图1）

方案二：背景为明黄色战旗，中间是黑色小篆体的"肆"。寓意：富有历史气息，能展现文科班文学风貌；战旗寓意"斗志"，能够鼓舞士气。（见图2）

方案三：背景为白色，中间是黑色小篆体的"肆"，其周围由六个小组的组徽图案环绕。寓意：小组组徽是各组的标志，体现小组内部团结；六个组徽围绕"肆"字，体现班级大团结。（见图3）

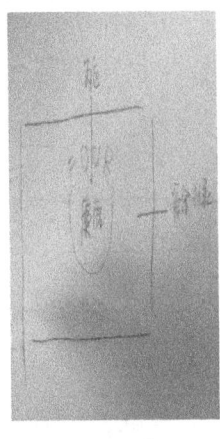 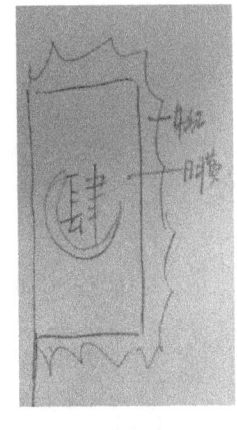 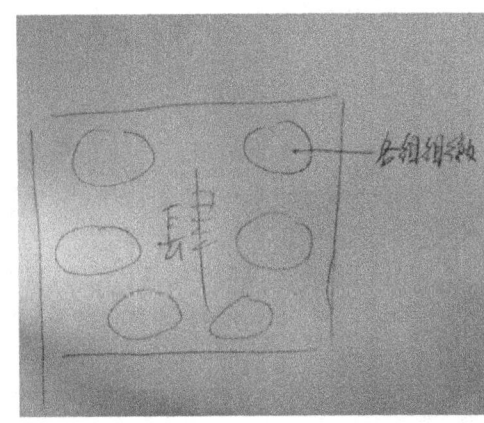

图1　方案一　　　　图2　方案二　　　　图3　方案三

2. 召集六名组长开会讨论

会议中，宣传委员宣布班旗设计计划，并展示了宣传小组讨论后的三种方案，组织大家进行深入讨论。考虑到方案三能够很好地反映我们班独一无二的"小组合作学习"的特色，最终确定班旗设计方案为方案三。

3. 各小组长组织自己小组的组员讨论并设计班旗图案

该阶段耗时五天左右，各小组利用课余时间讨论出属于自己组的组徽，以拼凑成班旗图，组长负责做好设计总结。图4为各小组的设计总结。

图4　各小组的设计总结

以下内容源自各小组长的设计总结。

（1）大方之家：

组徽是一个小组的象征，因此设计组徽是一件神圣的事情。

一开始我们接到设计组徽这个"作业"时，其实心底是拒绝的。毕竟设计要动脑，会累的，而且要从零开始去想，开始时根本就没有头绪，难度不言而喻。然而正因为有难度，所以乐趣无穷！设计的过程现在回想起来，还真令人哭笑不得！

Step. 1　走常规→每个人名字的首字母，然后拼出个不知道是什么的图案。（见图5）

Step. 2　从"大方之家"组名入手。大方之家是指懂得大道理的人。在我们亲爱的组长的心中，有学问＝领带＋眼镜，于是产生了一个奇葩的图案：眼镜在上，领带在下，呈长条状，眼镜里还有眼珠。（见图6）

Step. 3　领带→（变成）蝴蝶结。（见图7）

Step. 4　眼镜＋书，下边来条红色的小带子。（见图8）

Step. 5　否决了以上所有的方案，并且不知道是谁提出了另一个方案：心电图。（见图9）

于是经过我们组首席画师陈钰洁的修改和美化，一个由心电图、房子、彩虹、蛋壳、小篆版"大方之家"以及"乱入"的"蛋黄"构成的全新方案形成了，并最终成为了我们"大方之家"的组徽。

大方之家是指有学问的人，我们每个人都希望自己能成为一个懂点学问的人，但这是一个循序渐进的过程，不能一蹴而就，所以蛋壳便寓意：如小鸡破壳般坚定的毅力和坚守破壳的希望必能成功，同时也预示着这个小组的新生。彩虹是我们向往阳光与活力的象征，因为我们要成为的不是一个呆板的有学问的人，而是向上、积极、阳光的人。最后我们将心电图上的心换成了一座房子，契合组名中的"家"字，也暗指着我们希望"大方之家"这个小组能永存我们心中！

"礼尚往来展大方，初升虹光耀户堂。"最后感谢我们小组的首席画师——陈钰洁，为我们小组赋诗两句！

　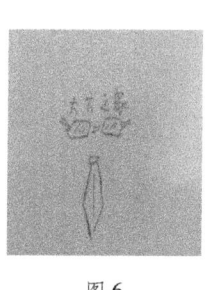　　　

图5　　　　　图6　　　　　图7　　　　　图8　　　　　图9

（2）斗地组：

组员A和B课间时无聊地开展"斗画"比赛，在这个过程中诞生了很多古怪的人物形象，组员C看到后非常喜欢，所以在她生日那天，组员A和B选了其中一个留着卷头发的大鼻孔怪盗送给她（见图10），组员D看到后以此为原型，创作出"斗地组"组徽。

创意来源于生活中的一些小事，经过不同人的思想碰撞后，会产生许多出乎意料的惊喜。随随便便也能成就美，把生活中的点点滴滴融入绘画中，也能诞生别具一格的画作。

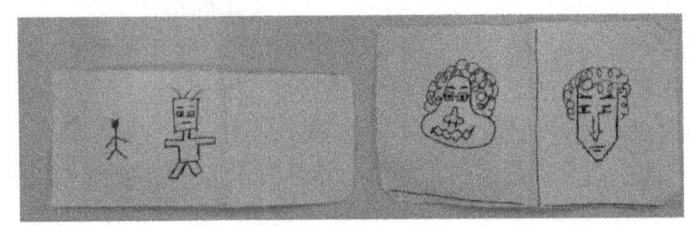

图 10

（3）魔仙堡：

由于小组组名叫作魔仙堡，所以小组标志是魔仙彩石，魔仙彩石在某部科幻电视剧中是魔仙堡的魔力与活力的来源。（再加上手边刚好有魔法棒道具……）

所以还有什么能更好地代表我们组呢？（见图 11）

设计组徽大概是我们组有史以来决策做得最快的一次了，几乎没有什么争议，大家就不约而同地决定用魔仙彩石作为我们组的标志。在我们的心里，魔仙堡已经成为我们六个人的代号，每个人都是魔仙堡中的一员，正因为记着这一点，魔仙彩石才能成为我们组当之无愧的组徽。

其实，这个标志还不是真正的魔仙彩石……当初洁如拿着一根魔法棒出现在我们面前时我的内心几乎是崩溃的，但是没想到画出来效果还不错——黄色和蓝色的配比既有活力又有魔力，这真是极好的。

图 11

（4）M.E 组：

当听到每个组都要设计组徽的时候，第一时间想到的徽章外形就是像校徽一样的环状，而我们组追求的是简单明了，要让人一眼就能看出这是我们组的组徽，但是要怎样画才能达到美观的效果呢？我们盯着组成组名的字母"M" "E"看了许久，突然发现当"E"横躺下来时有点与"M"对称的样子，于是就设计了"M"在上面、"E"在下面，而为了让徽章看起来更特别，用了曲线而不是直线来画"M"，圆环之间的空白处当然就是"M"的含义"modest"（谦虚的）和"E"的含义"enthusiastic"（热情的）。至此，

我们 M.E 组的组徽就这样诞生啦！（见图 12）

虽然我们组设计的组徽是在 5 分钟内完成的，但用时短并不意味着我们用心少。我们的组徽也是充满着组员们的心意和美好祝愿的，也希望我们 M.E 组就像组徽上写的一样，谦虚做人、热情待人、爱学习。

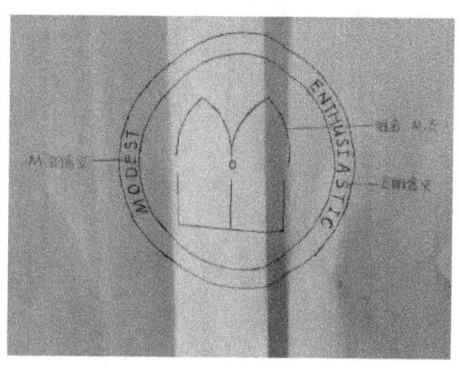

图 12

（5）走出洞穴组：

我们组的组徽由一个形似太阳的标志和一只脑洞兽组成（见图 13）。形似太阳的标志在被要求设计组徽前就已经产生，它源于小组长的一时无聊在草稿纸上的乱涂乱画。产生后，小组长相当得意地宣布：此为组徽。在被要求上交组徽设计的当晚，小组长不在，慌忙中，组中的另一位成员匆匆地画上了一只呆萌的脑洞兽，并加上"FALL IN FOUR"（爱上四班）表示自己对四班的热爱。小组长回来后，看到一只呆萌的脑洞兽夹杂在其他高大上的组徽中，而全然不记得曾经设计的形似太阳的标志，十分愤慨，心急如焚中突发奇想，便把脑洞兽和形似太阳的标志结合起来，竟发现十分契合，出人意料地满意！

意外、事故，也许是一次机遇，让你所得的比预想中的更好。

图 13

（6）墨组：

经过组员一致讨论，认为还是文字式 LOGO 才能最大限度地涵盖"墨"的内涵，所以决定在"曌"字上进行艺术化加工。

前后用了两天时间，商讨了要加怎样的花纹，黄色便利贴上的是最初的设计草图（见图14），现在最终敲定的图与该草图有十分密切的联系。

特别鸣谢蒋勋的《美的沉思》中两张古意十足的图片，为我们提供了非同寻常的灵感。一张为曌字的花纹的风格凭据，另有两张小白纸（见图15、图16）是基本确定后，讨论上什么底色。

图 14

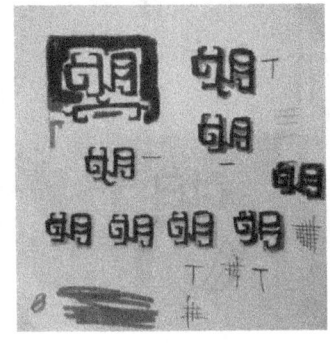
图 15

图 16

4．各小组长整理并上交班旗图案草图（略）

5．美工定稿

（1）收集各个小组的初稿。

（2）许多小组的稿子不是彩色，需要和每个小组组长讨论颜色。

（3）确定形态和颜色，确定画图工具，开始绘制。

（4）各个小组图案的排位需要考虑画面的和谐，风格相似的小组组徽放在一起。

（5）绘制好后，给全班过目，各组画手进行补充修改。

图 17　班旗定稿

6. 宣传委员进行总结

美工修改完班旗设计后，宣传委员进行定稿作品的最后整理，并赶在晚修下课前向全班展示定稿作品，表示感谢。

7. 上交班主任处，联系厂家制作班旗

班旗成果图（如图17、18所示）。（注：图19为2015年5月高二年级三十里意志行活动图片）

图18　班旗展示　　　　　　　　　　图19　高二年级三十里意志行

四、收获与体会

这是我第一次组织全班同学参与班旗的设计活动，感触颇深。在我班班旗中，首先可以看到中间是黑色小篆体的"肆"字，象征四班；周围是各个小组自己设计出来的组徽，每一个都有着独特的寓意。总体来看，班旗色彩鲜艳丰富，画面冲击感很强，而且寓意深刻。更难能可贵的是它是我们全班同学共同努力的成果，每个人都有所参与、有所付出；而其他班级都是由宣传委员设计好几种方案，让全班同学投票选择的，这样设计出的班旗实际上只是宣传委员的个人想法，并没有真正意义上的班级参与。相比较而言，我们班的班旗价值真是无可估量。看到每个小组凑在一起讨论的脑袋和脸上的笑容，听到各抒己见的声音，心里一阵触动，因为我看见了同学之间的团结，班级精神就是这样凝聚起来的。作为高二（4）班的宣传委员，在此代表宣传小组感谢所有参与设计和作画的全体同学！（陈钰洁）

这不是一个人画的一幅画，而是全班同学一起讨论一起思考的结晶。半个月过后，看到这幅画送到老师手上，心里一阵触动。我们班同学是真正团结起来了，这是一个班级最宝贵的地方。（黄柳茗）

五、教师评价

本次班旗设计的活动，在班级宣传委员的组织下，各小组成员都积极参与，充分发挥了小组的优势，彰显了各小组独一无二的特点。通过本次活动，班级凝聚力又一次得到了极大的升华，同学们之间的关系变得更加亲密无间，班级成员的设计能力也得到了极大的提升。

参考文献：

［1］蒋勋. 美的沉思［M］. 长沙：湖南美术出版社，2014.

［2］王猛. 手绘POP海报设计［M］. 沈阳：辽宁科学技术出版社，2008.

社会实践

第一章　社会实践简述

一、社会实践的含义

社会实践，是学生在教师指导下，以社会成员身份进入到实际的社会情境中，直接参与并亲历各种社会生活和社会活动领域，开展各种力所能及的服务性、公益性、体验性的活动，以获取关于社会的直接经验、发展社会实践能力、增强社会责任感为主旨的实践活动。

二、社会实践的性质

社会实践要求学生作为社会成员积极参加各类社会活动。

三、社会实践的特点

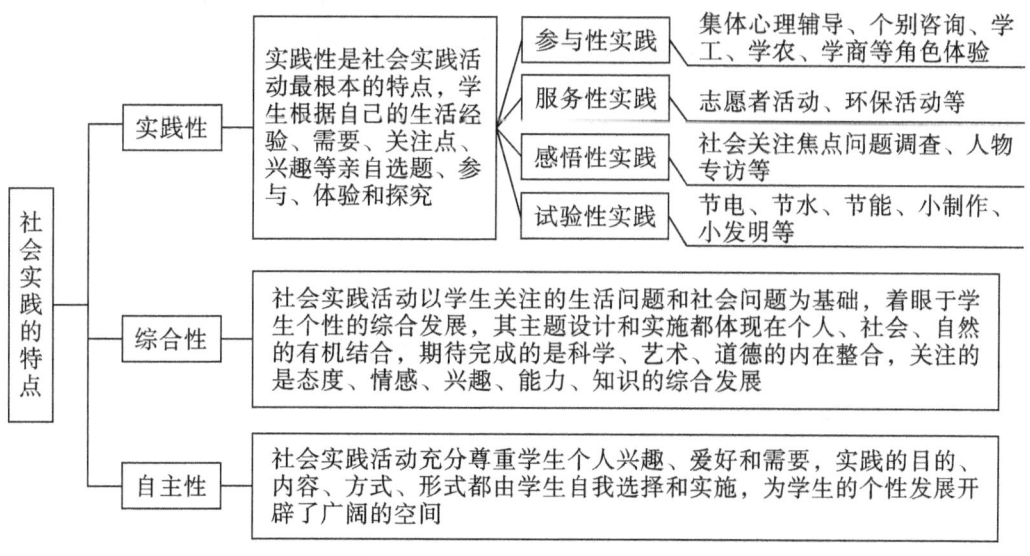

社会实践的特点

四、社会实践的课程内容

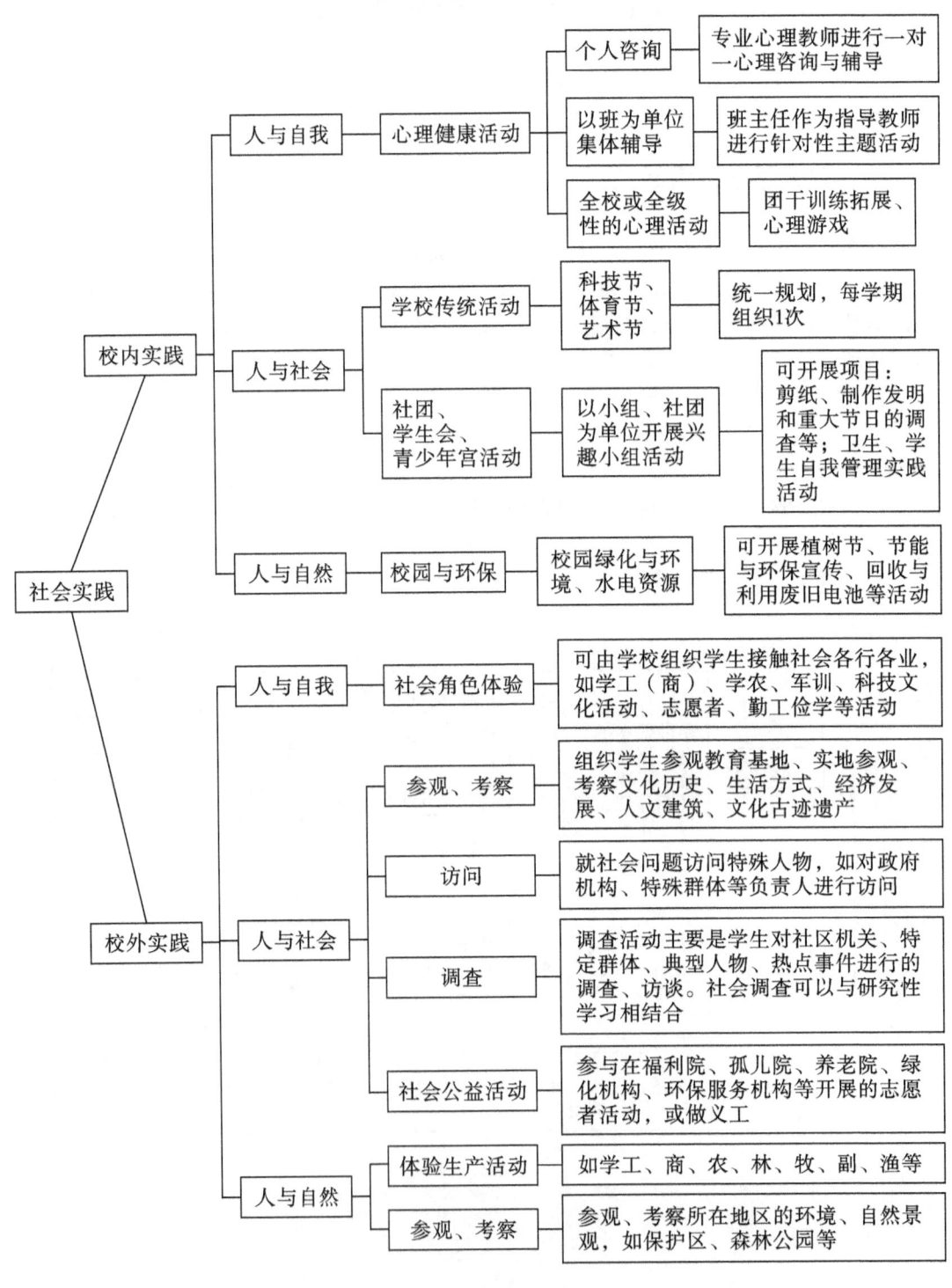

社会实践的课程内容

五、社会实践的意义

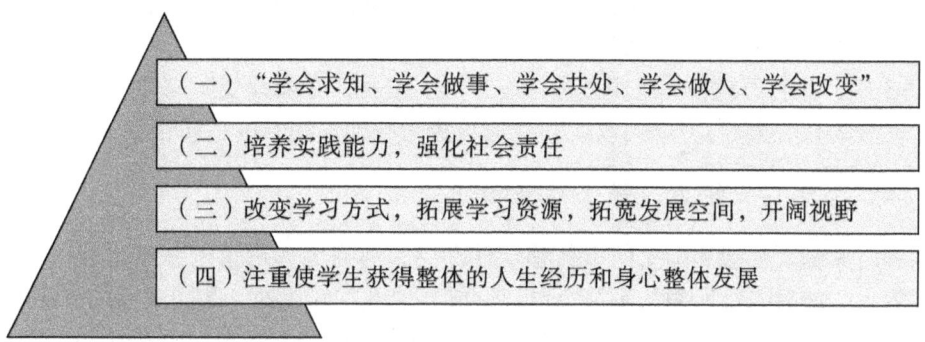

社会实践的意义

（一）"学会求知、学会做事、学会共处、学会做人、学会改变"

真正践行联合国教科文组织提出的"学会求知、学会做事、学会共处、学会做人"。这四种学习，正是建立未来终身学习社会的四大支柱。要深切理解和把握这四种学习的有机联系，有赖于对教育的重新思考。社会实践课程的开设为达成这一目标提供了载体。

面对21世纪的挑战，必须改革教育的体制、结构、内容和方法，也要改变人们对教育纯功利主义的期望。教育应被看作是激发学习的过程，是一种终生的整体经验。

学会求知。未来的经济是知识经济，它建立在获取知识、应用知识、更新知识的基础之上。在以知识、信息为基础的服务业（包括金融、咨询、管理服务和教育、卫生、社会服务等）将占越来越大比重的未来产业经济中，人与物质和技术的关系将降至次要地位，而人与人之间的关系，即"服务"的提供者与使用者之间的关系将居于首要地位。因此，"学做"主要不是指获取智力技能，而是指培养社会行为技能（包括处理人际关系、解决人际矛盾、管理人的群体等能力），而这些技能主要不是从课堂上和书本中去学习，而更多地要从劳动体验实践和人际交往中去培养。

学会做事就是要学会以首创精神能动地参与广泛而生动的实践发展过程。

学会共处，就要学会关心（to care），学会分享（to share），学会合作（to work with others）。只有当未来一代普遍地学会了以和平方式解决矛盾和冲突的方法，才能有积极意义上的和平共处、社会和谐，最终实现"世界大同"的人类理想。学会共处，不只是学习一种社会关系，它也意味着人和自然和谐相处。从我国古代"天人合一"的思想传统到当代世界倡导的"环境保护""可持续发展"，无不指明了学会与自然"共处"的重要性。学会共处，主要不是从书本中学习，它的最有效途径之一，就是参与目标一致的社会实践活动，学会在各种"磨合"之中找到新的认同，确立新的共识，并从中获得实际的体验。因此，学校和社会应提供更多的时间和机会，使学生从童年起就能参与合作性的活动，包括体育、文艺和社会公益活动。

学会做人，在这里超越了单纯的道德、伦理意义上的"做人"，而包括了适合个人和社会需要的情感、精神、交际、亲和、合作、审美、体能、想象、创造、独立判断、批评精神等方面相对全面而充分的发展。从这个意义上说，学会做人与我国教育方针强调的"在德、智、体诸方面都得到生动、活泼、主动的发展"相吻合，正是我们追求的教育目标和终身学习的最终目标。

2003年，联合国教科文组织提出第五个学会——"学会改变"。"学会改变"成为当今学生发展的核心素养，"学会改变"也应该成为教师发展的核心素养。

（二）培养实践能力，强化社会责任

增强对家庭、社会和国家的责任感与使命感，懂得为人做事的基本道理，懂得尊重人、宽容人，能对自己所做的事情负责，形成与他人友好相处、共同成长的意识和能力，学会处理人与人、人与社会、人与自然的互动关系。这对于实现学生在认知、能力、情感态度与价值观等领域的全面、协调发展具有重要意义。

（三）改变学习方式，拓展学习资源，拓宽发展空间，开阔视野

把学习场所从教室拓展到社区乃至整个社会，使课堂知识学习和社会体验学习结合起来，加强学校与社会、教学与生活的联系，开发社会资源，有利于学生学习和成长的教育资源，充实学生的学习生活，全面提升学习质量。

（四）注重使学生获得整体的人生经历和身心整体发展

社会实践活动中，学生面对的是完整的生活领域，可以培养学生的参与意识、创新意识和勤于实践、勇于探索、精诚合作的精神，不断提升学生的精神境界、道德意识和能力，提升学生的综合素质，完善学生的人格。这种自我塑造与自我创造的过程，就是一个没有止境的人的进化发展过程。

第二章　社会实践的开展

一、社会实践的实施原则

（一）综合性原则

在活动中，既要对以往所学的各学科知识加以综合运用，体现科学、艺术、道德的内在综合，也要关注多种方法的综合运用，以便提高综合分析问题和解决问题的能力。

（二）实践性原则

强调在体验中获取知识，在"调查""考察""实验""探究""设计""操作""制作"等一系列活动中发现和解决问题、体验和感受生活、发展实践能力和创新能力。

（三）自主性原则

强调学生自主选择学习目标、学习内容、学习方式及指导老师，自己决定活动方案、实施过程和表达结果。教师的指导应有利于学生自主活动的开展和深化。

（四）开放性原则

强调面向学生的整个生活世界，在时间安排、主题确定、方法运用和成果表达等方面有相当大的灵活性，为学生发挥个性特长和才能提供广阔的空间。

（五）过程性原则

关注学生在过程中获得的丰富多彩的学习体验和个性化的表现，关注不断生成的新的活动目标和主题，关注实践活动的方法、态度、体验，以及诚实守信和尊重知识产权等情况。

二、社会实践的基本类型

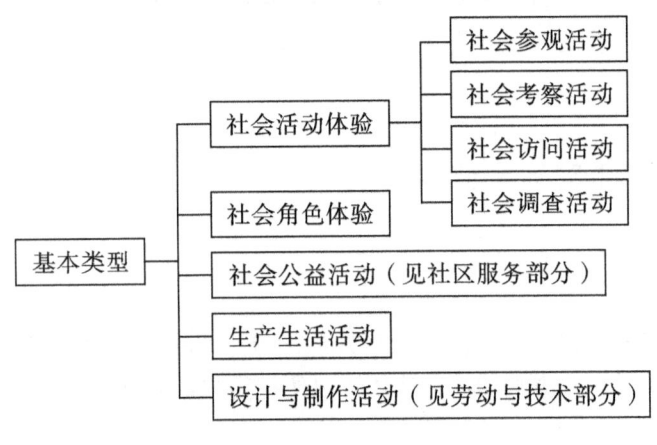

社会实践的基本类型

（一）社会活动体验

社会活动体验具有社会调查的功能，通过考察，使学生接触社会了解社会。社会活动体验包括四大类：

1．社会参观活动

让学生深入实际，了解社会环境、社会机构或部门，促进对社会的认识。

2．社会考察活动

社会考察活动有专题考察，也有综合考察。内容涉及本地区的历史和文化遗产、现实的社会生活和生产方式，如考察某地区的历史、文化传统、生活方式、经济发展状况、地理、建筑和人文景观、商业设施、文化古迹和文化遗产。

3．社会访问活动

一般以国家或地方政府机构、政府官员、特殊人物、特殊群体等作为访问对象。

4．社会调查活动

让学生自主地提出社会问题，在现实的社会情境中进行社会调查研究。如就环境保护问题、校园暴力问题的现状及对策进行调查研究性的考察等。社会调查活动可与研究性学习相结合。

（二）社会角色体验

有选择地扮演社会各行各业的角色，如政府公职人员、军人、农民、环卫工人等。

（三）社会公益活动（见社区服务部分）

此类活动一般在福利院、孤儿院、养老院、绿化或环保服务机构等地方开展志愿者服务活动。

（四）生产生活活动

如学工、商、农、林、牧、副、渔等。

（五）设计与制作活动（见劳动与技术部分）

主要包括设计、制作、研制小发明、小创造、建模、车模、航模创作等。

三、社会实践的组织形式

实践宜以班级或小组为单位，在校外实践基地或校内组织开展。以班级为单位的社会实践活动应既有分工又有合作，并指定班级负责人予以统筹和管理；以小组为单位的社会实践活动，每组至少由5人组成，小组可由学生自由组合或教师根据一定的标准划分小组，各小组还应推选组长予以协调相关活动。

四、社会实践的资源开发

对社会实践课而言，课程资源的建设具有举足轻重的地位，它直接决定课程实施的难易程度和实施效果。下面试以一个参观活动为例，说明活动开展的支持条件。

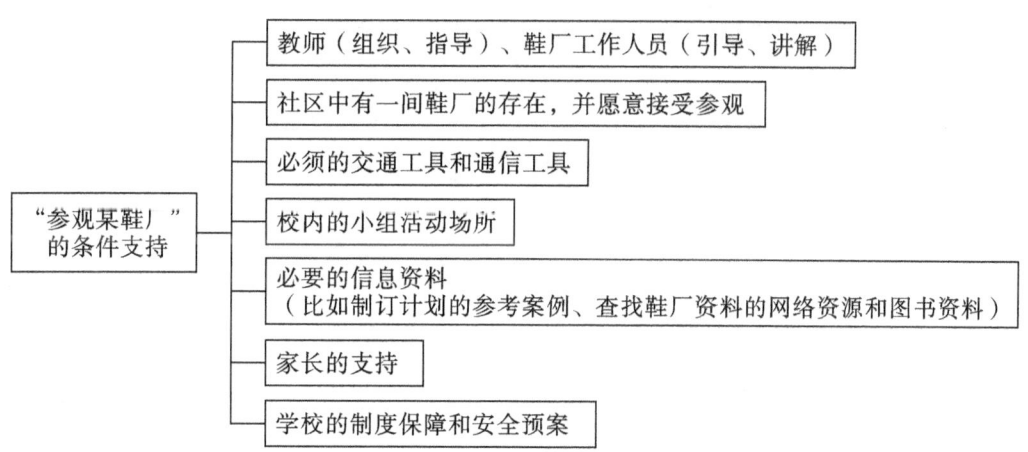

社会实践活动开展的支持条件示例

社会实践活动顺利开展一定要建立一个完整的课程资源系统，根据社会实践课程资源的开发的多元化特征，可以开发与学生生活密切相关的物质资源（自然资源和社会资源）、人力资源（教师、领导、校外专家、学生家长等）和文化资源（乡土知识、民间习俗、历史遗迹等）。

（一）社会实践课程资源的基本框架

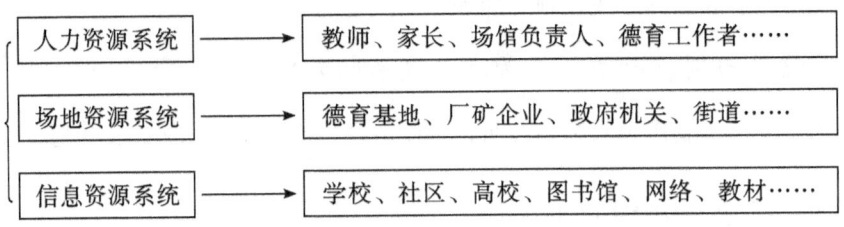

社会实践课程资源的基本框架

（二）东莞市社会实践可以参考开发的资源

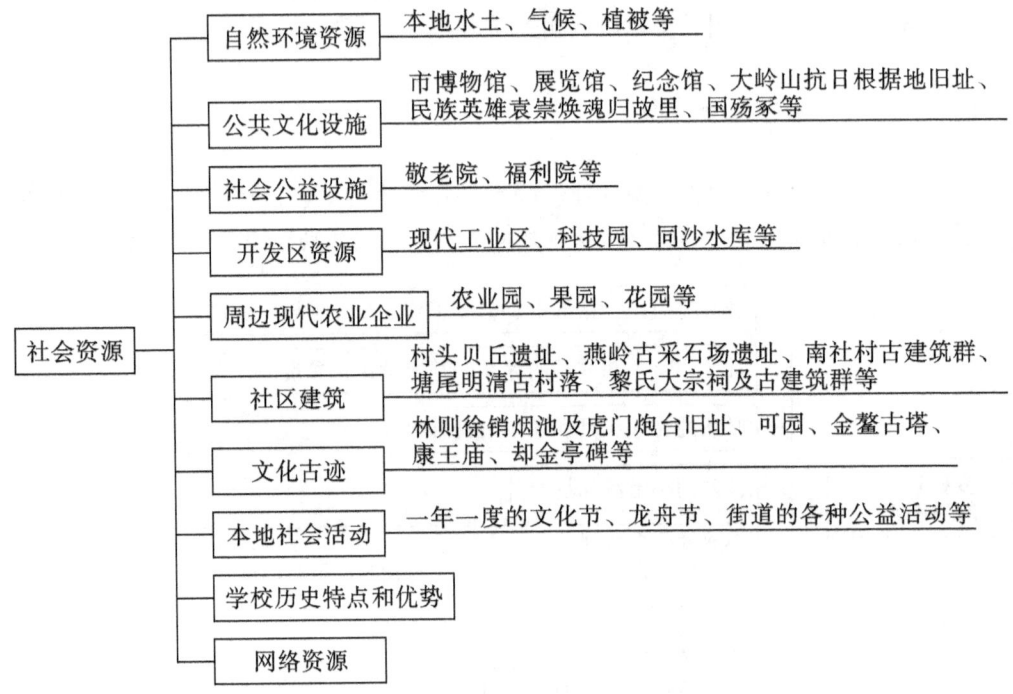

社会实践资源

（三）学科资源开发与整合

社会实践可开展项目所涉及的学科

社会实践范畴	类型	可开展的项目	涉及学科
社会体验活动	社会参观活动	学生深入实际，了解社会环境、社会机构或部门，促进对社会的认识。如：参观市博物馆、展览馆、纪念馆、科技馆、科学馆	物理、生物、历史、地理
	社会考察活动	考察某地区的历史、文化传统、生活方式、经济发展状况、地理、建筑和人文景观、商业设施、文化古迹和文化遗产。如：村头贝丘遗址、燕岭古采石场遗址、南社村古建筑群、塘尾明清古村落、黎氏大宗祠及古建筑群	历史、地理
	社会访问活动	一般以国家或地方政府机构、政府官员、特殊人物、特殊群体等为访问对象。如：当下新闻人物、关注焦点群体、周边生活问题群体、要倡导的正能量代表人物等	语文、道德与法治、历史
	社会调查活动	涉及国情、民情、民生关注的热点及焦点问题等。如：对环境保护问题、校园焦点问题的现状及对策进行研究性的调查和考察等	道德与法治、语文、数学
社会角色体验	社会角色体验	有选择地扮演社会各行各业的角色。如：政府公职人员、军人、农民、环卫工人、小法官、小交警、小厨师、教师、志愿者等	道德与法治、物理、生物、语文
社会公益活动	*见社区服务	此类活动一般在福利院、孤儿院、养老院、绿化机构、环保服务机构等地方开展志愿者服务活动	*见社区服务
生产生活活动	生产体验活动	人类生存所必要的社会生产、生活的活动。如：学工、商、农、林、牧、副、渔等	物理、化学、艺术
设计与制作活动	*见劳动与技术	科技设计与制作。如：海报、手抄报、研制小发明、小创造、航模、建模、车模、机器人等	*见劳动与技术

五、社会实践的实施过程

（一）实施过程基本流程图

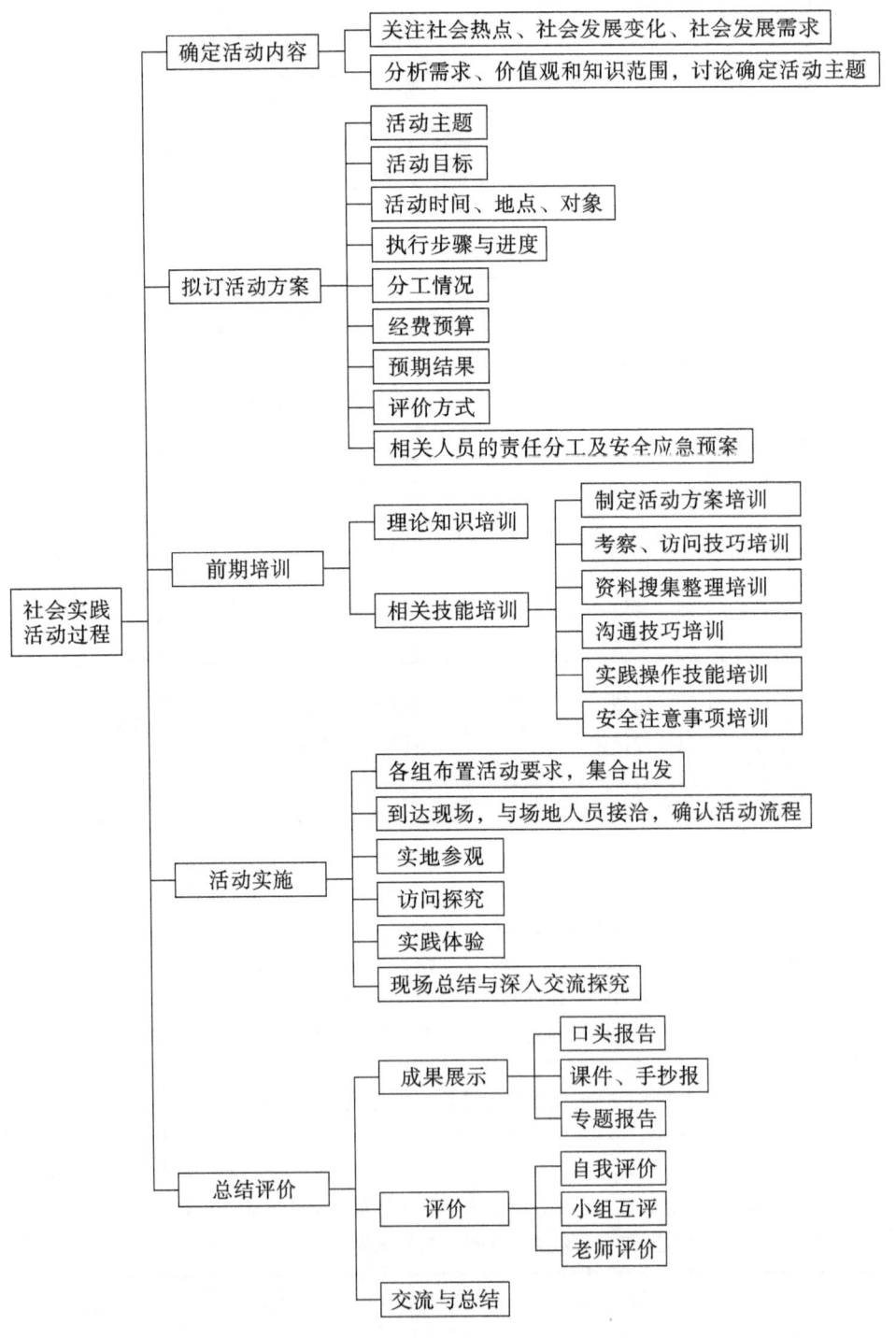

社会实践实施过程基本流程

（二）社会实践的实施步骤

一个完整的社会实践活动一般要经历以下过程：

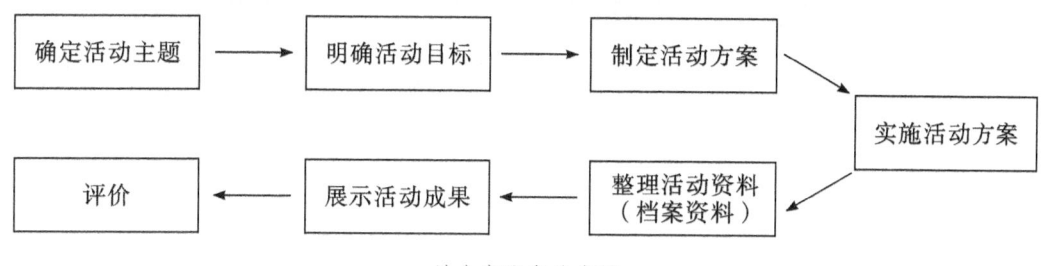

社会实践实施步骤

1. 确定活动主题

社会实践活动选择和确立主题是活动的首要环节，主题要从教育和学生关注的生活世界、现实社会实际中选取。选择社会实践主题时要符合以下几个要素：

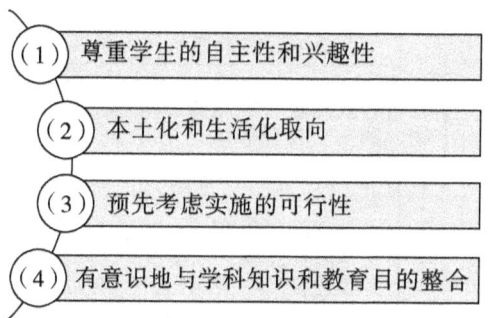

社会实践主题的选择要素

为保证活动的连续性、有序性和完整性，建议以主题的形式组织内容，实践内容通常来源于对现实问题的考察。社会实践的主题可根据实践内容来开展：

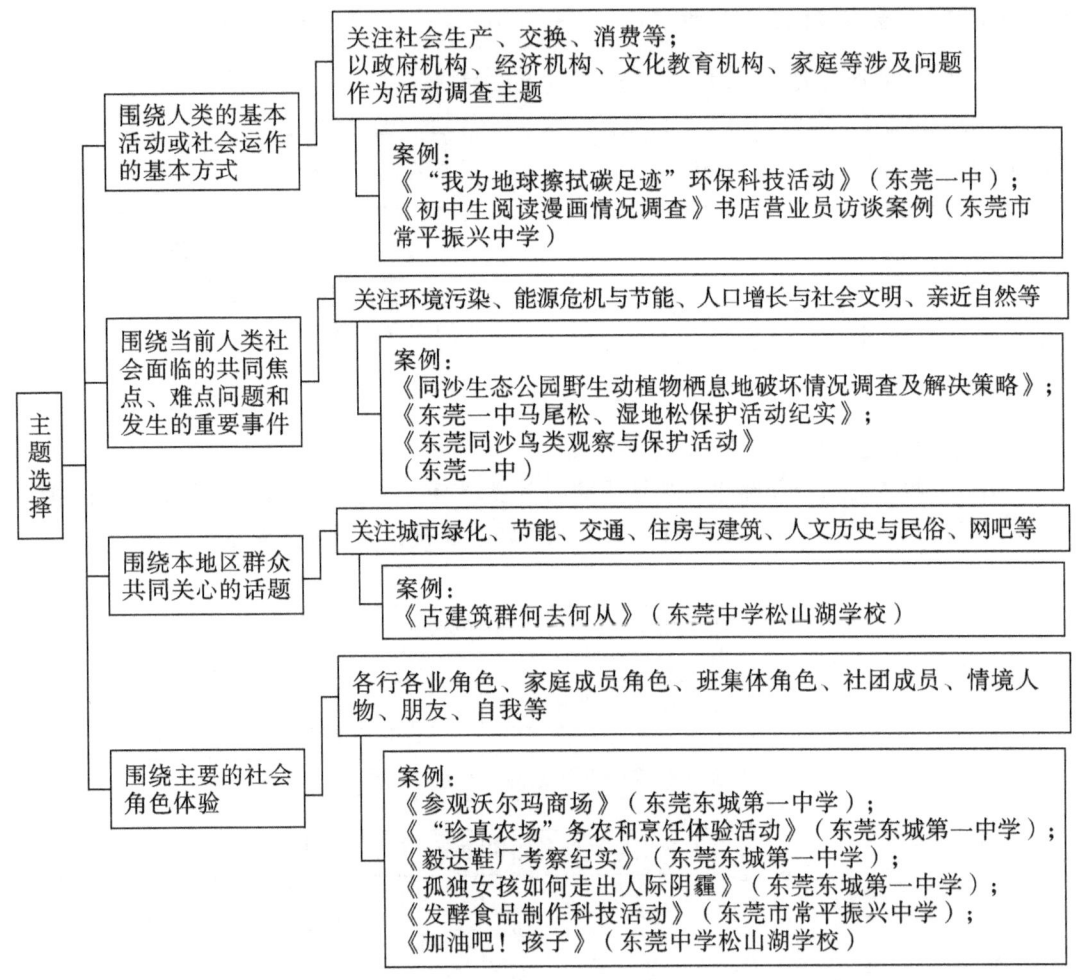

社会实践主题的开展

2. 明确活动目标

社会实践活动作为综合实践活动课程的一部分，服从于综合实践活动课程的总目标。综合实践活动课程的总目标是使学生与生活的联系更加密切，推进学生对自然、社会和自我之间内在联系的整体认识与体验，发展学生的创新能力、实践能力以及良好的个性品质。同时，社会实践活动更为注重对学生的社会适应能力、社会参与意识以及社会责任感的培养。社会实践活动具体目标是：

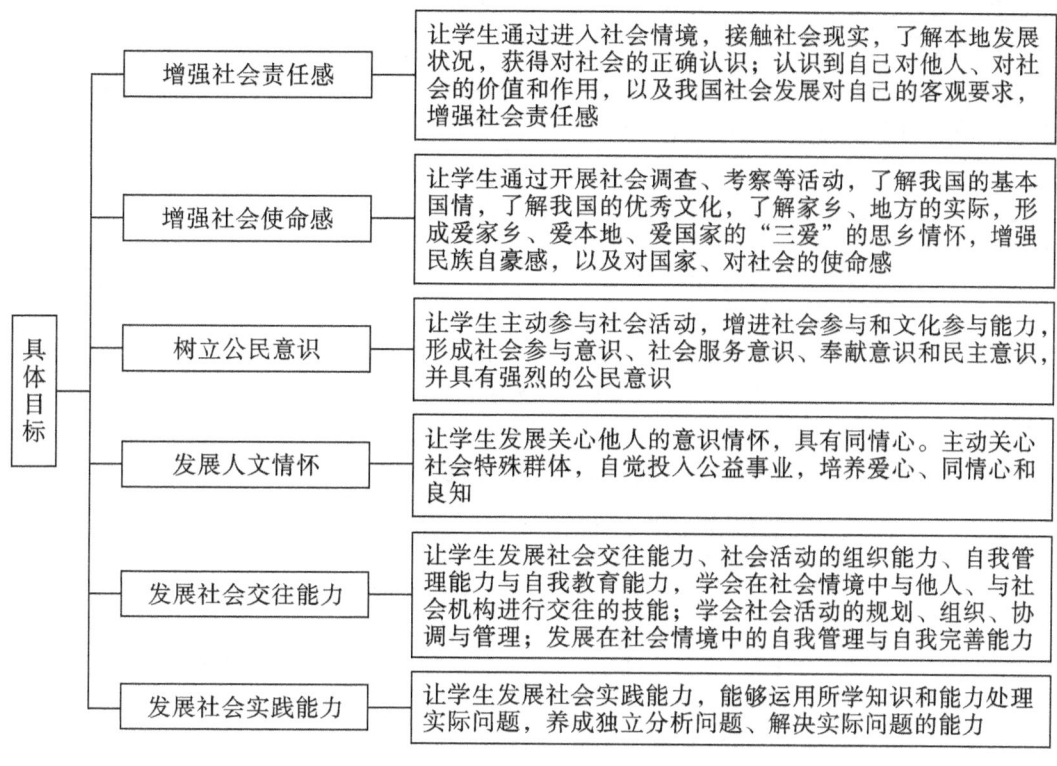

社会实践活动的具体目标

示例一：（摘录）

团结，让我们更优秀
——东莞市德育基地素质拓展训练活动

东城第一中学　王淑娟、梁燕凤
市德育基地　杨龙

二、活动目标

（1）通过拓展训练，让学生深刻认识到学会合作的重要性，培养学生之间的互动和合作意识，树立团队协作精神。

（2）通过实践活动，让学生了解合作一般应有的正确态度和方法，让学生领悟互相信任、互相谦让、互相配合、合理分工等品质是合作行为的基础。

（3）通过拓展活动，培养学生的团结协作能力、反思分析能力、交际能力，激发学生感恩父母、老师和同学的情感，唤起未来主人翁的责任感和自豪感。

3. 制定活动方案

制定活动方案的过程，也是发展学生的规划和组织能力的过程，在准备阶段，要充分放手让学生自主制定活动方案。只有学生自主制定活动方案，他们才能更加明确社会实践活动的意义和价值。在学生制定活动方案的过程中，指导老师可根据学生的实际情况,有针对性地加以指导,引导学生制定出切实可行的实施方案。

社会实践活动方案一般包括:(1)活动的主题;(2)活动的内容;(3)活动的具体目标和任务;(4)活动的方式;(5)活动的对象、情境、时间和空间;(6)活动的具体过程;(7)任务和分工;(8)保障条件等。

一般常用的活动方案

序号	包括项目	要求
1	明确活动主题名称	标题尽可能明确活动的范围、对象、内容、形式等,让人一目了然地了解"要开展什么活动"
2	活动背景	解释开展此活动的理由与原因。首先,要明确存在的问题与需求;其次,要描述活动的地点范围;最后,要揭示活动的重要性和必要性,揭示体验活动的意义和价值,即"为什么要开展活动"
3	明确活动目标	从认知、技能、情感目标出发,简单描述通过活动要培养的能力、情感、价值观、社会责任等目标
4	制订活动计划表(属于解决方案及实施方法)	将活动任务分解成一系列具体的、可衡量的、可实现的、有明确时间标记的阶段性目标。包含具体时间、负责人员、活动任务内容、注意事项等。 ①介绍活动的方法、方式。简单说明你选择的方法。 ②详细描述各活动任务的步骤。最好用流程图表示任务的先后顺序以及起始时间。任务让人们能一目了然地了解"在什么时间做什么事",列出每个阶段的负责人与参与人员。 ③分配任务。自选和选派相结合
5	可行性分析	①分析完成这一任务所需的条件。我们常常从人力、物力、财力、时间等方面去考虑一个服务活动的可行性,当然在此也要说明可能会遇到的困难与挑战。 ②预算费用与效益。这一部分提供的不仅仅是一个费用预算表,而且要分析预算表中的各项数据,以及资金来源。最重要的是具体说明服务的预期成效,即其巨大的社会效益,以及成果达到的水平和表现形式
6	展示与交流	参加活动人员的心得、体会与收获等用口头、演讲、展板等形式展示出来。起到引领、推广等作用
7	附件	本活动涉及的重要的文件或篇幅太长而不适于放在正文的文件,都可以放在附件中。比如:图片、机构介绍、图表、数据、问卷、原始资料等等。总之,附件的目的是使正文紧凑、干净,同时读者要是对某些细节感兴趣的话,可以在附件中找到相关内容

示例二：（摘录）

《加油吧！孩子》训练活动方案

东莞中学松山湖学校

名称		高三自我放松训练		
时长	30 min	周期	每周2次，共10周	
地点	心理课室	参与方式	自荐、心理老师推荐	
简介	通过自我放松训练让学生感受到身心放松、心理能量恢复以及掌握自我放松的方法			
训练步骤	阶段	时间	主题	内容	备注
	准备阶段	3 min	准备	调整衣物、姿势等	
	阶段一	5 min	想象放松	根据指导语放	
	阶段二	10 min	动作放松	平衡训练	
	阶段三	10 min	肌肉放松	紧张—放松训练	
	反馈阶段	2 min	反馈	填写反馈表	
必要性和意义	帮助高三学生身心放松、心理能量提升和专注力提升，并掌握自我放松的方法			
目标和期望达到的效果	身心得以放松，并能够把放松方法运用到现实生活中去			
项目成功指标	通过放松训练反馈表和心理辅导进行调查研究			

示例三：（摘录）

感悟生命之美 呵护美丽生命
——东莞同沙鸟类观察与保护活动

东莞市第一中学 曹峰华

摘 要：用亲近大自然、走近鸟类生活的方式代替传统的说教和心理沟通。参与学生尤其是心理弱势的学生在大自然中找到自我疗伤、自我鼓励的方法。通过近距离观察鸟类的觅食、哺育、栖息等行为，聆听它们的原声语言，从它们的生活中得到一些感悟，让这些感悟去化解学习生活中的烦恼、忧郁以及暂时的挫折。学生感悟到自然生灵的真、善、美后懂得珍惜自己的生活、呵护自己的生命，并成为鸟类保护的倡导者和践行者。

关键词：生命 美丽 观鸟 保护

一、活动背景

同沙生态公园离我校南门不足1公里，园内山清水秀，在我累了、倦了的时候，只要在里面逛上一圈，欣赏这一幅美丽的自然画卷，心情就会无比的欢畅。因此，当我需要和一些特别的学生交谈时，往往会带他们来到这里，收获更好的沟通效果。有一天我和一个比较封闭、顽固的学生边走边聊，在转过山头的一瞬间，落日的余晖倾泻在湖中的小岛上，成群的鹭鸟在岛屿的树枝上嬉闹、追逐，欢快的鸟鸣声响彻了整个山涧，无法用词汇来形容眼前这幅美景。我转头看学生，他张大嘴定在了那里，显然是心有所思。

在后来的时间里，通过很多细节的观察，我感觉到坚韧、开朗的思想逐渐在他的身上萌芽、生长。我猜想他在那幅场景里一定得到了什么特别的感悟，直到上大学后他给我的邮件中印证了我的想法。他说："那一天我被一种莫名的灵气所震撼，我在想一只只脆弱的鸟儿尚能勾画出如此顽强之美、高贵之美、永恒之美，何况我自己？我还有什么理由消沉？我一定要展现出我自己的价值、自己的美！"我也受到了巨大的震撼，往后一段时间不断反思、改进自己的教育理念，有些道理不是让学生们在说教中领会的，他们从小学到高中一直处于繁重的学业包围之中，如果远离城市、远离喧嚣，融入大自然的怀抱中，他们更能流露自我，更能触及一切自然的真、善、美，更容易解开一个个心结。带着这个想法我开始一年多的试验，我发现空中飞翔的精灵更能触动学生的心弦，它们的一举一动都那么真实、自然、富有感染力。学生们感悟了这些生命的美丽后也懂得了尊重生命、珍惜生命。我急迫地想将自然之美和人性之美作为课题来研究，于是便有了"感悟生命之美　呵护美丽生命——东莞同沙鸟类观察与保护活动"这个方案。虽然没有前人的经验，一切都得从新开始，但值得一试。令人振奋的是这个项目已经获得了东莞市2010年科普项目专项资金支持。

二、活动目标

近距离观察鸟类的觅食、哺育、栖息等行为，聆听它们的原声语言，从它们的生活中得到一些感悟，让这些感悟去化解学习生活中的烦恼、忧郁以及暂时的挫折。让他们在较长时间的观察中体会到鸟类生命的美丽，懂得去珍惜和保护它们生存的环境，懂得自己生命的价值并能珍惜自己、珍惜自己周围的一切。

三、活动对象

具有压抑、封闭、孤僻、厌世等心理负担的学生；对观察鸟类、保护鸟类有极大兴趣的学生。每个观察周期人数15人，每个周期暂定为3个月。

四、活动主体

（一）活动重点、难点、创新点

重点：镜头下观察鸟类的行为。

难点：在鸟类行为中得到感悟和启示；不干扰鸟类的正常生活。

创新点：用亲近大自然、走近鸟类生活的方式代替传统的说教和心理沟通。让参与学生尤其是心理弱势的学生在大自然中找到自我疗伤、自我鼓励的方法。用美丽的生命唤起心灵的美丽，学生感悟到自然生灵的真、善、美后懂得珍惜自己的生活、呵护自己的生命，并成为鸟类保护的倡导者和践行者。

（二）活动资源

同沙生态公园，望远镜5副，相机5台，观鸟帐篷5个，自行车15～20辆，微型录音机30台。

（三）活动过程和步骤

步骤	活动内容	感悟记录
初体验	由3名老师、15名学生组成研究小组。首先骑自行车环绕同沙生态公园，尤其注意观察鸟类聚集的地方并记录，使学生对同沙的自然景观具备整体认识，对鸟类的分布情况做初步了解。老师分工做好讲解工作	指导老师全过程记录学生思想行为上发生的变化。 这些变化可能体现在观鸟、护鸟的过程中，也可能体现在学生的日常学习生活中。让学生准备一个随笔笔记本，可以在学生分享的字里行间找出他们的变化。 记录好他们在哪个阶段受感染最明显，成就感最大，可以为以后的针对性研究提供素材。 整个过程老师不要刻意询问学生的感悟，主要还是从内心去体会他们的变化，看他们在发现大自然的真、善、美后是否懂得珍惜自己的生活、呵护自己的生命，并能成为鸟类保护的倡导者和践行者
分组	带领学生到湖边、湿地、池塘边等场所，学习望远镜的使用，开始观察鸟类。此过程要提醒学生注意安全。学生可以根据自己的兴趣选择某种鸟或某片区域作为观察对象。按学生的不同兴趣取向把研究小组大致分成3队，每队由1名指导老师和5名学生组成	
定点	各小队指导老师带领学生确定观察对象的聚集地点，找好观测点，若对象是警觉性较高的鸟类则要提前做好伪装准备，观测范围确定下来后尽量不要随意更改	
定名	指导学生利用初步观察所拍摄的照片、视频等材料查询相关资料，确定观察对象所属的种类，是否受保护、等级如何等	
观察、记录	仔细观察鸟儿的生活习性。如鸟的捕食、栖息、求偶、繁殖、遭遇天敌、生活环境等。通过长焦相机把相关照片拍摄下来。 傍晚，把录音笔挂在树上录音，根据鸣叫声判断该种鸟类的种群大小、同区域其他鸟的种类；夜间，利用触发式相机拍摄该区域其他动物的活动情况，为分析该种鸟的生活环境提供更多的原始资料	
调查	调查鸟类生存环境受破坏的程度，如栖息地环境、是否有猎杀、集市出售等情况；搜集当地人们保护鸟类的措施或突出事迹；咨询政府部门保护鸟类的措施及执行力度	
护鸟	制作网页，将拍摄到的鸟类图片制成电子标本挂在网站上，号召更多的人来观鸟、爱鸟、护鸟；制作展板，在校园里宣传爱鸟、护鸟活动；制作同沙鸟类图谱（尤其是受法律保护鸟类），赠送给进入同沙生态公园的游客，号召他们一起护鸟	

（四）可能出现的问题

个别学生可能无法坚持下去或者一直不能有所感悟。解决策略是多沟通、多鼓励、延长自然疗伤时间。

（五）预期效果与呈现方式

学生在观察记录、沟通交流、分工协作等方面的能力有较大提升；学生的心理应该发生了很大的变化，会变得更加明亮、开朗、积极、友善、坚强。学生将学会珍惜生命、学会发现美、学会挖掘和提升自己的价值；体会到鸟类保护的重要性，愿意做一个鸟类保护的倡导者和践行者。

通过制作网页，将拍摄到的鸟类图片制成电子标本挂在网站上，号召更多的人来观鸟、爱鸟、护鸟；通过制作展板，在校园里宣传爱鸟、护鸟；通过制作同沙鸟类图谱（尤其是受法律保护鸟类），赠送给进入同沙生态公园的游客，号召他们一起爱鸟、护鸟。

（六）活动效果评价标准

善于沟通与交流；

能积极融入集体；

有耐性、不骄不躁；

具备独立思考、独立观察的能力；

形成开朗、积极、友善、坚强等健康特征的心理；

能与别人分享观鸟过程中的成果；

积极投入到爱鸟、护鸟的活动中。

活动前期图片①

活动前期图片②

4. 实施活动方案

活动方案制定后，就进入了社会实践活动的实施阶段，它是社会实践活动中最核心的环节。在活动实施阶段，应特别注意以下几个问题：

（1）活动方式尽量采用参观、访问、调查、实验、采访、公益服务、考察等形式，其中参观考察、访问、调查是三种简单易行的方式。

（2）活动的组织形式有个人活动、小组活动、班集体活动、学校活动、社团活动等，应根据活动主题、学校特点和学生自身实际灵活安排，关键注重实效。

（3）要高度关注活动实施过程中的安全问题，针对实际制定安全预案。

一般社会实践活动的实施具体步骤，将通过下面两个示例来展示操作要点和过程。

示例四：（摘录）

《参观东莞沃尔玛商场》实施操作要点
东城第一中学

阶段	实施步骤	内　　容
前期准备	开题课	教师引导学生基于平时对生活的观察，指出具有现实意义及一定实用性的设计与制作主题
	查阅资料	确定主题后，学生利用课余时间通过上网、图书馆查阅资料等方法搜集与主题有关的信息，并对这些信息进行整理
	评估制定方案	在已有资料及个人知识经验的基础上，小组成员共同讨论确定设计中要考虑的各种因素，对各因素加以权衡，最终确定出最佳方案
	小组分工	按照设计方案，对小组成员进行简单的分工。各成员按照分工做好各自的准备。如：与东莞沃尔玛区域人事部黄向利女士、沃尔玛商场总经理王伟文先生以及家长取得联系等
	召开活动筹备会	共同讨论方案的可行性与科学性及注意事项
实施阶段	组织实施	外出参观、访问、考察等。如在参观东莞沃尔玛活动中，包括了解市场预算、订货渠道和原则、商场布置、使用条形码的作用、临近保质期商品的处理、称重体验、货物上架体验、整理商品体验等。注意培养学生发现问题、分析问题及处理问题的能力，整理分析总结资料
展示与评价	总结与分享	完成活动小结，分享体验，感受。对遇到的困难和今后要改进的不足之处互换感想
	活动成果展示与评价	成果及自我反思的汇报、展示、评价
	资料归档	对所有资料进行整理、归档

示例五：（摘录）

《东莞一中马尾松、湿地松保护活动纪实》活动实施过程

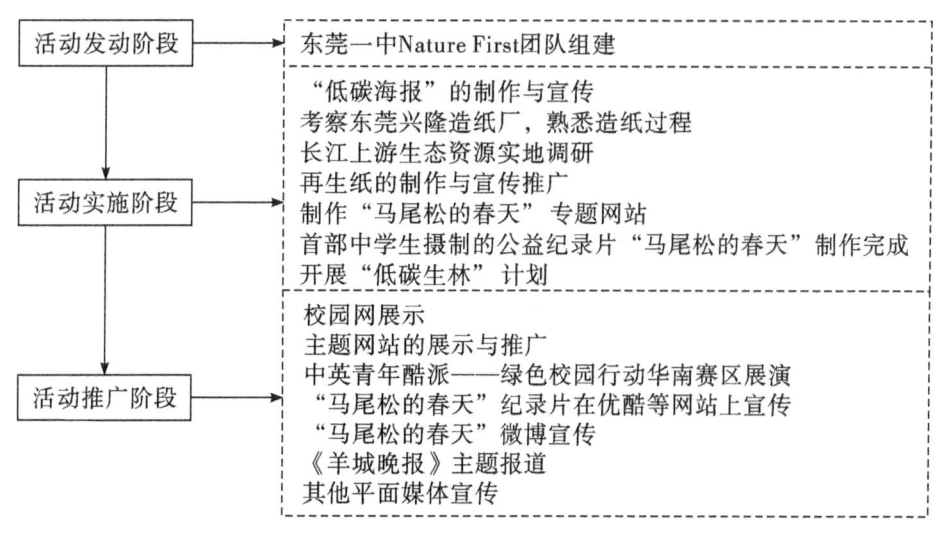

1. 活动发起

2011年5月，Nature First团队将废报纸、环保木板、凋落的树叶、树枝、花朵制作成低碳海报，向全校师生宣传低碳理念。

制作低碳海报　　　　　　　　　　　　　展示低碳海报

2. 考察造纸厂

2011年6—7月，我们考察了珠三角几家大型的造纸厂，熟悉了制浆、抄纸、涂布、加工等造纸的重要环节，掌握了污染的产生阶段和能源的消耗情况，并且了解到沿海的造纸原浆基本都来自于我国西部地区。

考察造纸厂　　　　　　　　　　　　　了解造纸工艺

3. 生态考察

2011年7—8月，项目组部分同学远赴长江上游（云南、四川交界处），调研当地生态资源尤其是植被变化情况，统计马尾松、湿地松在该区域的种群密度。同时为制作公益纪录片"马尾松的春天"积累了原始素材。

生态考察组图

4. 再生纸制造

2011年7—10月，我们开始在校园和周边收集废纸并尝试自制再生纸，通过一系列的尝试，我团队摸索出一些制作环保再生纸的方法并进行了宣传推广。虽然我们制作的再生纸尚未达到书写的标准，但是至少向老师和同学们传达了节约用纸的理念及纸张循环利用的思路。

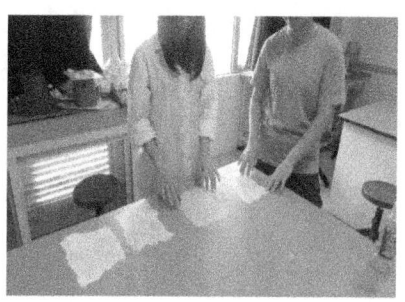

制作再生纸

5. 整理活动资料（档案资料）

活动资料的搜集与整理不仅能帮助学生再一次审视自己的实践成果，而且可以为成果展示做好铺垫。可建立个人档案袋，内容包括：活动方案、活动记录、活动日记、调查表、访谈录、活动总结、反思调整方案、他人评论、大家建议等，个人搜集的材料可以是手稿、文字材料、照片、图画、剪报、证书、录像、录音、报纸杂志、实物展板等。

6. 展示活动成果

把自己的所有成果整理好后，社会实践活动进入展示交流阶段。展示形式可以是静态的，如：研究报告、调查报告、倡议书、绘画作品、模型、展板；也可以是动态的，如：主题演讲、口头报告、小品、网站等，也可以两种相结合。在展示环节，关键是要围绕主题选择适合的展示方式。

如在毅达鞋厂考察纪实这一活动中，就是以展板的形式呈现：

活动成果展板

7. 评价

评价应采用学生评价（自我评价和小组评价）与教师评价相结合，学生评价重点在参与态度、情感和过程体验方面；教师评价侧重于学生在社会实践活动中发挥的作用和取得的实践成果上。

评价以档案袋的形式体现。档案袋的内容包括：原始资料（活动方案、活动记录本、学生心得、教师点评、音像资料和活动照片、调查问卷和访谈记录等），评价表，学生活动报告。

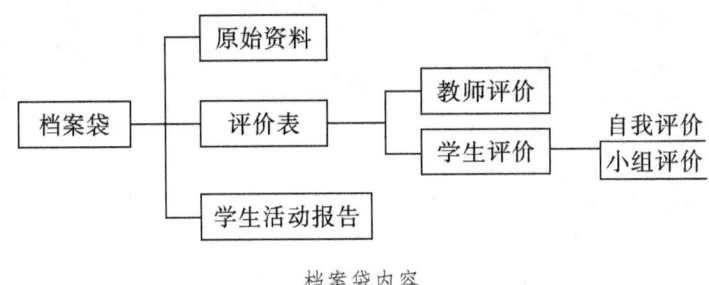

档案袋内容

附表一：活动评价表格（可选用）

自我评价表（参与活动课程后填写）

学生姓名：_____　　　所在班级：_____　　　性别：_____

项目	评价细则	自我评价	最能干的地方	有待改进的地方
提出问题	1. 尝试从日常生活、学习生活中发现与科学相关的问题 2. 尝试书面或口头表述这些问题 3. 会描述已知的科学知识与所发现问题的区别在什么地方 4. 会查找资料、对资料进行搜集整理			
提出假设	1. 运用已掌握的知识，对问题的答案提出可能的设想 2. 估计设想的可检验性与可行性 3. 估计可能出现的困难			
制订计划	1. 与小组成员合作制订探究计划 2. 列出所需要的材料与用具 3. 与小组成员按照各人的特长明确分工			
实施计划	1. 进行观察、调查和实验 2. 搜集整理数据 3. 评价数据的可靠性 4. 掌握实验方法、步骤和操作			
提出结论	1. 描述实验和调查的现象 2. 处理数据 3. 总结出结论 4. 能简单答辩、分享交流			

续上表

项目	评价细则	自我评价	最能干的地方	有待改进的地方
团队精神与责任感	1. 能认真倾听别人的讲话，尊重理解对方的观点和意图 2. 能文明、得体地表达自己的观点 3. 不赞成别人的观点，要有理有据，自己的观点不强加于人 4. 在活动中能与别人和谐相处，对自己的工作能认真负责，有始有终地完成			
活动中遇到的问题是如何解决的				
活动中的不足				
如何改进				
收获与体会				

注：自我评价的评分标准——都能做到（A），大部分能做到（B），基本能做到（C），不能做到（D）。

小组评价表

活动主题						活动序号	
姓名			班级			评价时间	
小组成员						小组组长	

评价项目	评价观点	等级					得分	
		A	B	C	D	E	互评	组长评
态度	认真参加小组的每一次活动	10	8	6	4	2		
	活动中积极主动、努力求知	10	8	6	4	2		
情感	活动中表现出克服困难的勇气和毅力	10	8	6	4	2		
	具有团队精神，善于沟通合作，乐于分享	10	8	6	4	2		
知识	通过实践活动拓宽了视野，获取了较多的学科知识	10	8	6	4	2		
	通过实践活动获得了较多的方法性知识和社会实践知识	10	8	6	4	2		

续上表

评价项目	评价观点	等级					得分	
		A	B	C	D	E	互评	组长评
能力	能使用多种方法获取信息，并能有效利用信息	10	8	6	4	2		
	能独立发现问题、提出问题、设计问题解决方案，并通过实践活动解决问题	10	8	6	4	2		
成果	能写出观点正确、论据充分、文字通顺的总结报告	10	8	6	4	2		
	除报告外还取得了其他具体成果（如自制作品、文章发表等）	10	8	6	4	2		
综合评价（评语）								
评价结果	互评分数					互评等级		
	师评分数					师评等级		
	总评分数（两项平均）					总评等级		
备注	A 等 90 分以上；B 等 80 分以上；C 等 70 分以上；D 等 60 分以上；其余 E 等							

社会实践活动综合评价表

项　　目		自评（30%）	小组互评（25%）	教师评价（45%）	总评
活动态度（20分）	1. 认真参加每一次研究学习活动（2分）				
	2. 认真完成自己所承担的任务（2分）				
	3. 做好资料的搜集、分析、整理（8分）				
	4. 主动提出问题、建议（4分）				
	5. 合作精神（4分）				
过程体验（15分）	1. 每一次活动记录表完成情况（4分）				
	2. 活动感想（4分）				
	3. 论文、提纲缴交情况（4分）				
	4. 课件缴交情况（3分）				

续上表

项　　目		自评 （30%）	小组互评 （25%）	教师评价 （45%）	总评
方法技能掌握情况（20分）	1. 搜集信息的方法和能力（5分）				
	2. 处理信息的方法和能力（5分）				
	3. 使用现代化教育技术及其他新技术的能力（5分）				
	4. 撰写论文的能力（5分）				
创新精神和能力发展情况（15分）	1. 发现、提出、分析、解决问题的能力（5分）				
	2. 探究精神、创新意识和能力（5分）				
	3. 高效、高质完成课题的综合能力（5分）				
学习研究成果（30分）	1. 论文的水平及质量（15分）				
	2. 软件制作的质量（5分）				
	3. 答辩会的表现（10分）				
合　　计					
总　　分					
描述性评价	小组评价				
	教师评价				
备注	100～85分为优；84～70分为良；69～60分为及格；60分以下为不及格				

附表二：社会实践活动用表

学生外出活动申请表

课程题目：

指导老师：　　　　　　　　　　　　班级：

外出学生名单：

负责人：　　　　　　　　　　　　　人数：

外出时间：　　　　　　　　　　　　地点：

外出目的：

续上表

被访问的单位或人员：

联系地址：

联系电话：

指导老师意见：

签名：

家长委员会意见：

签名：

说明：学生每次外出，一定要提前填写本表，并要得到指导老师和家长委员会的认可，实施过程由家长委员会统一组织进行。

社会实践活动管理表格（活动方案管理表）

活动主题：

指导老师：　　　　　　　　　　班级：

参加活动成员：　　　　　　　　组长：

与活动相关的内容：

活动背景（活动是如何提出来的）：

活动的目的与意义：

活动的目标：

活动计划：

(1) 任务分工：

(2) 活动步骤：分_____阶段实施

阶段	时间	任务（研究方案）	阶段目标	负责人

(3) 计划访谈的人物或调研的资料

(4) 活动所需的条件：（含安全预案）

经费预算：

图书资料：

实验室（设备）：

交通工具：

其他（如计算机上网等）：

(5) 可能遇到的困难：

续上表

预期的成果（论文、调研报告、制作模型、实验报告）：

表达形式（文字、图片、实物、音像资料等）：

备注：

调查情况记录表

课题题目：

指导老师：	班级：
调查员（学生）：	调查表设计：
调查对象：	调查人员：
调查日期：	调查地点：

调查目的：

调查内容（主要问题）：

调查结果（数据）：

结论：

指导老师意见、建议：

签名：
年　　月　　日

说明：每次调查后，应进行数据资料的统计整理分析，除填写"课题研究活动记录表"外，还应填写本表，并交给指导老师评阅。

访谈表

课程题目：

指导老师：

访问者（学生）：

被访问者：
工作单位：
职务（职称）：
专长（专业）：
联系地址：
联系电话：

续上表

| 访问日期： | 地点： | 访问时长： |

访问主题：

1.
2.
3.

访问记录（整理要点）：

结果（是否达到目的，解决了哪些问题，有哪些收获和体会）：

被访问者的意见、建议（包括对学生和综合实践活动的评价）：

签名：

年　月　日

说明：每次访问前要明确访问的主题，准备好采访的问题；在访问中要认真做好记录（录音等），听取访问对象的意见和建议，最好要求被访问者签名；访问后要及时整理访问记录，填写本表。

学生小组活动记录表

课　题			
记录编号		活动主持人	
活动时间		活动地点	
活动成员			
活动目的			
活动过程			
本次活动解决的问题或收获			
本次活动表现最杰出的成员及事迹			
活动中遇到的困难或问题及不足之处			
指导老师点评			

第三章 社会实践案例

展示的案例目录：

序号	实践类别	案例名称	选送单位
1	社会调查类	同沙生态公园野生动植物栖息地破坏情况调查及解决策略	东莞市第一中学
2	社会调查活动类	参观沃尔玛商场	东城第一中学
3	社会考察类	让岭南骑楼建筑光彩再放——关于石龙镇中山路民国建筑群保护的调查	东莞市石龙中学
4	社会访谈类	"初中生阅读漫画情况调查"书店营业员访谈纪实	常平振兴中学
5	生产生活体验类	"珍真农场"务农和烹饪社会实践活动纪实	东城第一中学
6	社会角色体验类	神奇的食物——发酵食品制作科技活动	常平振兴中学
7	社会角色体验类	校园爱心义卖综合实践活动	东城第一中学
8	德育基地拓展活动类	团结，让我们更优秀——东莞市德育基地素质拓展训练活动	东城第一中学

说明：案例来源于东莞市各学校，感谢支持！

案例1：社会调查类

同沙生态公园野生动植物栖息地破坏情况调查及解决策略
东莞市第一中学

课题成员：卢海滨　钟明丽　谢小靖　指导老师：曹峰华　欧品质　彭卫

摘　要：从生态公园内道路建设现状对动物生活习性的影响、外来物种分布状况、生态公园水质情况、人类活动对动植物的影响四个方面分析了园区动植物栖息地破坏情况。基于生态园区现状和研究数据提出生态治理应从改善生物栖息地这个角度进行恢复建设，创造性地建设了"同沙植物影像馆"网站，充分利用各方资源共同治理和保护同沙生态环境。

关键词：野生动植物　栖息地　破坏

一、研究背景

同沙生态公园占地约 4 000 公顷，其中山林 3 000 多公顷，水域 1 000 公顷，是东莞的"都市绿肺"。公园里绿荫环绕，峰峦叠嶂，湖光山色相映生辉，组成了一幅少有的人间仙境图。而公园却因为水质问题、焚烧垃圾问题和固体污染问题频频在媒体上曝光。那么在风景如此优美的公园里面，生态环境是否真的出了问题呢？野生动植物的栖息地是否受到破坏了呢？带着这个疑问，我们兴趣小组决定对其进行深入的调查研究。

二、研究过程及结论

研究过程主要采用了网络搜索、实地勘察、统计分析、图表制作等方法，对同沙生态公园内动植物栖息地破坏情况进行了详细的调查分析，并提出了相应的解决策略。一个调查项目以一年为周期，每次调查活动有所侧重又兼顾其他课题，各项调查结果相对比较准确。调查活动大致过程如下表所示。

表1 调查活动过程

时 间	活动（侧重点）	地 点
2008.4.26—2008.5.7	初步确定调查课题	东莞市第一中学
2008.5.10—2009.5.20	到生态公园调查植物种类，确定入侵植物种类	同沙生态公园道路附近
2008.9.20—2009.9.25	到生态公园拍照，调查水库污染情况及污染源头，同时取污水样品	同沙水库、虎形山、麒麟岭
2009.3.10—2009.10.10	调查人类活动对动植物的影响	虎形山附近、黄公山附近 五凤楼、莲湖山
2009.10.5—2009.10.15	统计分析数据	东莞市第一中学
2009.9.10至今	制作建立同沙生态影像馆	东莞市第一中学
2009.10.15—2009.10.30	论文撰写	东莞市第一中学

（一）生态公园道路建设分析

沿着同沙生态公园南门入口一路前行，道路蜿蜒曲折，两旁景色美不胜收，颇有行走在静谧的乡村中的感觉。（本文所有图片均拍摄于园区内）

图1　　　　　　图2　　　　　　图3　　　　　　图4

我们认为，这样的道路虽然美观，但是在一定程度上破坏了原有的生态环境。这些道路上经常有汽车行驶，打扰了原来生活在这个地段的野生动物（如图1、图2、图3），有的小型动物甚至在穿行道路时被碾死。久而久之，园区里的动物在道路两旁穿行的概率便越来越小，形成了一道人为的生殖隔离带，这对动物种群的稳定发展是不利的。我们建议，行车道尽量不要穿过园区，即使需要穿过园区也应该在路面下方有规律地设置一些涵洞，便于道路两旁的动物觅食和繁殖。

园区的车道两旁还有一些小路（如图4），从小路的行走痕迹可以看出经常有摩托车和越野车经过该路段。我们小组成员沿着小路小心翼翼地走进去，发现这些小路通向密林深处，不时有人拿着捕猎工具从密林中鬼鬼祟祟地走出来，我们怀疑他们在盗猎野生动物。如果没有这些小路他们是没有办法开车进来的，我们建议有关部门封山育林，彻底封锁这些不必要的小路，让不法分子没有可乘之机。

（二）生态公园外来入侵物种分布状况分析

通过大范围的考察，我们拍摄了很多类似入侵植物的图片，我们将图片和网上的资料进行比对，惊奇地发现生态园区里居然有好几种外来入侵植物。其中有一些危害极大，已经在国家环保总局公布的16种外来入侵物种名单之中。查过相关资料后，我们把生态园区内常见的几种入侵植物做了归类，见表2。

图5 薇甘菊

图6 马樱丹

图7 假高粱

图8 水葫芦

表2 同沙生态公园常见入侵植物生态学特征

植物名称	生物学特征及危害	分　　布
薇甘菊（*Mikania micrantha* Kunth）	薇甘菊喜欢攀援在低矮的灌木丛中，攀上灌木和乔木之后，能迅速形成整株覆盖之势，并能分泌毒汁，抑制其他植物生长。生态公园里成百上千亩的荔枝林都覆盖上了薇甘菊，有的荔枝树已经枯死。在荔枝林及其周围已经鲜有其他植物物种生存，薇甘菊对园区内6～8米高的天然次生林、人工速生林、经济林、风景林的几乎所有树种已经构成了严重威胁	原产于中美洲，现已广泛传播到亚洲热带地区，大约在1919年薇甘菊作为杂草在中国香港出现，1984年在深圳发现，现在广泛分布在珠江三角洲地区。该物种已列入世界上最有害的100种入侵物种之一

续上表

植物名称	生物学特征及危害	分布
水葫芦（*Eichhomia crassipes*）	学名凤眼莲，为雨久花科。凤眼莲属水生维管束植物。由于园区内有大量的池塘和沼泽地，水葫芦在生态公园内的繁殖似乎没有得到有效的控制，据调查有些区域的池塘内由于水葫芦的大肆繁殖造成水下缺氧，导致大量水生生物死亡。从我们拍摄的图片也可以看出，水生生物正在和水葫芦竞争领域，倘若水葫芦再进行新一轮的繁殖，此类水生生物可能就很难再找到排卵的空间了。凤眼莲死亡腐烂分解过程中，释放氮、磷和碳等物质，如果这些物质的释放速度大于水体的自净速度，则会导致水体的二次污染	凤眼莲原产南美洲热带、亚热带地区的委内瑞拉、巴西等国家。一般分布于南纬32°和北纬32°之间的世界大部分地区，属于世界性的水生恶性杂草、世界十大害草之一
马缨丹（*Lantana camara L.*）	马鞭草科，马缨丹属，常绿灌木，又叫如意草（广东、广西、福建）。该杂草生活力、适应力、繁殖力和竞争力都很强，常常入侵自然和农业生态系统，它能把各种植物的栖息地变成自己的殖民地。此植物入侵生态园会严重破坏物种的多样性，进而破坏生态平衡。该杂草全株或残体可产生强烈的化感作用，严重破坏了森林资源和环境生态系统。其多数品种的叶片中均含有毒素四环三萜 A 和 B，因而还是一种有毒植物。家畜（例如牛、马、绵羊和狗等）及人类若摄食其叶片均可中毒	原产美洲热带地区，据中国生物入侵网报道，马缨丹现已广布于热带、亚热带和温带地区，分布于约 50 个国家，被世界自然保护联盟（IUCN）列为世界上"100 种最严重的入侵生物"之一。目前马缨丹在中国的台湾、海南、云南、广州、福建等地大量繁殖
空心莲子草（*Alternanthera philoxeroides*）	苋科，多年生草本植物，广泛分布于淡水生境中；种子产量低，依靠水和风传播种子；具有很强的克隆繁殖和克隆生长特性，植物体的任何一部分都有可能成为形成新个体的起点，有利于该物种的扩散	原产于南美热带干旱地区
飞机草（*Eupatorium odoratum L.*）	学名香泽兰，菊科泽兰属植物，曾作为观赏植物和肥料作物被引种到全球各地，对当地的生物多样性、自然生态系统和社会经济发展构成了严重的威胁。飞机草的生态幅较广，对环境条件要求不严，可生于林缘、林内和采伐迹地、田埂、荒地、农田、路旁、水边、山坡等多种生境	原产于南美洲，现广泛分布于美洲、非洲和亚洲的泰国、印尼、菲律宾等地区，已成为一种世界性的恶性杂草，1934 年在中国云南南部和海南首次发现，现已入侵扩散至云南、海南、广东、香港、澳门、广西和贵州西南部等地

续上表

植物名称	生物学特征及危害	分　　布
假高粱 [*Sorghum halepense*(L.) Pers]	又名约翰逊草、亚刺伯高粱等，禾本科属多年生恶性杂草。假高粱被中国、美国、澳大利亚和欧洲大部分国家列为检疫性杂草。假高粱可为多种作物的害虫和植病提供中间寄主或转主寄主。假高粱在苗期和在高温干旱等不良条件下，体内会产生氢氰酸，可能引发牲畜中毒现象	世界上已有53个国家将假高粱的入侵视为严重问题，特别是中东、地中海、印度、澳大利亚、南美洲中部和北部，以及美国的墨西哥湾沿岸

由于生态园的游客逐渐增多，来往行驶的车辆也随之增多。而路域生态系统是外来入侵植物传播的最主要途径。由于路域生态系统长期处在人为的干扰下，丰富的本地植物被人工铲除，并以各种快速生长的外来植物替代本地植物，地面长期暴露，最有利于外来植物的入侵。公路之间构成一个庞大的网络，一旦危险性的外来植物引入后就会沿公路向四周扩展，其传播速度是其他传播方式所不能及的；加上在公路上来往行驶的车辆，在运输过程中带了外来植物的繁殖体，使其传播的区域更广，速度更快。一些外来植物在扩散过程中历经快速的适应性进化，逐渐表现出入侵性，因此抵御外来物种的入侵刻不容缓。

（三）生态公园水质调查

同沙生态公园的前身是山林良田和池塘水库，水是公园的一大特色。而经过我们的调研发现，园区里的水质问题不容乐观。

图9

图10

图11

图12

图13

图14

沿着生态公园的南门往里走，道路两旁都是山水相映，池塘里不时可以看见野鸭游弋、白鹭觅食，凭肉眼感觉水质还不错。但是快走到园区中段的时候便能闻到空气中弥漫着恶臭。仔细查看后发现，这些恶臭是从排水沟里传来的（见图9）。水沟里的水已经发黑，上面漂浮着各种垃圾。我们将黑水取样后带回实验室观察，发现里面连沙虫类的小生物都没有了。我们查询后得知这些污水是从大岭山镇排放过来的，一直没办法处理。顺排水口而下，污水或是渗入旁边的池塘，或是直接排进了同沙水库。地势越低的地方污染越严重，我们观察到不少水域有死鱼出现，在水库的边缘潜水区大量白鹭在捕食垂死挣扎的鱼类。我们分析，污水里的各类化合物和重金属对水体造成了严重污染，水库已不适合水生生物生存了，鱼类的死亡对水体又造成二次污染，而白鹭捕食快死的鱼类更是对园区食物网挥上了惨烈的一刀。人们把未经处理的污水直接排放进水库已经对生态公园里野生虾类、蟹类、鱼类、鸟类等动物的物种多样性造成了严重的威胁。

水上飞驰的小型机船排出的气体溶入水中，影响水质。从图13可以看到湖水中水华现象严重，说明水中氮、磷含量超标，水体富营养化严重。

在水库的尽头，我们惊讶地发现人们正在燃烧垃圾（见图12）。园区居然用这种最古老最不可取的方法处理垃圾！据调查每当夜幕降临的时候水库边就会燃起袅袅白烟，构成了与"生态公园"极不相称的一道"风景线"。而焚烧垃圾形成的白烟里含有大量的有害物质甚至致癌物，如二氧化硫、二氧代四氯化蒽、三苯芘蒽等有害物质。人类和动物长期生存在这个环境里会受到严重的干扰，甚至产生严重的后果。

（四）人类活动对动植物的影响

图15　　　　　图16　　　　　图17　　　　　图18

渐渐熟悉公园环境后，我们通过偏僻的小径到达了林区深处，令我们吃惊的是在虎形山正南一公里附近，有大树被砍伐的痕迹，如图15至图17所示。我们赶紧定位、拍照、测树径、数年轮，令我们沮丧的是仅仅这一公里范围内就有十几棵大树被砍伐了，具体数据统计见表3。

表3　同沙生态公园砍伐树木记录表

树种	树茎（直径）/cm	树　龄	采集地点
雅楠	81	约90年	虎形山南2 km
樟树	96/77 *	约120年/80年	虎形山南1.7 km

续上表

树种	树茎（直径）/cm	树　龄	采集地点
桉树	42/38/27/32/97＊	5～30 年	虎形山南 1.2～5 km，公园北门向西 1 km
柏树	41	约 60 年	虎形山南 1.4 km
鹅掌楸	40	约 57 年	虎形山南 1.2 km
松树	37/40＊	约 30 年/34 年	虎形山南 1.6 km 和 1 km 两处
盆架子	57	约 72 年	虎形山南 0.8 km

注：＊表示同一树种不同棵的树茎。

在两个多月的调查活动中，我们发现人们的其他活动对环境的影响也很大，具体见表 4。

表 4　同沙生态公园人类活动特征

地　点	活动特征	影响
婚育广场、苗圃园 十里荷塘、映翠湖 虎标柱、钓鱼场、梁家庄、麒麟岭、饿虎擒羊	观光旅游	生活垃圾、噪声污染 影响周围环境
西门口东南 2.8 km	驾校私自训练	破坏植被、污染环境
虎形山、五凤楼	偷猎	野生动物减少
虎形山南 2 km 左右 黄公山山脚	垦地种菜	破坏植被、农药和化肥污染水库
飞鹅龙	私自登山	影响野生动物生活
鹭鸟岛西 1.5 km	围湖养鸭、养鹅	污染水体

在同沙生态公园，旅游观光是园区功能的一部分，但是游客素质参差不齐，给园区生态制造了不和谐的因素。一次我们竟然看到一群游客在芦苇丛里追逐一只小天鹅，希望公园管理方加大宣传和监管力度，避免类似的事情发生。

在众多的人类活动中，砍伐珍贵树木、盗猎和围湖养殖对同沙的生态造成的危害最严重。我们就这三个方面问题询问过公园的管理人员，他们对这类问题似乎很敏感，三缄其口，这更加深了我们的忧虑。同沙生态公园这么大，圈起了一条庞大的利益链，如果这条利益链得不到有效的监管，势必会进一步破坏园区里野生动植物的栖息环境。

三、研究结论

经过调查分析我们认为，同沙生态公园内动植物的栖息地已经遭受较为严重的破坏。对植物物种多样性影响显著的主要是外来入侵植物的大量繁殖。一方面园区内农村居民对入侵植物缺乏认识,未能及时铲除或者未能在适当时期采用恰当的方法处理。比如,薇甘菊在4月连根拔起比较合适,切忌在秋季割藤断根。另一方面入侵植物大多分布在园区内人烟稀少的地方,有关部门还没有意识到入侵植物危害的严重性,没有及时采取相应的治理措施。对动物生活影响较大的主要是环境污染和人类活动的干扰。园区内不少地方已经不适合动物的正常生存和繁殖了,这些效应可能在短期内未能体现出来,因此也没有引起规划和管理部门的重视,我们认为生态环境的治理和保护应有长远目光,从细节出发,不能等到野生动物都消失了才开始重视,那样后果将会是灾难性的。

四、解决策略

(一)建设生态道路

我们建议对现有穿过园区腹地的道路进行改造,体现道路的生态功能,具体设计如下:在道路的下方每隔100米左右设置一个涵洞,涵洞大小以直径2米左右的半圆为宜。便于道路两旁的野生动物穿过涵洞进行觅食和交配,如图19所示。对新建道路尽量考虑高架桥,以减少植被破坏和对动物繁殖的影响。

图19 生态道路建设模式图

(二)积极应对入侵植物

1. 建立健全相关法规,加强对引进外来物种的安全管理

目前,我国还没有针对外来植物的法规或条例,因此应加紧制定,从法律法规上高度重视生物入侵问题。由于外来植物入侵可影响到社会的方方面面,应成立包括农业、林业、环保、海洋、贸易、检疫、国防和科研等国家主管部门在内的统一管理协调委员会,从国家利益出发,全面管理外来植物入侵问题。

2. 提高公众参与防止植物入侵的意识

防止生物入侵,需要全社会的共同努力。应充分调动公众的积极性,提高全社会的防范意识,使全社会参与到防止生物入侵的行动中,形成全社会共同防止生物入侵的氛围。

3. 建立外来植物生态安全评估体系和入侵预警机制

在生物引种前，就应进行充分、科学的评估和预测。不仅要考虑引进生物的生物学和生态学等习性，而且应评估和预测外来植物对本地生态系统及物种多样性的影响。外来植物引入后，应加强科学观测和调研，发现问题应及时采取有效措施，避免造成大面积危害。生物入侵的预防必须要有前瞻性，应该建立监测、早期预警和快速反应体系来构成一整套外来入侵物种的防控体系，一旦预测到什么物种近几年来可能会入侵，就要及早了解、早采取措施，防止传入，并做好一旦进入，就要快速控制和治理的准备。

4. 用生物方法结合物理和化学方法进行防治

生物与生物之间相互制约、相互协调，将各自的种群限制在一定的栖境和数量内，就可形成稳定的生态平衡系统。入侵植物在新的环境下没有天敌的制约，从而大肆扩散、蔓延，破坏了生态平衡、造成了生物灾害。当前，对于入侵植物，各地大多是采取物理（人工清除）和化学方法（药物防治）进行治理，效果不甚理想。如薇甘菊的入侵可由风力传播种子形成扩散，一般的物理和化学方法难以根治。根据外来入侵物种形成灾害的原因，应从根本抓起，引进外来入侵物种的天敌，抑制外来入侵物种的扩散，但同时也要注意防止引进新的入侵物种。

（三）多管齐下治理水污染

1. 从源头上治理水污染

排入同沙生态公园的污水主要来自于大岭山镇和牛山工业区，建议有关部门加大私自排污企业的处罚力度，强制其先处理后排放，尤其对重金属、重磷及重氮的控制作为一个硬性指标，没有达标不得排放；建立和完善排污管道，把来自各个地方的污水集中到一根排污管通往污水处理。

2. 建立科学的水环境监测网点

在同沙水域重点污染防治区、水资源保护区和水产养殖区建立水环境监测站点，提出合理的监测方案。对各主要湖泊河道水质控制断面实行动态监测，在湖区设立固定标志作为水文气象项目和生物水质采样的场所进行湖泊定位监测，及时将监测结果向有关部门汇报，并在园区固定宣传栏公示。

加强环境知识宣传和教育，使周围的居民自觉地去做有利于维护和改善同沙水质的事情。

（四）建立同沙生态影像馆——让更多的人关心、监督和参与环境保护

我们已经建立了"同沙生态影像馆"网站，见图20。旨在通过网络途径扩大宣传，让更多的人了解同沙、关心同沙，形成稳定而强大的保护群体。同沙生态影像馆大致分为以下三个板块。

图20　同沙生态影像馆首页截图

一是野生动植物数字标本馆。我们在园区内把遇到的珍稀动植物进行拍照、定位、识种，把相关信息整理后放在网站上。这样每种珍稀动植物都有了自己的身份，无形中加大了管理部门保护意识，否则相关动植物在园区内消失后职能部门将无法向社会大众交代。

二是曝光台。一方面我们收集和整理了园区内不文明的行为方式，如偷猎、摘水果、网鱼、追逐幼鸟等等，在不涉及个人隐私（人像进行模糊处理）的情况下把这些行为公布在网上，接受广大群众的监督。另一方面，我们对园区内的固体垃圾污染、水污染和气体污染（焚烧垃圾）进行定期追踪拍照，旨在督促相关企业和部门早日行动起来治理环境，还园区内的动植物一个清新自然的生态环境。

三是互动平台。我们在网站上有互动的环节，所有关心和爱护同沙的人们都可以通过这个平台建言献策，我们也会定期将得到的意见和建议反馈给同沙生态公园的管理部门，以期在园区内早日实现碧水蓝天。

参考文献：

[1] 刘秀生. 莲花山自然保护区珍稀鸟类及其栖息地调查 [J]. 甘肃林业科技，2002，27（2）：131－134.

[2] 张青霞. 白鹇鸽的栖息地调查 [J]. 四川动物，2008，27（4）：98－103.

[3] 李振宇，解炎. 中国外来入侵种 [M]. 北京：中国林业出版社，2002.

[4] 安鑫龙，李婷. 凤眼莲的生态特征 [J]. 水利渔业，2007，27（4）：82－84.

附 件：

同沙生态公园西门

同沙生态公园导游图（水域附近）

园区内的鹭鸟

入侵植物薇甘菊，绵延数千米

道路方便了游客，但是将两旁的物种生硬地分开了

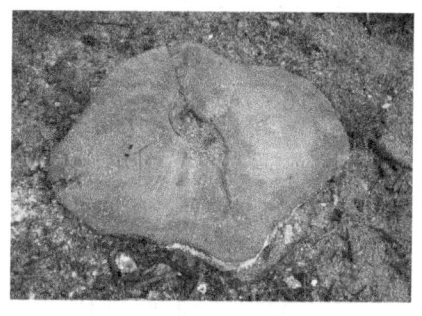

桉树树桩，直径达 97 cm

水质污染调查

入侵物种调查

雅楠树树桩，直径约 81 cm

案例2：社会调查活动类

参观沃尔玛商场

东城第一中学

指导老师：蔡智敏　王淑娟　吴明通

一、活动背景

沃尔玛公司是一家源自美国的大型连锁零售企业，在全球27个国家开设了超过10 000家商场，每周光临沃尔玛的顾客达2亿人次。面对商场中琳琅满目的商品，以及如此大的客流量，沃尔玛公司都能有条不紊地应对，这是怎样做到的呢？想深入了解沃尔玛商场是如何管理和运作的，那就要到实地一探究竟。

二、活动目的

（1）通过到沃尔玛商场实地参观，初步了解大型零售行业以及商场的基本结构。
（2）通过考察、访问，深入了解商场的管理和运作。
（3）通过本次活动掌握访问的技巧，提高与人沟通交流的能力。

三、活动方式

参观、考察、访问、实践体验。

四、活动过程

1. 准备阶段

（1）确定活动主题、时间和地点，并对学生进行与访问技巧相关的培训。

活动主题：了解商场的管理和运作

活动时间：2014年1月7日16：30出发

活动地点：东莞市东城区世博广场的沃尔玛商场

（2）成立社会实践活动小组，制订活动计划。

课时安排	内容
1课时	开题课。教师引导学生基于平时对生活的观察，指出具有现实意义及一定实用性的设计与制作主题
1课时	确定主题后，学生利用课余时间通过上网、图书馆查阅资料等方法搜集与主题有关的信息，并对这些信息进行整理

续上表

课时安排	内　　容
1课时	在已有资料及个人知识经验的基础上，小组成员共同讨论确定设计中要考虑的各种因素，对各因素加以权衡，最终确定出最佳方案
1课时	按照设计方案，对小组成员进行简单的分工。各成员按照分工做好各自的准备工作。如：与东莞沃尔玛区域人事部黄向利女士、沃尔玛商场总经理王伟文先生取得联系等
1课时	召开活动筹备会，共同讨论方案的可行性与科学性及注意事项
4课时	外出参观、访问、考察东莞沃尔玛，包括了解市场预算、订货渠道和原则、商场布置、使用条形码的作用、临近保质期商品的处理、称重体验、货物上架体验、整理商品体验等。注意培养学生解决问题、分析问题及处理问题的能力，整理分析总结资料
1课时	完成活动小结，分享体验、感受。对遇到的困难和不足之处互换感想
1课时	班内制作成果及自我反思的汇报、展示与评价。利用各种途径进行全方位、多元化的展示与交流
1课时	在教师的参与下对作品按照设计要求进行组内评价，对照设计方案的要求做调试与改进
1课时	对所有资料进行整理、归档

活动准备：备好相机，拍摄活动花絮；联系好车辆、备好矿泉水；出发路线图；提前邀请沃尔玛商场派代表给同学们讲解等。

（3）对学生进行访问、调查技巧的培训，并指导学生查找资料。

通过互联网搜索，初步了解与商场相关的知识。列出自己最想知道的关于"商场"的问题，确定本次参观、考察活动的主要目标，制定访问提纲。

2．实施阶段

（1）召开活动会议。

强调活动流程、注意事项等，尤其强调要听从指挥，做到安全第一。一切准备就绪，大家兴高采烈地坐上校车朝着目的地出发了。

召开活动会议

(2) 参观部分。

①到达世博广场，东莞沃尔玛区域人事部黄向利女士带领我们社会实践活动小组的成员进入商场内参观。

参观沃尔玛

②通过沃尔玛区域人事部黄向利女士的介绍，大家了解到沃尔玛 Shopping Mall 的结构和基本情况，据介绍整个沃尔玛商场可以分为收货部、非食品区域、食品区域、前台区域以及员工办公室五个主要部分。

③在沃尔玛商场内部，沃尔玛总经理王伟文先生给我们介绍并让我们体验了商品的收货流程、非食品商品和食品商品的运作模式和前台及系统的运作模式。

④进入商场大厅，首先映入大家眼帘的是充满春节主题的各种各样的年货，比如利是封、对联、生肖毛公仔等。大家都十分好奇地向王经理请教，他说这些货物都要做好市场预算，确定种类和数量，并提前向厂家订货，前后可能要经历好几个月的时间。为了吸引消费者的注意，商场会做许多醒目的吊牌和宣传手册，并按照不同的主题布置商场。

向王经理请教

⑤同学们最想了解的是：作为一个商场负责人，是如何管理商场中琳琅满目的商品的呢？不同商品的管理又有哪些注意的事项呢？

王经理介绍说，每个商品都有它的条形码，商品进入收货部就通过它来记录。国产商品、进口商品，还有自产商品的代码都有特别的区分方法。

查看条形码

⑥每个商场的工作人员都会随时留意商品的情况，有问题就要马上处理，比如手中的篮球没气了就要马上充好气，以免消费者误会商品的质量有问题。而食品区的货物特别是冷冻食品，对其保质期的监管会更加严格。而对于临近保质期的商品，商场会统一整理出来并做促销处理，如果消费者发现购买的商品质量有问题或者不满意，七天内可以退货（特殊商品除外）。

（3）体验部分。

为了让大家更加深入体验商场的日常运作与工作人员的辛劳，王经理安排了三个体验的环节。在体验的过程中，同学们都虚心向每个部门的工作人员请教，了解每道工序的要领、工作技巧、注意事宜，还访问工作人员在商场工作的感受等。

体验环节一：同学们戴上安全帽帮忙将备用商品放到货架的顶部。

体验环节二：同学们用小推车搬运货物并按照王经理制定的商品安置设计图，把货物摆放整齐。

体验环节三：学会使用电子秤给零售商品和水果称重、打标签。

体验环节一　　　　　　　　　　　体验环节二

体验环节三

（4）交流分享阶段。

最后大家来到了员工的办公室和休息室，了解工作人员的工作环境。东莞沃尔玛区域人事部黄向利女士、总经理王伟文先生热情地招待大家，大家都坐下来开心地畅谈在这次活动中得到的感悟，在一片愉快的笑声中结束了本次的活动。

交流分享

五、展示与交流成果

通过这次实践活动，大家深深体验到商场运作的复杂性，各小组积极先以展板和演讲形式做了体验活动的成果汇报，然后再宣传介绍商场运作的流程，使大家对商场运作有了初步的认识，最后以心得形式交流分享。

实践活动方案分享

以下摘自部分学生的收获和感悟：

学生感悟

六、教师评价

    这次的社会综合实践活动课让学生在实践中获得亲身感受和体验，在社会实践中学会学习。

    在此次参观沃尔玛商场的活动中，学生不仅了解了商场是如何管理和运作的，还亲身体验了商场工作人员的辛劳。同时，经过这次活动，也培养了学生的调查、访问的能力，培养了学生的团队合作精神，提高了交流与表达能力。

案例3：社会考察类

让岭南骑楼建筑光彩再放
——关于石龙镇中山路民国建筑群保护的调查

东莞市石龙中学　郑明山

一、活动背景

新地理课程标准强调地理教学要理论联系实际，保持"学习对学生生活和终身发展有用的道理，倡导构建开放的地理课程，强调校内外课程资源的开发和利用"的基本理念，旨在为社会培训具有地理素养的公民。这一理念，更多地强调要将地理课堂知识与生活中的地理、身边的地理融为一体，合理掌握地理知识，有效运用地理研究理论和科学方法，突出了技能的运用。所以地理教师必须摒弃落后的"言传身教"观念，必须树立"以学生为主体"的教育思想，以"学法研究"为导向，让学生真正地走进地理，学以致用，即带着地理知识走进生活，带着生活中的问题走进地理课堂，使学生的综合素质得到全面发展。因此，结合地理教学进行社会实践活动是地理改革和发展的重要组成部分。

东莞市石龙镇已有近千年的历史，位于东莞市北部、东江下游，北靠广州、南临深圳、毗邻香港，广深铁路贯通全镇。全镇土地面积11.3平方公里，常住人口14.5万有余。石龙镇缺乏矿产资源，面积狭小，得充分利用其便利的交通优势，挖掘可持续发展资源，才能实现经济的可持续发展。石龙中学的学生，大多来自石龙镇及邻镇的茶山、石碣和石排镇，这些学生在骑楼中长大，从父辈、祖辈的口中了解了很多关于古镇的历史。中山路民国骑楼建筑群，正见证了石龙镇经济发展的时局变迁。中山路骑楼，在石龙近现代历史经济发展过程中，做出了很重要的贡献。在现今工业化城市化大背景下，人们住进了新城区的花园洋房，离开了世代生存的骑楼，留给后人的只有破败不堪的老楼房和旧街道，看着日益衰败的古建筑，给人增添了几分寒酸的感觉。在看到广州恩宁路麻石被挖，全国其他地方的名人故居古建筑被毁、古墓被盗挖等报道后，我们萌生了调查中山路民国骑楼建筑群保护现状的念头。加之高二学生正好学习了"必修三"区域可持续发展的相关内容，在产业转移大背景下，石龙古镇应该如何实现产业转型升级从而实现经济的可持续发展？又当如何保护、利用这些文化资源？带着这些问题，我们召集对区域经济发展感兴趣的学生，深入骑楼的大街小巷，调查骑楼的真实面貌。

二、活动目的

（1）本次调查研究，旨在调查中山路民国骑楼建筑群的保护现状，将从"谁来保护""怎样保护""保护成什么样"等方面加以调查研究。其目的在于让市民更加关注骑楼，增强骑楼的保护意识，也希望引起社会各界的关注和重视。通过调查，提出科学合理的骑楼保护措施，配合城市发展，有目的性、有建设性地对骑楼进行修缮保护。对中山路骑楼提出可持续发展的保护措施，也为全国类似骑楼的古建筑或遗址的保护起到参考借鉴作用，与时俱进地挖掘古建筑的深层价值，促进当地经济、文化的可持续发展。

（2）通过开展调查活动，不断提高学生参与地理课外活动的能力，锻炼中学生参加社会实践的能力，提高学生开展社会调查的技能与技巧，提高学生的合作精神，培养学生热爱家乡、关心家乡的建设与发展，以及为家乡的发展出谋献策的积极性。

三、活动过程

活动小组成员共有四个学生，安排一名小组长，小组长负责整个活动的统筹与时间跟进，四个同学的任务也有明确的分工。在活动开展之前，学生通过头脑风暴活动，明确主题，谈论该活动需要解决的问题，以及具体的途径，由小组长统计汇总。

（一）主题观点提出

讨论得出以下需解决问题：
（1）中山路骑楼建筑历史概述。（渠道：石龙镇档案馆、网络搜索）
（2）骑楼的破损维修由谁负责，是否由政府出资，资金的利用情况怎么样？（方向：石龙镇规划局、网络搜索）
（3）中山路骑楼的保护价值有多高，应该怎样保护，能否作为文化遗产进行重点保护？（文献查阅岭南地区对于骑楼的保护情况）
（4）骑楼的利用价值探讨。（方向：对比前后骑楼楼价，建议从居住价值和商业发展价值方面考察，从旅游开发方面调查）
（5）骑楼的保护对石龙镇的经济有何促进作用？（老师建议从骑楼的保护对石龙镇的经济发展的影响来调查，如：现在的保护性支出、商业发展的费用支出、税收调查、古建筑保护支出等方面）
（6）在中国，类似骑楼这样的建筑，能否打造成为类似西安的回民街、湖南凤凰古城等特色旅游景点？

（二）任务安排

任务一：调查问卷设计。先查阅文献或借助网络，学习调查问卷的设计方法、原则，结合主题观点尝试着提出问题、设计答案。最后由组长汇总，周末返校再集中讨论，确定问卷定稿。
评价指标：学生需学会调查问卷设计格式、目的、意义，并提交问卷。
时间安排：5天。
评价方式：教师评价，学生个人评价，团队合作评价。
任务二：初次实地走访。老师带队，深入骑楼住户家中走访，检查问题设计情况，汇总发现的问题，然后回头修改问卷。
评价指标：能否积极主动跟人交流问题，语言表达是否流畅合理，能否发现问题，灵活处理突发事件。

时间安排：周末两天。

评价方式：教师评价，团队评价。

任务三：实地考察、问卷调查。学生带着问卷，正式调查，在调查的过程中用相机拍下整个过程，并收集问题。

任务四：数据统计与整理，问题之间的相关性分析，总结并撰写研究报告。

任务五：修改研究报告，并完成研究报告得出研究成果。

（三）时间安排

9月17—21日，在校设计调查问卷，每个人负责两个主题观点；

9月22—23日，实地考察，进行采访等资料搜集工作；

9月24—29日，分析资料，初次总结，确定调查问卷；

9月30—10月7日，实地考察、问卷采访、拍摄记录、分析资料、再次总结；

10月8—12日，最后总结、安排访谈政府部门；

10月15—20日，完成科研报告撰写；

10月20—30日，修改科研报告，剪辑DV。

实地考察　　　　调查访问　　　　小组合作　　　　老师指导　　　　统计数据

四、活动结果及学生作品

（一）活动结果

学生调查发现，石龙镇已经于2012年申报为广东省历史文化名镇，早在1999年，镇政府就停止了对中山路的报建和改造，并且专门对附近的建筑和居民进行普查，制定了相关规划，采用"保护遗存，重点恢复，逐步整治，永续利用"的规划原则，尽量保存历史遗存的原物，重点突出整体风貌特色的保护，使之与合理使用相结合。可中山路骑楼仍然损坏严重，急需加以修缮保护。修缮经费方面，调查了解到政府并没有给予支持。在具体的保护措施方面仍需要政府部门牵头，有步骤有规划地加以开发利用。对于开发方面，可以尝试着开发为风情旅游街区，以文化旅游为依托，发展旅游经济，实现文物保护与经济发展共赢。

（二）学生作品

关于石龙镇中山路骑楼保护的调查报告

东莞市石龙镇拥有近千年的历史，位于东莞市北部、东江下游，北靠广州、南临深圳、毗邻香港，广深铁路贯通全镇，全镇土地面积 11.3 平方公里，常住人口 14.5 万有余。这里风景优美，人杰地灵，先后获得"国际宜居城镇""国家卫生镇""全国文明镇""中国历史文化名镇""广东省教育强镇""广东省食品安全示范镇"等称号。其依靠得天独厚的地理位置，成就了历史上石龙东江商业贸易中心的地位。明末清初以来石龙镇一直是广东省著名商埠，并与广州、佛山、陈村一起被誉为广东"四大名镇"。石龙镇内现拥有历史遗迹、文物百多处。市级以上的文物保护单位及重要文物建筑主要有周恩来演讲台、中山路民国建筑群、竹器街等。

（一）中山路骑楼的现状分析

中山路建于 20 世纪初，原名东禄元、西禄元、沙边街、三角市、万胜街等，全长 1 435 米、宽 15 米。1923 年 4 月，孙中山挥军东征，在石龙中山路设立大本营和行营，指挥讨伐叛军陈炯明。同年 6 月 4 日，孙中山在惠育医院（今石龙人民医院惠育分院）会见石龙各阶层人士，并合影留念。后来为了纪念孙中山，东禄元等路改名为中山路。中山路骑楼，是石龙镇具有悠久历史的建筑群，是历史遗留下的民族艺术结晶。古建筑的布局、规划以及结构特点，对现代建筑都有一定的参考价值，古建筑的艺术形式是一种珍贵的文化遗产。中山路骑楼对石龙镇的经贸、旅游、交通发展有着深刻的影响，从现状来看，这份珍贵的遗产正处于被破坏、慢慢消失的境地。如何提高人民对文化遗产的关注度，保护现有资源，挖掘古建筑的社会经济效益，落实古镇街的可持续发展是亟待解决的问题。

在进行问卷调查的过程中，我们了解了骑楼目前的真实情况，对骑楼古建筑的保护现状进行了深入的探讨，并对骑楼的潜在价值进行了研究。

1. 骑楼调查现状

（1）调查中发现，37% 被调查的民众认为目前骑楼的保护很一般。现有的骑楼中，有的骑楼由于长期无人居住打理，已经破败不堪，出现屋里发霉、漏雨、铁器生锈等现象，使得好坏骑楼大相径庭，与生态宜居宜商城镇形象格格不入。

（2）政府相关部门对骑楼的维修保护工作没有得到具体落实（具体程度难以界定），沿街分布的破旧骑楼比比皆是，根本没人管理。

（3）骑楼保护措施不够完善，居民对骑楼保护意识欠缺。

萧条的中山路，无人打理的骑楼

(4) 关于上级政府在加强古建筑的保护与利用方面是否做到位的调查中，只有42%的居民认为政府做得到位，而44%的人认为只是一般。这充分说明上级领导部门的带头作用、宣传工作力度不够。

(5) 对于修葺资金来源，调查中发现，如果对骑楼进行修葺整理，当地居民明确提出不愿意出资的占了调查总数的42%，33%的人愿意配合政府修葺保护骑楼，25%的人对于自己掏钱选择了无所谓。从以上数据可以看出，只有58%的人是支持保护整理骑楼的，所以在资金方面达成一致还有很大的难度，大部分业主没有足够的经济实力对骑楼进行修缮。这样导致大部分骑楼没有达到修葺目标，最后变成废楼、危楼而被拆除。（骑楼现状如下组图所示）

无人打理骑楼古建筑

在破损基础上修葺过的骑楼　　　　　遭遗弃荒废的骑楼

(二) 骑楼保护形式探讨与建议

对于古建筑的保护，应该遵循古建筑修葺的基本原则，其中以风格统一、不破坏文物价值和安全为主为重点保护原则。风格统一的原则，即经修葺的部位应尽量与原有的风格一致；以石材修葺为例，添配的石料应与原有石料的材质相同、规格相同、色泽相仿，补配的纹样图案应尊重原有风格、手法，保持历史风貌。不破坏文物价值的原则，是指古建筑的修葺应"修旧如旧"，这个原则包含着下列要求：能粘补加固的尽量粘补加固；能小修的不大修；尽量使用原有构件；以养护为主。安全为主的原则，是指制定修葺方案时应以安全为主，不应轻易以构件表面的新旧为修葺的主要依据。

1. 骑楼修葺手段探讨

古建筑修葺手法，依工程性质，可分为以下五类：

（1）经常性保养维护工程。保养维护工程，指在不改变文物的现存结构、材料质地、外貌、装饰、色彩等的情况下所进行的经常性保养维护，如屋顶除草，局部揭瓦补漏，梁柱、墙壁等的简易支顶加固，庭院整顿清理、室内外排水疏导等小型工程。此类工程应由管理或使用单位列入年度工作计划和经费预算中，作为经常性工作，各尽其职、各负其责。

（2）抢险加固工程。抢险加固工程，诸如支顶、牵拉、堵挡、加固等抢救性措施。此类工程须在技术检查的基础上制定抢险加固方案，上报相应的文物主管部门审批后进行。如因特殊情况不能事先申报时，须补报备案。

（3）重点修葺。重点修葺、局部复原工程，系指对文物进行较大规模的重点修葺或局部复原工程。此类工程必须事先做好勘查测绘、调查研究，在充分掌握科学资料的基础上进行设计。工程设计必须经过认真分析研究，广泛征求有关方面专家的意见，并提出《石龙镇中山路历史街区保护整治修建性详细规划》和《东莞市石龙历史古镇保护规划》，报经相应的文物主管部门批准之后，方得进行施工。

（4）局部复原工程。事先做好勘查测绘、调查研究，在充分掌握技术资料的基础上进行设计。工程设计必须经过认真分析研究，广泛征求有关方面专家的意见，并提出《修缮、复原工程申请书》，报经相应的文物主管部门批准之后，方得进行施工。

（5）保护性建筑物与构筑物工程。保护性建筑物与构筑物工程，系指为保护文物而附加的安全设施。诸如排水防洪的堤坝、防水房、亭、新加窟檐等。凡此类构筑物或建筑物，须与文物及环境风貌相协调，不可喧宾夺主。对于文物本身和其周围的历史残迹，必须严加保护，不可因附加安全措施而遭受损坏。附加的建筑物、构筑物的设计方案，报请相应的文物主管部门核准后方可施工。如前面组图中，拥有独特风格的中山路因长年无人打理，变得破烂不堪。建筑物上独特的雕饰也变得面目全非。而得到保护的骑楼就别具一格，风采依旧。

2. 关于骑楼保护的建议

（1）政府工作要市民化，根据实际情况，改善中山路骑楼的商业状况。有市民反映，自从2008年推行禁摩政策之后，本来逐渐衰退的中山路商业街越发冷清，骑楼下的商铺不少因为政策的原因导致亏损而倒闭。骑楼在石龙镇中本用于商业用途，在20年代，石龙镇曾因为这种独特的建筑造型以及其便利的商业地理优势使得经济快速发展，当时的中山路在石龙镇中可谓"一枝独秀"的繁华路段。如今经济发展如此迅速，政府大力开发其他路段，曾经的中山路却沦落为冷冷清清的古老街道，生意不能维持，人们相继离开中山路，骑楼废弃无人搭理，呈现出颓败的景象。所以政府要实事求是，利用骑楼的商业地理位置带动中山路的商业，重现当年中山路的繁华。

（2）定期维修保护骑楼。不少骑楼因为多年弃置、无人打理而变得破烂不堪，其安全性无法得到保证。相关部门应该邀请古建筑维修专家，引进一流的保护措施，对骑楼的保护提出建设性的宝贵意见并采取行动。

（3）重视居民的生活保障，提高居民保护骑楼的意识。对于居民来说，骑楼的作用首先是居住和商业，然后才是文化遗产。了解居民的生活需求并重视居民的生活保障，促使居民关注骑楼，保护骑楼。

（4）加强管理力度，与居民共同协商。有的居民由于经济或其他方面的因素，导致骑楼修葺达不到预期目标，不得已使骑楼沦为拆除楼。政府应该与居民沟通联系，帮助居民切实落实好相关条例要求。

3. 骑楼可持续开发利用的探索

（1）挖掘骑楼的商业用途，中山路骑楼本来就是商用店铺，拥有巩固的商业基础，地理位置优越、交通便利，只要将骑楼加以修葺，吸引外来商人投资，可以繁荣中山路，促进石龙镇的经济发展。

（2）发展骑楼的旅游用途，形成特色旅游景点，发展骑楼文化旅游。以独特的建筑吸引游客，还可推销石龙镇的特产，如柚皮糖等，发展旅游商品业。这样可以一定程度上扩大石龙镇的名声，吸引更多的人来到石龙。

（3）重视骑楼文化，保护特色传统建筑。石龙镇作为一个拥有深厚文化底蕴的名镇，该镇的文化应该好好保护。有市民提议在石龙博物馆中，做中山路的模型，让更多年轻人了解中山路的历史。

4. 骑楼保护性开发利用面临的困难

（1）中山路作为石龙古镇的招牌，在发展过程中，也面临土地利用趋于饱和，地下水、供电等基础设施陈旧破败等问题。若开发传统的餐饮业、旅游产品供销、旅店等行业，将面临配套设施不完善等问题，比如停车场、公共卫生场所等。

（2）对于人口迁移而遗留的建筑，在修葺保护过程中，还会面临业主不在家，难以联系上等问题。

（3）对于资金问题，在上级政府与居民共同出资的份额比例方面，来自困难家庭居民方面的阻力会更大一些。

（4）对于开发问题，66%的居民趋向于住宅跟商业一体性，如国家实施垄断经营，可能会面临居民不配合的问题。

五、活动反思

（1）首先感谢老师给我们参加研究学习活动的机会，对于初次涉及科学研究，我们非常珍惜，它开阔了视野，充实了学习内容，使我们学到了设计调查研究报告的思路和方法，也为以后研究新课题提供理论基础，积累了实践经验。

（2）在调查研究过程中，我们遇到了很多的困难，比如发问卷时路人的冷言冷语、家里人的不支持、对于学业受影响的担心、采访政府部门时领导的推脱与逃避等等，有时我们都有了放弃的念头，但我们还是想了各种途径去解决，虽然我们没有获得很大的成功，但我们体验到了调查研究过程的乐趣。从提出问题到设计调查问卷，到实地调查研究，再到发放问卷、搜集整理数据、分析数据撰写调查报告，每个环节老师都悉心帮我们分析和指导、共同探讨问题设置、逐字逐句校正，让我们感受到做科研应该有的谨慎态度。

（3）本次调查研究活动，锻炼了我们的团结协作能力。在发问卷和深入实地调查过程中，我们四个同学情同手足、相互帮助、共同努力、齐心协力完成预定目标。在组长的敦促和老师的监督下，我们合理地规划安排时间，也提高了自我的管理能力以及实践能力、独立思考问题等综合素质，为今后做其他事情打好了基础。

（4）本次调查是基于人文地理方面的社会调查，让我们体会到了地理领域的知识乐趣，认识到了地理学科领域的广泛性，进一步提高了我们对地理的学习兴趣。

（5）做完本次活动，我们体会到了做科研的难度。中山路骑楼成百上千家住户，要挨家挨户上门调查，收集数据和听取民声，每一步都要做到很细致，才能保证收集到的数据的可靠性。这也让我们感受到做人就如同做事，必须实事求是。设计的调查问卷，相关问题只能停留在理论研究方面，很难落到实处去，需要得到社会的全面关注和支持，否则，骑楼迟早会消失在人们的视野中。

六、教师点评及反思

该调查活动以学生身边的实事材料为研究素材，深入到社会生活当中，学生的研究兴趣很浓，思维非常活跃，积极完成分配的任务，效率较高。本次研究活动带动了全班学生的研究热情，我班三人参加了 2013 年"魅力岭南历史 DV 创作大赛"，获省决赛提名，担任本次活动的小组长仍然以小组长身份参加。

研究能力方面，学生的研究方法有待老师的指点，老师给出一些跟活动相关的文献或者范例让学生学习，能较好地拓展研究思维。本次研究，他们能一开始就明确研究目标、确定研究主题、然后设计问题。对于调查问卷的设计，学生先深入骑楼民居、体察民情、查找问题，然后回头二次修改问卷，这也是一大亮点，避免了问卷设计跟实际脱节的问题。在任务完成方面，学生能充分利用周末和中午休息时间，冒着烈日完成问卷调查，精神可嘉；在论文撰写过程中，经历了多次的修改，他们没有抱怨和悔恨，积极完成任务，很好地体现了学生做科研的恒心和毅力。这次活动时间分配有些仓促，不过活动小组的同学们都能克服困难，严格按照项目时间安排执行，没有拖拉的情况发生。在情感态度方面，能听进老师的指导意见，同学之间配合默契。

在项目进展过程中，相关数据收集统计面临较大困难，比如在调查政府相关部门时，他们会不配合。这时老师需要及时跟进，安抚学生情绪并及时另辟蹊径，找出更好的处理方式，排解学生面临的困难，给学生充足的信心。调查问卷里的数据，没有全部用上，只是分析了相关性，因为对于学生来讲难度较大，能用文字阐述就已经不错了；在报告撰写方面，老师需要多给予学生指导，助其修改，方能提升学生的写作能力；谈及收获方面，本次活动，也让我自己体会到了生活的乐趣，学生们带着疑惑不解的眼神求教，然后带着微笑离开，虽然耗费了很多时间，但是感觉很充实，很幸福。这次活动顺利完成之后，我细心总结反思，每完成一步，都让学生自己反思总结，同时让学生给我提建议，这也丰富了我的教学经验，激发了我的科研热情。我接着指导学生完成了两个研究活动并参加东莞市 2012 年青少年科研创新比赛，分别是"不同植被覆盖情况下红壤侵蚀度调查"和"高中生周末活动情况调查"，均获得三等奖。同时我也撰写了"珠三角产业转移的再思考——以东莞市石龙镇可持续发展资源的挖掘为例"教学设计，正准备组织学生开展该活动，等到时机成熟，打算申报为课题，进行更加深入的研究。在提倡教学科研相长的时代，拥有一股积极的研究热情和一颗热忱的心，加上坚持不懈的努力，突破重重困难，自然就能拥有更多的收获，收获一份在教育事业上的"幸福"。

附　件：

对石龙镇中山路骑楼建筑保护的调查问卷

您好！我是石龙中学高二学生。我想通过调查问卷的方式向您了解关于对石龙镇中山路骑楼保护的一些情况。希望得到您的支持与配合，谢谢您的合作！

（　　）1. 请问您的身份是？
　A. 本镇市民　　B. 本省外市居民　　C. 内地居民　　D. 其他
（　　）2. 您对中山路骑楼的了解程度怎样？
　A. 非常了解　　B. 一般　　C. 不了解（跳过第3题）
（　　）3. 您觉得中山路骑楼的破损程度怎样？
　A. 很大　　B. 大　　C. 轻　　D. 较轻
（　　）4. 您认为有必要加强对骑楼的保护与利用吗？
　A. 没有必要　　　　　　　　B. 有必要，由政府出资
　C. 有必要，由居民出资　　　D. 有必要，由政府、居民共同出资
（　　）5. 在加强古建筑保护与利用方面，您认为政府起什么作用？
　A. 领导不必参与　B. 领导要参与　C. 不知
（　　）6. 您支持中山路骑楼改造升级吗？
　A. 同意　　B. 不同意　　C. 无所谓
（　　）7. 您是否同意政府拆除骑楼用于扩张用地？
　A. 同意　　B. 不同意　　C. 无所谓
（　　）8. 如果需要筹钱维修骑楼，您是否愿意捐钱？
　A. 愿意　　B. 不愿意　　C. 无所谓
（　　）9. 如果政府提出新方案，要对骑楼进行功能性改造利用，您觉得什么用途最好？（单选）
　A. 住宅型骑楼　　　　　　　B. 商业型骑楼
　C. 文化型骑楼（石龙特色产业）　D. 其他用途
（　　）10. 您知道本地对古建筑的保护模式吗？（多选）
　A. 重点保护　　B. 认领保护　　C. 挂牌保护
　D. 异地保护　　E. 集中保护　　F. 其他保护方式
（　　）11. 以下保护骑楼的措施中，您赞成哪个？（单选）
　A. 成立旧城保护基金会，定期检查骑楼、抢救危楼
　B. 把一些骑楼由居住用途变成旅游用途
　C. 让政府统一管理（如：统一检查骑楼是否安全并帮助业主进行维修，并出台相关法例以保护业主的权利）

D. 由居民自行管理

(　　) 12. 如果将中山路进行开发，您认为哪些项目需要保护？（多选）

A. 竹器街　　　　B. 奇香街　　　　C. 木鼓制品厂

D. 龙灯饰品厂　　E. 柚皮糖工艺的传承　　F. 中山祠堂

(　　) 13. 您喜欢去历史文化景点旅游吗，如北京四合院、平遥古城等景点？

A. 喜欢　　　　B. 不喜欢　　　　C. 不清楚

(　　) 14. 如果石龙中山路作为旅游景点，您觉得会有游客参观吗？

A. 很多　　　　B. 多　　　　C. 少　　　　D. 不清楚

15. 您对古建筑的保护与利用是否有更好的意见？_____

感谢您对我们这次调查的支持和帮助，为了促进古建筑的保护与利用，我们将携手共进，共同努力。再次表达对您的感谢，谢谢！

案例4：社会访谈类

"初中生阅读漫画情况调查"书店营业员访谈纪实

东莞市常平镇振兴中学　　指导老师：林妙云

一、活动背景

社会访谈是指访谈者根据明确的调查目标，按照访谈提纲，通过与被访谈者之间进行有目的的沟通、交流，系统而有计划地收集资料的一种方法。

漫画对当代青少年产生了很大的影响。以流行漫画书籍为题材的媒体作品也充斥于电视、图书、报刊乃至广告、玩具及各种游戏软件中，几乎所有的儿童及不少成人都对它非常痴迷，漫画已成为青少年精神食粮中的主食之一。但是由于漫画书籍良莠不齐，而青少年的认识能力有限，对漫画书籍缺乏有效的鉴别，造成随意模仿，容易产生不良习惯，甚至以暴力、输赢来解决真实世界存在的问题。时下初中生阅读漫画情况及漫画对初中生的影响如何？我们决定对此课题进行调查研究。

在开展"初中生阅读漫画情况调查"课题的研究中，学生想通过对书店的营业员进行访谈，了解中学生购买漫画书的相关情况。

二、活动目的

（一）知识与技能

通过访谈书店获取初中生购买漫画的情况，培养学生开展访谈、进行记录、分析统计、合作等综合能力。

（二）过程与方法

让学生通过访谈、探究等获得体验，同时熟练掌握访谈、观察、统计等方法。

（三）情感态度与价值观

培养通过甄别漫画书的良莠情况，引导同学选择性地阅读漫画的社会责任感。

三、活动过程

（一）准备阶段

在准备阶段，教师的任务是指导学生确定访问主题、形式、对象、时间、人员分工，讨论并列好访谈提纲，准备相关录像设备。可指导学生按下列"初中生阅读漫画情况调查"访谈提纲表系统地做好准备工作。

"初中生阅读漫画情况调查"访谈提纲表

采访课题	初中生阅读漫画情况调查
采访主题	了解中学生购买漫画书的情况
采访形式	人物专访
访谈对象	书店营业员
采访时间	周六上午
人员分工	提问：谭雅玲 文字记录：郑祉瑶（准备好笔、笔记本等） 录像：周壕锋（准备好摄像机） 拍照：周壕锋
采访提纲（问题）	1. 漫画书好卖吗？ 2. 哪些漫画书最受欢迎？ 3. 漫画书在所有书中占多大比例？ 4. 一般哪个年龄段的人买漫画书较多？ 5. 大部分人一般一次性买多少本漫画书，大概花费多少钱？ 6. 书店在出售前有无对漫画的内容和性质进行甄别，避免不良漫画影响学生的人生观、世界观？

讨论访谈问题

在书店进行调查访问

设计访谈提纲对于学生来说是个难题，教师在指导学生设计提纲时要注意：（1）围绕采访目标设计提纲，内容集中；（2）提出问题明确，一次提问不要包含多个问题；（3）问题应由浅入深，循序渐进。

（二）实施阶段

实施阶段的主要内容是到书店对营业人员进行访谈并记录访谈内容。

教师指导学生选取镇上较大的书店，如金马书店、图书馆书店、永正书店，通过访问书店营业员，了解中学生购买漫画书的情况，比如哪些漫画书最受欢迎等，并记录好访谈内容。如下是学生在永正书店的访谈记录：

永正书店访谈记录

2013.9.21 晴

问：哪些漫画书最受欢迎？

答：一般电视上热播的动画片，相关的漫画书会最受欢迎。而现在冒险、益智类方面的漫画也有初中生看，但不多；搞笑类的也很受欢迎，搞笑类的如《老夫子》《猫和老鼠》《父与子》《泡面超人》《乌龙院》《兔子帮》《神精榜》《史努比的故事》《喜羊羊与灰太狼》等，冒险类的如《龙娃》《狼之少年》《成龙历险记》《游乐园历险记》《月夜寻宝记》《俄罗斯寻宝记》《极地大冒险》等。

问：漫画书好卖吗？

答：一般。因为现在的学生大多以学习为主，不过有些学生也很喜欢漫画，所以不会很受欢迎但也不会被冷落。

问：初中生购买漫画书在所在书中占多大比例？

答：5%~10%。品种较多，但是每种的册数不会很多，一般卖完再去调货。

问：一般买漫画书哪个年龄段的人较多？

答：一般初中生到大学生较多，小学生较少，大部分小学生都不会买，他们会在店里看完。

问：大部分人一般一次性买多少本漫画书？花费多少钱？

答：也不多，大部分人都只是买一两本，可能因为漫画书的价格偏高。花费二三十元吧。

问：书店在出售前有无对漫画的内容和性质进行甄别，避免不良漫画影响学生的人生观、世界观？

答：这点倒没有，什么好卖卖什么。

由于不止一次访谈，在每次访谈后，教师可通过观看视频、听录音等，让学生注意视频或音频里的自己在采访时哪些地方还可以做得更好，教师也把自己观察到的学生需要改进的地方告诉学生，让学生下次访谈时注意改进。

（三）总结阶段

总结阶段的主要内容是学生整理访谈记录，就每个问题不同访谈对象的回答结果进行汇总（如下面"书店营业员访谈调查报告"中的"各书店受欢迎漫画汇总表"），分析访谈结果，撰写访谈报告。

（四）活动成果

学生通过对几间书店营业员的访谈，逐步掌握了访谈的方法，获取了自己想要的信息，成功撰写了"书店营业员访谈调查报告"，顺利完成了"中学生阅读漫画情况调查"论文中的一部分。

书店营业员访谈调查报告

各问题主要的回答与分析：

（1）哪些漫画书最受欢迎？

答：一般电视上热播的动画片，相关的漫画书会最受欢迎。各种漫画类型都有人看。而现在冒险、益智类的漫画也有初中生看，但不多，搞笑类、校园类的一般都是最受欢迎的。具体较受欢迎的书名汇总如下表。

各书店受欢迎漫画汇总表

类别	永正书店	金马书店	文化广场书城	常平图书馆
搞笑类	《老夫子》《猫和老鼠》《父与子》《泡面超人》《乌龙院》《兔子帮》《神精榜》《史努比的故事》《喜羊羊与灰太狼》	《嘻哈奇侠传》《蜡笔小新》《史努比》《阿衰on line》《喜羊羊与灰太狼》	《喜羊羊与灰太狼》《阿衰on line》《父与子》《乌龙院》《老夫子》《哈哈黄飞鸿》《猫和老鼠》	《我的漫画生活》《血薇》《幽默三十六计》
冒险类	《龙娃》《狼之少年》《成龙历险记》《游乐园历险记》《月夜寻宝记》《俄罗斯寻宝记》《极地大冒险》	《冒险小虎队》《航海王》《K影忍者》《神奇宝贝》《大力水手》《泡贼王》	《冒险水晶洞》《谁的金子》《成龙历险记》《太空历险记》《恐龙时代大迷宫》《虹猫蓝兔大侠传》	《西游记》《神奇宇宙探险》
科幻类	《铁臂阿童木》《猪仔的时光机》《时空少年》《网游战记》《哆啦A梦》	《变形金刚》	《哆啦A梦》《超人》《奥特曼》《地球到太空》	
校园类	《高考2进1》《爆笑》《闹舍跟咔咔》《爆笑校园》《酷头哈妹》《超合金社团》《这一班日记》《秀逗高校》《看我72班》			《我不另类》《零点阳光》

续上表				
类别	永正书店	金马书店	文化广场书城	常平图书馆
益智类	《中华美德故事》《孔子圣贤之道》《韩非子说》《抢救IQ大作战》《奥运奇游记》《封神外传》《聪明的一休》《世说新语》《漫画史记》	《三国演义》《秦时明月》	《迷宫好好玩》《神秘文明》《寻宝记》《大探险》《科学问吧》《追寻古生物》《恐龙乐园》《我要当医生》《世界就在我脚下》	《三国演义》《龙子》《名侦探柯南》《戚继光》《水浒传》《奥运名人堂》《课桌画》《漫画西方智慧——伊壁群鸠鲁》
爱情类	《幻之国度》《偷是九月天》《我的小狐狸》《星轨是天空的道路》			
竞技类	《烈火街球》《神奇宝贝》			
格斗类	《逍遥奇侠》《火影忍者》《戴拿奥特曼》《梦幻西游》		《龙珠》《熊猫努儿斗野猪》	
魔法类	《魔法小妹》《魔幻仙踪》	《精灵世纪》	《魔法城堡》	
神鬼类	《破妖小呆龙》	《美猴王》		

分析：各书店里出售的漫画书种类非常多，其中益智类的漫画是最多的，其次是搞笑类，再次是冒险类。但是最受初中生欢迎的却是搞笑类和校园类，并不是益智类。可见初中生还是倾向于阅读娱乐性强的、贴近身边的漫画。从内容上来看，书店的漫画书多数是比较健康、对青少年有益的，但还有一部分容易误导青少年，如某些爱情类与格斗类的漫画。

（2）漫画书好卖吗？

答：一般。大多数学生购买学习辅导用书，部分学生很喜欢漫画，所以主要是喜欢漫画的那些学生购买。因此漫画书不会很受欢迎也不会太受冷落。

分析：对于书店来说，购买漫画书的主要是部分漫画迷。

（3）初中生购买漫画书在所在书中占多大比例？

答：5%~10%。品种较多，但是每种的册数不会很多，一般卖完再去调货。

分析：初中生购买漫画书的情况属于正常购买的范围，无须担忧。

(4) 一般哪个年龄段的人买漫画书较多？

答：一般初中生到大学生较多，小学生较少，大部分小学生都不会买，他们会在店里看完。

分析：从购买年龄段看，初中生仍是购买漫画的主力。

(5) 大部分人一般一次性买多少本漫画书？花费多少钱？

答：也不多，大部分人都只买一两本漫画书，可能是因为漫画书的价格偏高。大概花费二三十元吧。

分析：初中生购买漫画书花费的钱不是很多，可能跟消费能力有关系。

总体分析：

(1) 漫画书的主要销售对象为初中生到大学生，小学生比较少，其中初中生是漫画书的购买主力。

(2) 在文具店中主要以文具为主，所以漫画书不多，而专门的书店、图书馆中漫画书较多，也较受中学生欢迎。

(3) 从类型上看最热销的漫画书是搞笑类和校园类的，恐怖类、鬼神类的次之，初中生还是倾向于阅读娱乐性强的、贴近身边的漫画。从内容上来看，书店的漫画书多数是比较健康、对青少年有益的，但也有一部分是容易误导青少年的，如某些爱情类与格斗类的漫画。

(4) 从购书花费上看，初中生由于经济、消费能力的问题，不会有太多人花太多的钱购买漫画书。对于漫画迷来说，从每月大概一百元的零花钱中拿出二三十元买漫画书，学生还是比较舍得的。

(5) 书店出售的漫画书内容良莠不分，持什么好卖卖什么的态度，有些漫画书可能对初中生的人生观、世界观存在负面影响。因此我们认为，书店应该售卖主题优良、对青少年有教育意义的漫画书，而不能为了个人利益出售不良漫画。有关部门应该加强对出版社、书店等的监管力度，确保不让不良漫画流入市场。

(6) 学校、家庭需要对初中生阅读漫画的类型和内容进行监督和引导，避免学生阅读包括暴力色情等内容的不良漫画。

四、心得体会

在几个周末的访谈中，同学们付出了很多的时间和精力，收获良多。

(1) 通过访谈得到了自己想要获取的初中生阅读漫画的相关信息，对漫画有了更深的认识，明确自己应该选择健康的漫画阅读。

(2) 锻炼了自己勇于探究的精神，提高了分析问题的能力。

(3) 独木不成林，众人拾柴火焰高，懂得团队合作的重要性。

(4) 学会科学访谈方法，提高了分析汇总访谈结果的能力，提高了撰写访谈调查报告的能力。

附：学生访谈体会《毛毛虫在成长》

毛毛虫在成长

常平振兴中学初一（14）班　谭雅玲

星期六下午，我整理好装束，搭上老师的车，跟同学们一起出去调查。

"我们先去哪里好呢？"老师问道。"去文化广场的书城先看看吧！"我提议道，"好啊！"其他人随声附和。

我们是先去了书城，再来图书馆的。书城的漫画书籍比图书馆多很多，我和老师十分配合地找销售员问图书情况，刚开始我十分害怕，因为初次经历这些事情，每次老师问时，我总站在老师后面。"不能总这样吧，你现在是中学生了，要面对的还有很多啊！你可不能在这时候退缩呀！加油，拿出你的勇气来！"我想。

我对自己充满信心，并且大胆地站在老师面前去问售货员，最后我们获得了很多资料，感觉自己也成长了不少。

图书馆那里我们也获得了很多资料，老师让我们自己主动去问，以提高社会实践能力，我也踏出了勇敢的一步，管理员也是不亦乐乎地为我们解答问题。

收集完文化广场书城的漫画书籍资料后，我们又来到了常平金马文具书店进行采访。

也是同样的方法，我却不小心犯了一个错误，忘记介绍自己是哪间学校的、哪个年级的学生、访问的目的等。我不好意思地向售货员道歉，并且重新介绍了一遍。

我们是差不多五点多钟才回家的，这次调查访问，我不但变勇敢了，而且还学会了如何采访！我想，在参加调查访问中，我们的成长就像是毛毛虫，不断地蜕变，最终会化为美丽的蝴蝶呢！我十分感谢老师给我这次机会，下一次我还要继续参加，不断提高自己的社会实践能力！

五、教师总评

（1）此活动让学生掌握了访谈的过程与方法，学生通过访谈获得了自己想要获取的相关材料与信息。

（2）在访谈的过程中，学生从开始的胆小、表达不清楚、合作不融洽，逐渐变得大胆大方、表达清晰、合作默契。访谈对于提升学生的思维能力、沟通能力、合作能力等起到了非常有效的作用。

案例5：生产生活体验类

"珍真农场"务农和烹饪社会实践活动纪实

东城第一中学　指导老师：杨萍萍　王淑娟　郁昌富

一、活动背景

我们从小学升入寄宿制初中后，与父母沟通、交流的机会少了，从父母那里直接得到的照顾也少了很多。在校独立生活中，我们有时叠不好被子、扫不好地、洗不干净衣服、时间不够用……薄弱的自理能力很快就暴露出来。饮食方面，随着时间的推移，我们对大锅饭菜的新鲜感逐渐消失，将剩饭剩菜倒入回收桶的愧疚感越来越淡薄，"谁知盘中餐，粒粒皆辛苦"的思想意识似乎离我们非常遥远了。对此，我们渴望能有一些社会实践活动，能帮助我们找回节约和吃苦耐劳的美德，希望老师能带领我们外出体验生活。

在距离我校10公里左右的地方有一个"珍真农场"，相关设施齐全，可以进行种菜、摘菜、做菜、做饭、聚餐等活动，是一个锻炼我们自理能力，培养我们珍惜生活的好场所。于是，我们初二（13）班同学自愿报名参加，在老师的组织下，在家长委员会的大力支持下，我们班非常幸运地组织了这次活动。大家通过亲身体验务农和烹饪美味佳肴来感受生活、感恩父母、锻炼能力和培养美德。

二、活动目的

（一）知识目标

认识常见的蔬菜种类和烹饪器材；熟悉种菜、摘菜、做菜的基本流程。

（二）能力目标

通过劳动和运动培养我们学生的思考与动手、合作与分工、沟通与交流、自理与自立等能力。

（三）情感态度与价值观

（1）通过丰富校外生活体验，促进我们与家长的沟通，增强我们珍惜与感恩的意识。
（2）通过劳动和运动，强化我们热爱劳动、热爱运动、快乐生活的健康心理。
（3）通过轻松的活动让我们学会放松与分享，通过集体活动增强我们的团队意识。

三、活动过程

（一）准备阶段

1. 确定活动主题和时间

活动主题：务农与烹饪体验活动。

活动时间：2015年1月10日。

2. 发动家委会、搜集信息

召集班级家委会8位家长及学生，通过网络、周边考察，群策群力，分组讨论调查周边农庄，以便选址，然后大家分头调查、了解、搜集相关农场信息。

3. 实地勘察、了解农场

学生及家委会通过对几家农场情况的了解、对比、筛选，确定了最佳的活动地点——"珍真农场"。然后委托三位家委会家长及学生利用半天时间前往农场实地勘察，并和农场主洽谈活动及所需的服务。

4. 成立研究小组、制定安全预案

（1）活动计划书。

①8：15—8：30，东城文化中心停车场（东城小学旁）集合、点名，上交已签名的"安全保证书"，分配车辆。

②8：30—9：00，到达"珍真农场"。

③9：10—9：30，宣布活动规则、合影、安全教育、安排任务。

④9：30—10：10，抓鸡、摘菜，工作人员负责杀鸡，我们清洗蔬菜，鸡11只，每只3斤左右，由农场提供。

⑤10：10—11：30，学生劳动，个别家长安全监督和拍照，其他家长观摩。

⑥第一组8位学生负责清洗四种蔬菜。（安全监督员：王鸿儒的家长）

⑦第二、三、四组的9位男生负责翻地。（安全监督员：杨凯翔的家长）

⑧第二、三、四组的10位女生负责移植。（安全监督员：韩宜廷的家长）

⑨11：30—12：30，学生分工烹饪，家长参观、交流、探讨。

⑩12：30—13：30，集中就餐。

⑪14：00—15：00，拔河比赛、参观农场、清理垃圾。

（2）张贴活动方案及海报。

校外社会实践活动海报及方案

一、活动时间：2015年1月10日（星期六）

二、活动地点：珍真农场

三、活动目的

孩子们步入中学已一年有余，经过班主任杨老师和各科老师的悉心调教，孩子们精神面貌焕然一新、学习积极进取！为了丰富学生的校外生活，感受冬日暖阳的美好，促进初中生身心健康发展，东城一中决定于2015年1月10日（星期六）组织一次校外社会实践活动。地点就近选在"珍真农场"。主题是亲身体验务农和烹饪美味佳肴给父母品尝。聚餐后开展独具特色的班级心理健康活动。本次活动自愿参加，旨在通过轻松活动使学生身心放松，提高学习积极性和集体主义精神，增强团队意识，给孩子们的青春留下美好回忆，同时也是一次难得的亲子教育体验活动。

四、活动行程

8：15—8：30，东城一中门口集合，进行安全教育、分配车辆。

9：00—9：30，宣布规则、安全教育、分组、分工安排任务。

9：30—9：50，抓鸡活动，参观学习饲养家畜的几个关键环节，农场提供指导。

9：50—10：50，学生菜地劳动，自己寻找做饭的食材、枯枝、落叶、柴火等，家长观看指导。

10：50—12：00，学生分组烹饪，家长观看，家庭教育交流。

12：00—12：30，各组集中就餐自己做的饭菜。

12：30—13：30，参观农场、拔河、练习打高尔夫球等。

（二）实施阶段

1. 根据报名情况分组及分工

小组	学生	性别	参加人数	监护人	特殊情况
一（9小8大）	王鸿儒（组长）	男	3	父亲、母亲	
	黄承阳	男	1		坐王鸿儒家的车往返
	陈煌	男	2	母亲	
	余烨林	男	2	父亲	
	曾文垚	男	1		坐余烨林家的车往返
	余啟鹏	男	2	母亲	
	温梓桐	女	2	母亲	
	罗美玕	女	2	母亲	
	王晨（组长）	女	2	母亲	

续上表

小组	学生	性别	参加人数	监护人	特殊情况
二（8小 11大）	梁浩然（组长）	男	2	母亲	
	钟智铿	男	1		
	何浩鑫	男	2	母亲	
	谢圣松	男	2	父亲	
	刘梓敏	女	6	父亲、母亲	全家参加（爷爷奶奶妹妹）
	袁慧欣	女	3	父亲、母亲	
	曾意洋（组长）	女	3	父亲、母亲	
三（8小 8大）	金橡（组长）	女	2	母亲	
	黄晋熹	男	2	母亲	家长直接去农场
	段诏铵	男	2	母亲	
	金鹏	男	2	母亲	
	吴杰	男	2	父亲	
	杨凯翔	男	2	母亲	
	郭诗怡	女	2	母亲	
	叶爱琪（组长）	女	2	母亲	
四（9小 8大）	梁颖盈、梁颖婷（组长）	女	4	父亲、母亲	
	袁帅	男	2	爷爷	
	张圳宇	男	1		坐谢圣松家的车往返
	梁智超	男	2	母亲	
	谭泽熙	男	2	母亲	
	韩宜廷	女	2	父亲	
	曾慧怡	女	2	母亲	
	谢熙雯（组长）	男	2	母亲	

2．集体培训，安全教育，签订活动安全协议书

（1）活动前请家长对孩子进行安全教育。提倡环保，最好自带水杯、碗筷；服装统一穿校服。

（2）活动过程中各组长提醒本队人员安全注意事项，安全用火、小心烫伤。

（3）严禁孩子单独行动，尽量不靠近池塘和水池边等危险地带，不随意采摘野果或蘑菇食用。

（4）各家长保持手机畅通，以便及时取得联系。
（5）教育孩子爱护农场的公物，不要乱丢垃圾，返回时做好卫生清理。

3. 分组实施活动

按照生产、生活的常规顺序，学生自主开展生产、生活活动。务农、除草、使用农具、摘菜、洗菜、制作菜谱、烹饪、展示、感恩活动、分享心得等系列活动。

4. 活动摄影剪辑

（1）小组同学负责抓拍劳动场景，用影像记录实践活动过程。

筹备活动、商讨分工

出发了

布置活动项目及要求

摘菜

捉鸡

家庭教育茶话会

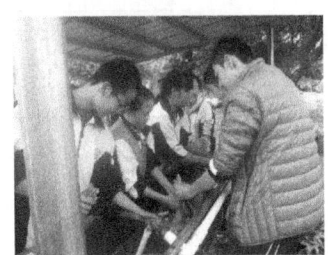

洗菜

捡柴

砌灶

炒菜

（2）感恩父母：邀请父母入席→小组厨艺大比拼→亲子共享美味→节约清盘大行动→收拾清洗碗碟。

感恩父母

（3）娱乐活动：农场游园→亲子高尔夫球运动→亲子拔河比赛→自由活动时刻

娱乐活动

5. 总结交流

指导学生回家进行亲子交流，并整理拍摄的照片，每人筛选出最有价值的三张照片在班级进行参评，选出30张最佳靓照设为班级电脑的屏保，同时也为后面的成果汇报做准备；面向全校出展板，展示社会实践成果。

（1）成果汇报制作展板小组工作会。

小组工作会

（2）展板展示。

展板展示

（3）学生活动感受采访。

学生采访

6. 活动收获与体会

召开分享会，指导学生撰写活动心得、体会，并朗读佳作。

活动体会佳作

7. 教师评价与评语

这次"务农与烹饪"实践活动极大地提高了学生体验生活的兴趣，学生在活动中学会了沟通与分享，体悟了感恩与珍惜，形成了合作与分工的意识，切实提高了探索与实践的能力。

此次活动中，学生不仅认识了许多的蔬果农作物，自己动手去采摘蔬果，翻松土地、移植幼苗、清洗蔬果等，而且还学会在野外生火、野炊和烹饪，学生通过协作，用自己的劳动煮出一顿丰盛的午餐来回报父母。利用孩子们劳动的时段，家长之间进行了充分的沟通交流，互相交流借鉴先进有效的教育理念和方法，这是最默契最有爱心的交流。此次活动，在练习高尔夫球时，擅长打高尔夫球的刘梓敏爸爸和韩宜廷爸爸，对孩子们进行了技术指导，很多同学挥下第一杆就取得了不错的成绩。

活动中，学生感受到了劳动者的辛勤和艰苦，培养了组织、创新、摄影和劳动的能力；培养了团队合作精神；提高了表达能力和动手操作能力。我们对珍惜现在的生活，学会独立，懂得感恩，践行环保，努力学习，掌握本领，孝敬父母和尊重老师，回报社会，感受生活的快乐和美妙，都有了更深刻的理解，收获了积极进取的人生态度。

此次活动进行得非常成功，老师、家长、学生都一样很期待下次的社会实践活动。

四、学生摄影作品展

学生摄影作品

五、感恩

感谢我们班既富有爱心，又能干得力的家长委员会的叔叔阿姨们！感谢全体家长和同学们的积极参与和用情分享！感谢老师的无私奉献和尽心教育！感谢大家，期待下次再聚。

案例6：社会角色体验类

神奇的食物
——发酵食品的制作科技活动
常平振兴中学　指导老师：林妙云　李冬青　马军妹

一、活动的提出

发酵食品与我们的生活息息相关。发酵食品由于利用微生物的分解和合成代谢，产生了独特的风味物质，因而变成了美味食品。我国发酵食品的制作历史悠久、产品种类繁多，如酸奶、奶酪、面包、酱油、豆酱、豆豉、腐乳、食醋、黄酒、甜米酒以及其他酒类等都有着几千年的历史，深受人们的欢迎，这些发酵食品不仅给人们带来了营养和美味，而且还有很好的保健功能，对人们的健康有很大的贡献。人教版初中生物学新教材开设"人类对细菌和真菌的作用"一节，其中最主要的内容就是"发酵食品制作"，也就是说"发酵食品制作"成为初中阶段学生必学的一项知识目标、技能目标和情感目标，足以体现出发酵食品在人类生活中的重要地位。为了充分了解发酵食品的制作原理，掌握常见发酵食品的制作方法，提高学生学习科学的兴趣，提高学生的动手实践能力，培养团队合作精神，我校生物科组从 2011 年开始，每年一次，已经连续三年在初一、初二年级开展发酵食品制作活动。

二、活动目标

（1）了解发酵食品的相关知识，提高学生的认知水平。
（2）培养学生热爱生活的情感。
（3）培养学生的团队协作精神，提高学生的综合能力。

三、活动组织机构

组长：生物科组长。
组员：生物科老师、综合实践老师。（负责各项活动的实验开展）

四、活动时间

2011 年 9 月至 2014 年 11 月校本课程时间及部分周末、假期时间。

五、活动对象

我校 2012 级生物实践小组，2013 级、2014 级初一、初二学生共 3 800 多人。

六、活动内容（米酒、葡萄酒、馒头、酸奶、泡菜、醋的制作）

（1）发酵食品知识学习。通过课本、课外资料等学习发酵食品制作的相关知识，重点了解相关的微生物及发酵原理。
（2）发酵食品手抄报制作与评比。到图书馆或网上查找资料，制作发酵食品的手抄报，进行评比、张贴、宣传。
（3）发酵食品演示。请擅长制作某种发酵食品的同学在年级或班级活动中进行展示。

（4）DIY发酵食品。以家庭、班级、小组等多种形式进行米酒、葡萄酒、馒头、酸奶、泡菜、醋六种发酵食品的制作。

（5）发酵食品品尝。开展发酵食品品尝会活动，学生将自己课余在家里与家人或小组制作的发酵食品带到品尝会上给师生品尝、评奖。

七、活动方式

查阅资料、动手制作手抄报和宣传栏、讨论交流、录制视频、制作发酵食品等方式。

八、活动过程

（一）准备阶段：确立活动主题、内容及开展形式与流程

确定主题、全级参与→课堂学习食品制作原理、方法→全级课余制作发酵食品手抄报→手抄报评比→优秀手抄报橱窗张贴展示→班级优秀学生现场演示制作过程→全班现场制作→班级现场品尝→科技节发酵食品制作比赛报名→家里制作、课余小组制作→科技节优秀学生现场展示六类食品制作过程→科技节学校现场食品展示，全校师生现场品尝。

（二）实践阶段

1. 学习发酵食品的相关知识

组织部分曾经做过发酵食品的同学，会拍摄视频的可以在课外拍摄发酵食品制作视频，挑选好的作品，在上课时播放给同学们观看。有关发酵食品的相关知识，教师做成PPT在生物实践课上进行讲授，同时播放一些同学制作好的视频，如"自制葡萄酒""自制酸奶""自制馒头""泡菜大厨朴京鹤"等给学生看，让学生对制作过程先有大概的了解，还不够明白的可以上网查找或请教家人相关知识与制作方法。其中拍摄"发酵食品制作视频"环节，吸引了不少同学的参与，拍摄过程也提升了学生的综合能力，对推动科技实践活动的宣传与教育起了不小的作用。

朴京鹤同学制作泡菜　　　　　　　　教师讲授发酵食品制作原理及制作过程

2. 举行发酵食品手抄报大赛

将发酵食品手抄报作为一项假期作业，要求初一、初二学生从米酒、葡萄酒、馒头、酸奶、泡菜、醋六种发酵食品中任选一个主题，自己或通过小组制作发酵食品手抄报，

要求手抄报要展示发酵原理、发酵食品的制作方法步骤、发酵食品的功能等。学生课余积极自行查找资料，按时上交作业，交上来的手抄报多达 936 份，且质量非常高，如"馒头与面包""韩国泡菜""酸奶的制作"等作品图文并茂、排版合理、字迹工整。手抄报收齐后，教师分年级进行交叉评比，评出一、二、三等奖若干，选取图文并茂、整体效果好的优秀作品在学校宣传栏张贴、宣传，并在食品品尝会上展出、介绍，让更多的同学进一步了解发酵食品。

评委对发酵食品手抄报进行评比

优秀手抄报展示

3. 开展发酵食品演示活动

从活动中我们了解到，有些家庭开展过米酒、葡萄酒、馒头、酸奶、泡菜、醋六种发酵食品中的一种或几种的制作，有些学生能够自己独立制作一种或几种，于是我们让这些同学先报名参加展示活动，然后从报名者的展示中挑选口头表达好、制作熟练的，在年级活动中进行演示。

演示会吸引了很多同学，参加展示的同学收获了成就感，观看展示的同学不仅对发酵食品的制作有了更直观的了解，同时也对制作发酵食品产生了浓厚的兴趣。

发酵食品制作展示（一）

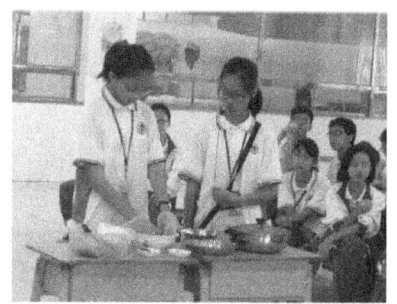

发酵食品制作展示（二）

4. 学生 DIY 发酵食品

经过学习发酵食品的知识，观看发酵食品的制作环节，学生对发酵食品制作已经有了较充分的了解，对发酵食品的制作也产生了浓厚的兴趣，大家都跃跃欲试。于是我们便顺势而为，以家庭、班级、小组等多种形式开展大范围的发酵食品制作。

(1) 开展家庭发酵食品制作活动。

家庭制作的发酵食品,可从米酒、葡萄酒、馒头、酸奶、泡菜、醋六种发酵食品中选取一两种自己感兴趣或家人能指导自己的项目进行制作,制作得比较好的食品可以拿到学校科技节进行展示和参加师生品尝会。

家庭制作葡萄酒组图

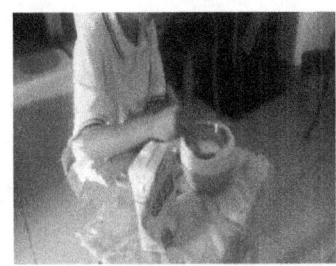  

家庭制作酸奶　　　　　　家庭制作馒头　　　　　　　　家庭制作泡菜

(2) 开展班级发酵食品制作活动。

我们选取了制作时间短、方法简单的馒头制作。活动地点是学校饭堂,制作馒头时3~4人一组,做好的馒头请饭堂师傅帮忙蒸熟。具体的制作方案见附件1。

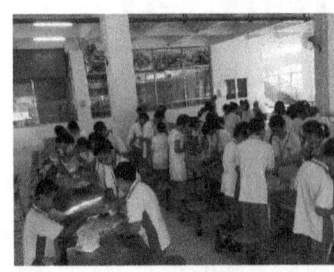 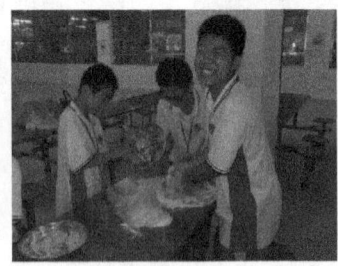 

分小组制作馒头　　　　　　快乐参与　　　　　　　　指导老师深入指导

欣赏劳动成果　　　　　　　全神贯注　　　　　　　快乐品尝

在馒头制作活动中，学生非常积极地参与，不会做的请教老师同学，会做的同学也乐于教人，学生在和面、做胚的过程中努力尝试，热情高涨，创意馒头形状多种多样，有麻花形、心形、星形、玫瑰花形等，展现了学生丰富的想象力。

5. 开展发酵食品品尝会

在学校科技节期间开展发酵食品品尝会活动。品尝会前先进行报名，统计能够带发酵食品来展示的学生人数，根据人数安排场地大小、工作人员、评委等。科技节期间通过广播及挂横幅进行宣传，吸引有兴趣的师生来参加品尝会。此外，学生须在品尝会前将前期制作的发酵食品带到学校，让质检老师进行质量检查、试尝，确保没有过期、变质，方能在品尝会上给师生品尝、评奖。具体方案见附件2。

品尝会上的食品　　　　　　品尝酸奶　　　　　　品尝葡萄酒

人潮汹涌的发酵食品品尝会　　评委打分（一）　　评委打分（二）

每年的发酵食品品尝会，都吸引了大量师生来参加，已成为振中科技节最受欢迎的品牌活动。品尝会上，人头攒动，来品尝的师生虽然多达一千多人次，但是活动开展得井然有序，获得学校师生的一致好评。

九、收获与体会

通过"神奇的食物——发酵食品制作科技活动"的开展，学生既学习了制作菌类及发酵食品的原理，提高了学习生物学的兴趣，提高了动手实践能力，又培养了团队合作精神。品尝的过程让活动更增添了乐趣，学生在周记或作文中记录了制作发酵食品的"艰辛"与品尝劳动成果的欢乐。在馒头制作活动中，我们还让学生进行创意馒头比赛，挖掘他们的想象力与创造力，五花八门的形状，让人赞叹不已。

总的说来，在"神奇的食物——发酵食品制作科技活动"的开展过程中，学生积极参与，收获了很多知识与技能，也收获了很多经验和欢乐。教无定法，我们将会继续探究各种适合学生的教学方法，提高学生参与学习的兴趣，创造学生亲身参与的机会，让学生真正学有所得。

附件1：

馒头发酵制作方案

地点：饭堂一楼　活动时间：周三下午第六、七节课　指导老师：林妙云　李冬青　马军妹

摄录：林玉敏　分组：3~4人一组，每班分12组

材料工具：面粉20斤，糖5斤，速发酵母若干，盆子12个，一次性水杯两个。

制作过程：

1. 事先准备好热水半盆，备用。
2. 每个小组用小盆装适量热水（一次性纸杯两杯），再自行加适量冷水，至适温（30~40℃）。
3. 在温水中加入适量酵母，搅拌，再加适量糖（每组半杯至一杯），搅拌至溶解。
4. 加入适量面粉，第一次加三分之一，再根据水及面的稀稠程度加面粉或水，搅拌至较稠。
5. 在干净的桌面撒点面粉，将已搅拌好的面团倒在桌上，揉面团，根据面团稀稠程度再加面粉或水，揉至适中。
6. 制作创意馒头胚，制作自己喜欢的形状。
7. 馒头胚发酵至浮起后，进行蒸煮。
8. 清洁卫生。
9. 品尝劳动成果。地点是饭堂或教室，根据时间定，如果是吃饭高峰时间则在教室品尝。

学生在制作过程中，教师深入指导。

附件 2：

发酵食品制作比赛暨食品品尝会活动实施方案

一、活动时间：11 月（校庆科技节）

二、活动地点：新饭堂一楼

三、活动单位：初一、初二年级

四、活动项目：发酵食品制作比赛暨食品品尝会

1. 负责人员：老师 6 人（李冬青、林妙云、邬卫芬、马军妹、殷松根、周杰梅）；学生干部 12 人，挂值日牌，活动前帮忙准备，活动期间维持纪律。其中邬卫芬老师负责质检，品尝会开展前一周将报名参展的学生食品收上来，进行质检，剔除过期、变质等问题食品。

2. 备齐物品：

（1）宣传标语 1 条："振兴中学第三届发酵食品制作比赛暨食品品尝会"。

（2）分区宣传指示牌：葡萄酒、米酒、酸奶、泡菜、馒头面包、醋。

（3）分区用的隔离带。

（4）装面包馒头用的盘子（20 个左右）。

（5）小型一次性杯（800 个）。

（6）评奖用的标志贴。

（7）桌子 2 张，用于各项目现场展示（要录像）。

（8）拍照摄影：1 位专业摄影＋3 位生物老师。

3. 评奖：范围，约 2/3 的人获一、二、三等奖，其他为优秀奖。

评奖方式：当场贴标志，最后数标志数。

评奖标准：（待定）

评委：（待定）

4. 备注：科技节前一天晚上，做酸奶、馒头的同学有需要可请假回家。

案例 7：社会角色体验类

校园爱心义卖综合实践活动

东城第一中学　　指导老师：梁燕凤　王淑娟　石雪　邓冰

一、活动背景

苏霍姆林斯基说："当知识与积极的活动紧密联系在一起的时候，学习才能成为学生的精神生活的一部分。"杜威也说："如果儿童能从那些真正有教育意义和有兴趣的活动中进行学习，那就有助于儿童的生长和发育。"是的，教育应该寓于实践活动之中，所以，为了让同学们更多地关注社会，担当起社会的责任，也为了帮助更多需要帮助的人，让更多的人加入到爱心行列中来，我校开展了通过变卖自己的物品来筹集爱心善款的校

园爱心义卖活动。相信这些积少成多的爱心，能让他们的未来充满阳光，也希望这次爱心活动能为校园文化艺术节增添更多的光辉。

二、活动目的

（1）通过学生自行组织的商品义卖活动，激发学生强烈的社会责任感，带动校内外公益精神的传播。

（2）在实践中了解商业买卖的基本流程，培养学生思考与动手、合作与分工、沟通与交流及自理与自立的能力。

（3）通过集体活动增强学生的团队意识，丰富同学们的校园生活。

三、活动过程

1．第一阶段：活动准备阶段

（1）活动时间：2016年3月15日（周二）16：00—18：00。

（2）活动地点。

地点1：升旗台两侧及综合楼门口两侧校道（初一级）

地点2：综合楼内（初二级）

（3）参加人员：初一、初二全体学生。

（4）奖项设置：根据义卖现场效果，评选出最佳人气摊位奖、最佳摊位设计奖、最佳特色营销奖及精神文明奖。

（5）前期准备：

①第3周发放校园义卖活动通知，在班主任、班干及学生会会议中详细解读本次活动的安排，由团委、综合实践组负责。

②第3周周四中午旧阶梯室召开摊位招商说明会，每班派3名活动负责人参加。

③第3周周五中午旧阶梯室摊位位置抽签，每班派负责人来参与竞投及抽签。

④第4周周一放学前，每班填写预售商品清单，贴级部黑板。

⑤城管由学生会监察部负责，卫生保洁由学生会值日生配合后勤负责。

（6）摊位招商价格：

摊位定为A类、B类、C类、D类四等；价格分别为2元、3元、4元、5元起价。

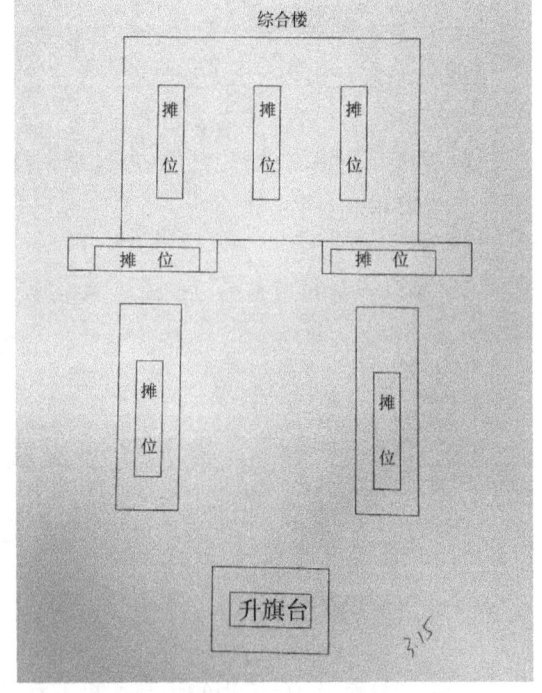

校园义卖摊位划分示意图

（7）设计卖场的具体要求：

①各班级设计一个卖场，取个名称，如"爱心超市""××特卖场"等等，每个班级的卖场设计要新颖、美观，尽量不要雷同。活动当天每个班级提供 5 张课桌作为摊位、也可以到体育科组处借用运动会出场时用的班牌。

②活动前各班级可以准备好广告宣传语（可在义卖宣传台进行宣传），宣传海报（用卡纸、小黑板或展板摆放在店铺前）或宣传传单，采用各种方法吸引师生目光、吸引顾客光临，也可借用展板放置于校园内显眼位置。严禁在教学楼内使用胶水、双面胶等用后会留下难以清理痕迹的物品来张贴本班宣传海报。

③各班级的卖场要安排相关工作人员，服装自备。

④各班级的卖场要由专门的财务人员负责，学生义卖物品的钱全部放到钱包，由专人保管，以免丢失，还要提前准备好零钱以备使用。

（8）义卖物品的具体要求：

①可以是自己的玩具、书籍、饰物、精品、文具、自己制作的手工艺品、书画作品、健康食品（非药品与保健品）等，总体要求卫生、健康。

②义卖物品要求健康、卫生、安全，要求质量完好，物品最好保持七八成新以上，班主任对义卖物品进行验收后才能进入义卖市场。

③食品必须要有完好的包装、未开封，并确保是保质期内的健康食品，经班主任验收后才能进入义卖市场。

④每位学生都准备至少 1 件义卖物品，不设上限，义卖物品需经家长同意。

⑤每件物品都贴上标价，价格不超过原价格的 60％，允许前来购买的学生进行还价，以公道的价格将物品卖出。对于物品不标价的，卖场不予以评奖。

（9）为做到合理使用，并报学校批准，本次活动义卖款 20％ 留给各班，用于班级文化建设和各项班级活动支出；80％ 纳入爱心义卖基金。

活动的宣传海报

召开任务布局会议

召开班干部会议（讲解活动安排）

对！一定要用最少的价格竞拍到最佳摊位

参与竞拍，价高者得！

耶！我们势在必得！

首先给摊位起个名字吧！

摆上商品

别忘了宣传呀！　　　　　　　　　　　　我们的东西吸引到你了吗？

2．第二阶段：活动实施阶段

2016年3月15日下午，我校初一初二年级学生开展了"校园义卖，传递爱心"义卖活动，1 000多名师生在义卖会中，喊的喊、买的买、卖的卖，整个会场充满了浓浓的爱意。

（1）各班负责的班干部放弃中午休息时间，提前到自己竞拍到的摊位布置会场。义卖的物品也相当丰富，有玩具、书籍、文具、手工品、书法作品、自制食品、图书、闲置的学习和生活用品等。

（2）每个摊位售卖的东西几乎都是同学们平时的最爱，因此，前来光顾的小顾客络绎不绝。所有参与消费的同学有秩序地绕着活动路线行走，购买自己合心意的物品。

（3）每个班的同学都精心组织活动，发动宣传。有的主动担任小售货员耐心介绍各类商品；有的大声叫卖吆喝；也有收钱的、打包装的……

（4）班主任和任课老师也一同响应义卖活动。活动现场的叫卖声可谓是此起彼伏。下午5：30左右，很多的摊位通过努力的叫卖以及许多同学呼朋引伴的大力推销，甚至"出门"宣传，很快就将义卖品全数卖完了。

（5）在师生的共同参与下，义卖活动热闹有序，学生们个个收获丰盛！111班更是以纯利润2 000多元位列校园义卖榜首，然后将所有的义卖收入全部捐给了贫困的同学。

综合实践活动　建构与行动

水果沙拉

明码实价

自制酸奶

"老师，帮忙买点吧！"

忙得不亦乐乎

人山人海

同学，你买点什么？

现场热闹非凡

太美味了!

要点唱吗?

乌冬面

学习用品

（6）活动收尾、总结。

①评奖：销售冠军、最佳摊位设计、最具创新营销、最佳人气摊位等奖项。

所获奖项1

所获奖项 2

② 收支情况公布。

初一级"传递爱心、体验实践校园义卖活动"各班收支情况

班级	收入	成本	利润	创意营销
101	970	300	670	
102	2 360	1 100	1 260	代金券
103	741.5	524	217.5	抽奖
104	1 112	547	565	
105	305	250	55	
106	690	480	210	买五送二
107	930	380	550	
108	225	450	-225	
109	1 400	1 100	300	
110	493	300	193	现场乐队表演
111	2 595	1 450	1 145	
112	1 502.2	1 702.7	-200.5	现场乐队表演
113	1 500	700	800	试吃
114	659	350	309	买就送
115	840	450	390	支付宝、微信支付
116	677	500	177	广告牌 现场乐队表演

初二级"传递爱心、体验实践校园义卖活动"各班收支情况

班级	收入	成本	利润	创意营销
201	1 750	1 155	595	
202	621	450	171	
203	935	720	215	送刻章和绘画
204	500	195	305	
205	769	500	269	
206	1 200	900	300	糖水、寿司
207	1 481	420	1 061	
208	1 180.8	160	1 020.8	上门推销
209	540.5	320	220.5	送点歌
210	700	505	195	
211	1 500	970	530	买三送一
212	682.5	520	162.5	
213	900	680	220	
214	1 120	340	780	支付宝、微信支付
215	1 481.1	420	1 061.1	

四、活动成果

义卖活动后,召开主题班会"义卖活动分享"。

1. 义卖活动的意义

主持人甲:我们知道,初中生已经成为消费领域里一支不可忽视的力量,但是由此引发的过度消费、铺张浪费等问题越来越多。我们班同学手里拥有很多闲置的东西,毫无用处又弃之不舍,造成严重浪费。许多旧物无法处置,最后只能当作废品卖掉,白白浪费。

但是,我们学校"爱心义卖"校园活动的举办,为大家建立了一个互通有无的平台,同时提高了物品使用率、减少浪费,把废置的东西通过义卖的形式变换成现金,直接帮助那些需要帮助的人。

主持人乙:3月15日,我们一中近1 500名师生在学校综合楼的义卖会中,喊的喊、卖的卖、买的买,整个会场充满了浓浓的爱意。相信每个同学都有很多的感悟,现在,请你跟大家分享一下吧!

2. 同学们的分享

为义卖准备食物

蒋紫妍：义卖活动当天，我们牺牲了午休的时间去班主任的家里提前准备食品，在老师的监督和帮助下，我们班所有现做的食品都保证卫生，最后经班主任验收后才进入义卖市场。

义卖活动现场

刘兆峰：我觉得本次的义卖活动非常成功，整个综合楼人头攒动，热火朝天，同学们一开始就推选我当了我们班的义卖员，一下课我就早早地来到我们班的义卖区域，迅速地放置好义卖品；有顾客光临时，我们都会热情地介绍起各式义卖品。我们班义卖的商品琳琅满目，叫喊声此起彼伏，很多顾客都来到我们班的摊位前挑选自己喜爱的义卖品，一些商品不到 10 分钟全部售罄。活动进行不到 1 个小时的时间，所有的商品全部售完了！我觉得整个活动锻炼了我的动手能力以及团队合作能力！

在义卖活动中叫卖

张旖荷：在班上，我有大嗓门的称号，吆喝叫卖的工作得让我来做。那天，喊得我的嗓子都哑了，但是看到我们班的义卖品全部清空，心里成就感满满的。

英语老师光顾我们的摊位

卢禧：英语老师是第一个来光顾我们摊位的老师啊，他仔细看了我们班的义卖品，最后选了一杯茶饮，我们同学一致说送给老师或者打折，但是英语老师说市场买卖公平，不能让我们亏本，坚持要付全款，我们又赚了，哈哈！

综合实践活动　建构与行动

义卖活动后统计利润

覃梦君：这次活动真的很有意义，我负责账务的收支，我们班的纯利润还是可观的，当同学们吃喝义卖的钱一点一点地进入到箱子里，我满心欢喜，义卖1个小时，纯利润780多元，我们班捐了700元给学校爱心基金，余下的作为班费用于班级文化建设，这样的活动太有意义了，我父母也是给予了大力支持！

分享活动在继续进行着，同学们争先恐后地发言，分享彼此成功的喜悦。

3．制作家长感谢卡

本次校园爱心义卖活动能够完美地落下帷幕，除了学生的努力和老师的指导之外，还要感谢积极参与活动的家长们。在美食摊位上有家长们亲手做的爱心小吃，如马蹄糕、咖喱鱼蛋、牛轧糖、西米露、三明治等。在爱心义卖摊位上，家长和学生们也都为筹集爱心基金而努力推销。因此，学校号召每班给参与本次活动的学生家长都送上一张感谢卡。感谢卡上一句句感恩的话语让家长们备受感动。

采购了那么多感谢卡

这是玫瑰吗？

漂亮的卡片

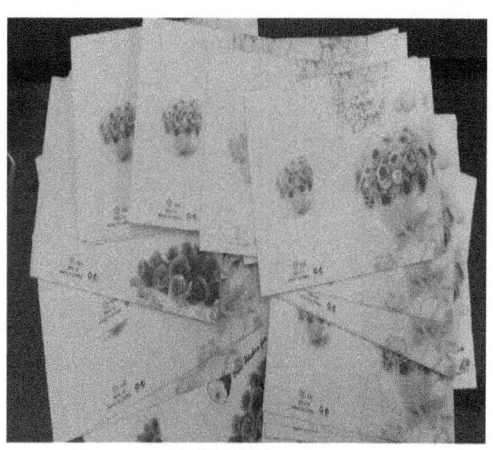
好看的封面

瞧！我们写得多认真！

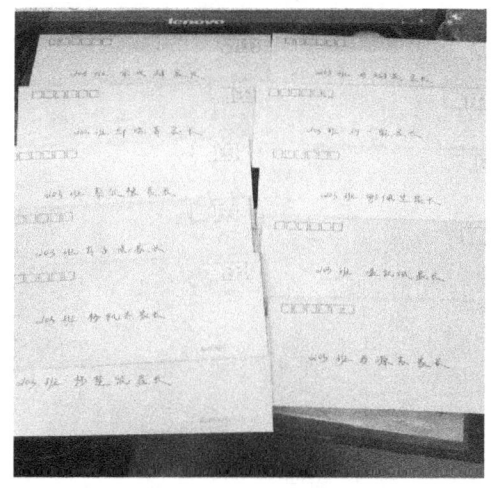
字迹工整

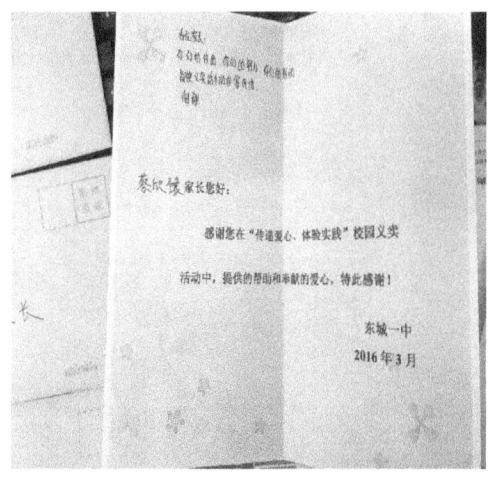
感谢家长们的大力支持！

别忘了给"感谢卡"附上信封哦！

五、学生收获和感悟

我们的收获和感悟1

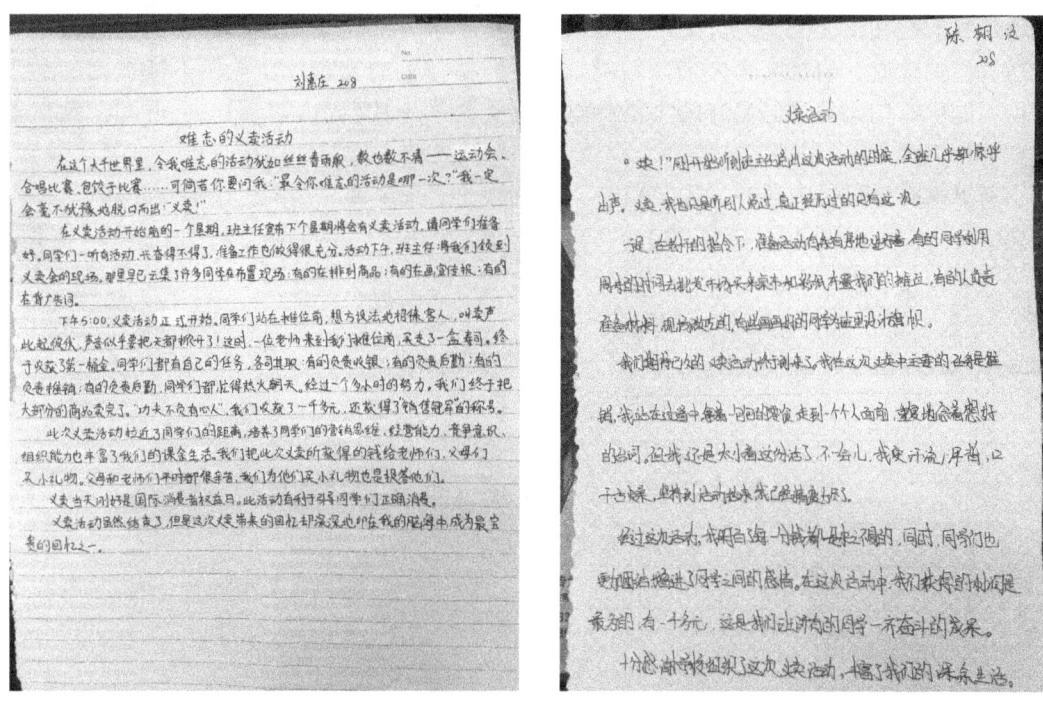

我们的收获和感悟 2

六、教师点评及反思

在全体师生及家长的关心支持下，我校举办的校园爱心义卖活动圆满结束。第二天，全体教师在会议室进行了本次活动的反馈，教师们从活动的策划、摊位的布置到义卖品的筹集等方面进行经验交流。全体教师都一致认为：开展这样的校园爱心义卖活动，既可以丰富学生的校园生活，传递爱心，帮助所需要的人群，又可以培养学生乐于奉献、关心他人的品质，提高学生思考与动手的能力、合作与分工的能力、沟通与交流的能力、自理与自立的能力，从而促进学生个性、心理得到全面、健康、协调发展。

我们学校每年都会坚持开展一次"校园义卖，传递爱心"义卖活动，并且不断完善，这是孩子们的"崇尚美德，奉献爱心"的集结号，义卖款用于捐助社会上急需帮助的人群。校园义卖的物品并不贵重，大多数是学生、家长自己亲自做的食品或者闲置的文具、书籍、玩偶等，同学们口袋里掏出的也都是些零用钱。此次义卖活动，看着学生们脸上荡漾着的笑容，我们能够读到：他们不仅仅是因为拥有了爱才快乐着，更是因为拥有了能够帮助弱小、帮助他人的能力而快乐着。学生们不仅能够用自己的零花钱、闲置物品帮助他人，更能用行动来帮助身边需要帮助的人。

对于那些需要帮助的贫困学生来说，这些义卖款只是杯水车薪。但爱心义卖活动追求的不是经济利益，而是通过同学们身体力行的参与，增进了彼此间的沟通与感情，丰富了课余生活，更传递出了大家互帮互助的爱心，这些都不是能够用金钱简单衡量的。

也许，我们现在不能完全地资助一些贫困的孩子上学，可是我们能用自己的实际行动来传达我们的爱心，给贫困学生带来希望，给他们精神上的支持，使他们不被贫困的生活压垮，能更有信心去追寻美好的生活，也能感受到这个社会上还有那么一群人在默默地支持着他们。

通过这次校园义卖活动，我们相信，爱的种子已经在每一个同学的心中生根、发芽，就像这次义卖大会的主题一样，爱心的绿苗更会在我们每个人的心中、行动中，茁壮成长。

案例8：德育基地拓展活动类

团结，让我们更优秀
——东莞市德育基地素质拓展训练活动

指导老师：东城第一中学　王淑娟　梁燕凤

东莞市德育基地　杨龙

一、活动背景

生死电网，这是个拓展训练中相当经典的项目，它的起源还有一个小故事：二战时期，在德国西南部的一个纳粹集中营中，十几位盟军战士决定趁着夜色突围逃生，他们万分小心地连续穿越了两道封锁线，当他们到达最后一道封锁线时，后方突然响起了激烈的枪声，追兵到了。此时横在他们面前的是一张漫天大网，上面的万伏高压电在闪着火花，他们已没有了退路，唯一逃生的方法就是从电网中穿越。关键时刻，他们依靠军人高度配合的团队精神成功地穿越了电网，当追兵赶到时，他们已成功逃生。这就是项目的由来。

心理学认为，合作是两个以上的个体或群体为了实现共同的目标而共同完成某项任务。"学会学习，学会创造，学会合作，学会生存"已成为21世纪教育的主题，合作是未来工作、社会适应乃至国力竞争的基础。在中学阶段，合作和协调精神是学生进行良好的人际交往所必需的心理品质，也是教师塑造良好的学生班集体所必须加以培养和训练的，是中学生团体发展性心理教育的重要内容。而目前城市学生多为独生子女，在家庭、学校生活等多层面中表现出不合群、不善于与人合作的弱点。因此，培养中学生的合作意识、合作精神和合作能力是非常必要的。

二、活动目的

（1）通过拓展训练，让学生深刻认识到学会合作的重要性，培养学生之间的互动和合作意识，树立团队协作精神。

（2）通过实践活动，让学生了解合作一般应有的正确态度和方法，让学生领悟互相信任、互相谦让、互相配合、合理分工等是合作行为的基础。

（3）通过拓展活动，培养学生的团结协作能力、反思分析能力、交际能力，激发学生感恩父母、老师和同学的情感，唤起未来主人翁的责任感和自豪感。

三、活动过程

（一）第一阶段：活动准备阶段

（1）确定活动主题、时间和地点。在活动开展前，学生通过头脑风暴活动，明确主题。活动主题：穿越生死电网——素质拓展训练活动；活动时间：2015年3月25日下午3点；活动地点：广东省东莞市中小学德育基地。

（2）成立活动研究小组。活动小组成员共有45名学生，安排一名小队长、一名副队长和两名小组长。队长负责整个活动的统筹与指挥；副队长负责协调和时间跟进；小组长负责任务传达、数据统计和资料搜集等。

（3）调查和查找资料。通过互联网广泛搜集和了解与"穿越生死电网"拓展活动相关的知识，如案例、图片、视频等，对资料进行初步的筛选；谈论该活动需要解决的问题以及具体的途径，并由小组长统计汇总。最后，制定活动方案和计划。

（4）与德育基地有关负责人取得联系，实地勘察，确定活动场地。

（5）邀请家长委员参与，策划和组织好本次活动的有关事项，如：备好相机，拍摄活动花絮；联系好车辆、备好矿泉水；请德育基地方派指导老师给同学们讲解等。

（6）出发前召开安全会议。每组选出安全监督员，强调活动流程、注意事项等，尤其强调要听从指挥，做到安全第一。与家长、学生一起签订《安全责任豁免书》。

上网查阅和搜集资料

讨论活动方案　　　　　　召开安全会议

（二）第二阶段：活动实施阶段

出发前的安全教育

德育基地，我们来了！

暖身活动：我是个军人

主要内容：稍息、立正（学生回答"到"）、停止间转法（转体喊"1"，靠脚喊"2"）、集合（每次集合需要在八秒之内站好队伍）、问好、解散等。

军训是磨炼人的意志力、强化纪律性的良好方法，要求通过坚韧和服从等自我约束的方式，使每个学生由仪表、姿态到行为表现、思维方式都能得到一个崭新的升华和提高，增强团队的凝聚力，加强学生之间的有效沟通与相互了解，使每个班级都能建成一个高效沟通、执行有力的团队。

活动实况：

老师：同学们，我们在上课之前，需要把水瓶放在一边，并摆成一个形状，你们认为摆什么形状会比较合适呢？

学生：摆成一个数字。

老师：什么数字呢？

学生：13！

老师：为什么？

学生：因为我们东城第一中学103班来到德育基地的班别编号是13班。

老师：对，因为我们是13班，那么等一会儿给大家2分钟的时间，把我们的水瓶摆成一个"13"的阿拉伯数字，有信心完成吗？

学生：有。

老师：好。限时一分钟内摆好水瓶，然后集合。

（学生迅速把水瓶摆成了数字"13"）

教具：音响、麦克风、铁架、电网、卡牌等

"我们是团结的13班"

暖身活动：我是个军人

放松小游戏——哈哈笑

(此处省去"暖身活动"过程)
(音乐《你快回来》结束,学生集队完毕)

老师:同学们,我们即将要去做一个挑战,项目名称叫"穿越生死电网"。你们有没有信心?

学生:有。

老师:我想问大家——你们是团队还是团伙?

学生:团队。

老师:对,我们要脱离父母的保护、老师的帮助,靠我们自己向所有人去证明:我们是一个团队!大家要完成这个挑战吗?

学生:要。

老师:很好!下面大家认真听一下我对这个活动的解释。假设今天我们班的所有同学去旅游,去大自然深山里面感受大自然的神奇,我们玩得很开心。正当我们准备返程回家的时候,天空掉下一群野人,这群野人把我们抓起来,关在一个山洞里面。如果我们在规定的时间里无法逃出去,野人部落将拿我们进行活祭。我们的首要任务是选出一名总指挥,有谁愿意来承担这个角色?限时3分钟内选出一名总指挥,即队长。

学生自荐队长职位

集体投票选举队长

老师:现在交给总指挥(即队长)三个任务。第一,确认三个角色。包括负责电网这边抬人的人、负责在电网那边接人的人(注意接人的人也必须是从电网这边穿越过去的)和被抬的人。第二,确定谁第一个突围,谁最后一个突围。第三,设定一个目标,即团队所有人穿过这个电网,需要多长时间。

老师:下面,我找一个同学来示范一下活动的规则。

(1)穿越的过程中,身体任何部位不能接触电网(包括:头发、衣服、鞋子),只要触网,穿越的队员就要停下来返回,并且浪费一次机会,你们总共有免费的20次机会。

(2)穿越过程中,所有人都要保持绝对的安静,不能从嘴巴里面发出任何声音。一旦有人讲话,在穿越电网的队员必须返回重新穿越,并且浪费一次机会。

(3) 不能有任何的危险动作,如奔、跑、跳、跃等。没有过去的同学,严禁脚越过黄线或从电网两边穿越。

(4) 当20次机会用完了,我们会有两个选择,第一个选择坚持,那我们的队长需要付出代价,做俯卧撑。第21次1个,第22次2个,第23次4个……以此类推。

(5) 安全注意事项:穿越电网的过程中,一定要注意安全,负责抬人的队员双手平举掌心向上,负责接人的队员同样双手平举掌心向上,被抬的人面部向上平躺在抬人的双手上,由电网这一端平送过去,放下时应脚先着地。

老师:刚才我说的所有规则,明白吗?

学生:明白。

老师:好的。现在给你们5分钟时间讨论,请队长做好指挥安排。

(5分钟讨论过后)

老师:请总指挥告诉我,你们队伍要多长时间才能突围出这个电网?

队长:30分钟。

老师:好的。(把队伍带到电网旁边的场地)我想再确认一下,各位,有没有信心完成任务?

学生:有。

老师:我只想告诉大家一句话——这电网见证过无数团队的成功,也见证过无数团队的失败,但是没有见证过任何一个团队的放弃。那么,现在我希望大家在这电网面前跟着我一起宣读一段誓词:"挑战自我,熔炼团队。只许成功,不许失败。团队的成功就是我的成功,团队的荣誉就是我的荣誉。为了团队,坚持到底。为了团队,永不放弃。我,只为成功而来,不为失败而归。13班加油!"

(背景音乐《士兵突击》响起)

老师:各位,我希望你记住你的誓词。现在!挑战,正式开始!

认真聆听活动的规则和注意事项

队员示范穿越电网的规则

(在整个挑战过程中,音乐《雨的印记》《宝贝,别哭》《征服》《承诺》《弥撒》

《再见，警察》相继响起）

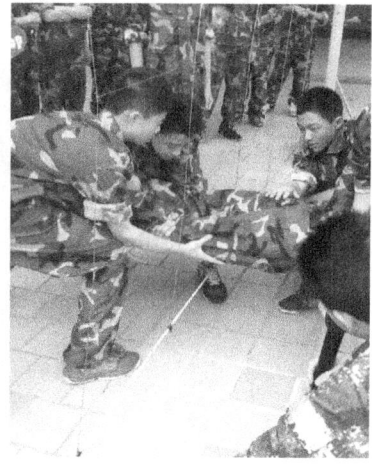

低头，伸手　　　　　　　　屈膝，弯腰　　　　　　　　兄弟，用力抬起！

把脚绷直　　　　　　　　　　　　他不重，可以穿越高一点的网

慢点！别急！小心脚别踩到黄线　　　　　　接住！小心轻放

综合实践活动 **建构与行动**

女汉子加入

用力,可以过了

老师:碰网,重来!讲话,重来!

收获与感悟分享:我流泪了

(项目结束,挑战失败)

老师的分享:

同学们,项目结束了。很残忍地告诉大家,我们的挑战失败了。也许你无法相信,自己第一次付出那么多,努力那么久,结果却是失败吧!那么现在有请我们的队长出来,队长请你大声告诉你的团队,你们的时间是多少?同学们听到了吗?听到了吗?你们失败了,失败了,失败了!曾经经历过无数次成功的你们,此时此刻却失败了。现在大家内心深处有何感受呢?

同学们,此时此刻,不管你是哭也好,笑也罢。我想请你现在闭上眼睛,低下你高傲的头。同学们,项目结束了,听着音乐,慢慢地放松。去感受音乐带给你的快乐,你感觉很放松,很放松,去敞开你那颗封闭的心吧!同学们问问自己,今天你真的跟团队是一条心吗?今天你跟团队有同一个梦想吗?今天你跟团队是在创造一个属于你们的奇迹吗?对于整个项目的规则你真的明白吗?你有遵守规则吗?团队的重来有多少次是因为你的无视规则呢?去问问自己是什么原因让你们失败的?

当你被无数双手抬起的时候，当你离开地面的那一刻，你真的有相信你的团队，去信任身边的人吗？当你看到队长，一次又一次地趴下去做俯卧撑，你想起了生活中的谁呢？像他一样哪怕坚持不了，都还在坚持。同学们，此刻我相信你回想起了很多，请大家睁开眼睛，去看看我们班熟悉的面孔，去问问自己，对于它们的眼神，你真的敢去交流，敢去看吗？问问自己刚刚当他需要你的时候，你为他做过什么呢？当团队需要你来成就的时候你又为团队做过什么呢？

　　同学们，我相信你们也都应该知道，让你们失败的原因是什么，是你们的自私，是你们的冷漠，是你们无所谓的态度，是你们无视规则。去问问自己，在我们国家不是有国法吗？在学校不是有校规吗？在家不是也有家规吗？在我们德育基地不是也有属于我们这里的规则吗？我们穿越电网也有穿越的规则。任何一片天空，任何一片土地都有属于它的规则，曾经当我们面对规则的时候，我们有去遵守吗？如果我们曾经遵守规则，今天我们真的会失败吗？扪心自问吧。

　　同学们，今天我们违反规则，付出的代价只是做俯卧撑。如果当我们进入社会，违反了社会的规则，我们付出的代价有那么小吗？同学们现在知道规则的重要性了吗？在我们的生活中，我们缺少不了规则。

　　同学们，当你们看到队长一次又一次趴下去担起那份责任的时候，问问自己，在生活与学习当中，你们何时像今天这样去坚持过，何时又像今天去付出那么多，执着那么久，可最后我们还是失败了。同学们，此时此刻我相信你内心是不好受的。为什么今天我们可以坚持，可以不放弃，因为今天我们的这份责任只有我们自己可以去担当，没有人可以为我们去扛。所以我只能选择去坚持，选择去承担。

　　各位去想想，在我们的人生历程当中，又有谁像这个队长一样在为我们坚持，为我们努力呢？对，就是我们的父母。那个对我们唠叨的人，那个永远那么啰嗦的人，那个你认为永远不懂关心、爱护我们的人，可是此时此刻，我相信，你最想的人，应该就是他们吧！一个给予你幸福与快乐的人……

　　在我们小的时候，我们生病感冒了，交通不方便，不管下多大的雨，刮多大的风，那个人抱着我们一路狂奔，摔倒了爬起来，继续前进。直到我们到了医院，他才露出笑容，因为他知道你安全了。晚上你要住院观察，要打点滴，他要彻夜不眠地陪伴着你，你睡不着给你讲故事，唱摇篮曲。当第二天你醒来的时候他给你的永远是一个微笑一个拥抱，说上一句："孩子不要怕，爸爸在这里。"当有人接管你的时候，他又要拖着疲惫的身体去上班。去到单位上班，因为没有睡觉、状态不好，被老板说、被老板骂，他只能低下高傲的头，不敢像你一样去顶撞，因为他知道不能失去这份工作，没有这份工作就没有经济来源，没有经济来源你就吃不饱、穿不暖。而你却永远不满足，说他给你的不够多，不够好。你问问自己，他买的新衣服什么时候有你多呢！

　　同学们，再问一下自己，我也知道你很幸福、很快乐。可是你问问，自己生活中的幸福与快乐来自于谁，应该说更多的来自那个女人吧！是那个女人十月怀胎，冒着生命危险让你来到了人世间。同学们现在长大了，应该知道中国的科学很发达，医学也很发达，可是在妇产科的病床上经常会意味着生命的结束，不是一个女人就是一个小孩，然而今天你能站在这里，听我唠叨，听我上课不是很幸福吗？可你是如何对待幸福的呢？你能想起来在你小的时候是谁早上起床给你做早餐，是谁在你上学的路上，告诉你过马路要看车，要注意安全？是谁在你晚上进入梦乡的时候来到你的房间给你盖被子？那个人就是你的妈妈，在你生命当中一个至关重要的人，而你却给过她什么呢？

同学们，我也知道你很优秀，你很棒。可是你想过你的优秀与棒来自于谁呢？是那样一群人从幼儿园、小学一直引领你至今。然而你对于她只有说三道四，说她为什么老是拖堂。你也许会说爸爸妈妈在校门口等你，你要回家上网、玩、聊天。可是你有想过吗？你的爸爸妈妈在校门外等你，老师不是也有小孩子吗？他不也是在等老师去接吗？可是老师却把所有的爱都给了你们。你们给过她什么呢？有在9月10号那天说上一句"谢谢"吗？

同学们，课程即将结束了，今天我不知道你收获了什么，也不知道在你生活中有哪些人帮助过你。如果可以，我想给大家三个名额，去对他们说上一句"谢谢"，说上一句"您辛苦了"，好吗？

四、活动成果

（一）召开主题班会"团结，让我们更优秀"

在德育基地的拓展训练"穿越生死电网"活动虽然已经结束了，可是它留给全体同学的记忆和感受依然深深地烙印在他们心中。

回到学校后，班长肖子悦却没有闲下来，而是马上组织召开全体班干部会议，会议的主要内容是筹划以"穿越生死电网"拓展训练活动为背景的主题班会。班长的这个提议马上得到了所有班干部的认可。经过大家的讨论，会议明确了本次主题班会的目的是使同学们树立正确的意识，团结合作，共创和谐班级；主题班会的重点是通过此次活动让同学们认识到团结合作才能创建和谐班级；主题班会的最后要让同学们能认识到自己要为创建和谐班级做出应有的贡献，并说出自己的感悟。

会后，班干部们通过网络搜索、搜集、筛选资料，分工合作，开始筹备以"团结，让我们更优秀"为主题的班会，并制作精美实用的多媒体课件。

2015年3月31日第七节课，"团结，让我们更优秀"主题班会在103班教室如期举行。主题班会由班长肖子悦主持。

主持人：各位老师、各位同学，大家好！欢迎来到103班主题班会活动现场。

主持人：曾经有这样一个故事，一位智者和他的徒弟正漫步于河边，智者问徒弟："怎样才能使一滴水永不干涸？"徒弟大惑，然后曰："将它托入掌心。"师父笑曰："非也，非也！将它投入大海之中。"……是啊！一滴水只有在大海中才不会干涸。我们103班正是这一片汪洋大海，而在座的每一位同学不正是大海中的一滴滴水珠吗？一个人只有在集体中才能发挥自己，一个集体也正因有了我们才生发光芒。103班"团结，让我们更优秀"主题班会现在开始。（会场上响起了热烈的掌声）

主持人：团结是一种奋发向上的精神，团结使我们班45个同学与所有老师紧紧地联系在了一起。下面让我们一起细心聆听歌曲《团结就是力量》。

（歌曲播放完毕）

主持人：世界上有很多的成功之人，但并不是每个人的成就都是个人的，他们的成功凝聚着千千万万人的汗水、泪水和血液。也许，造物主在创造人类时，就是要让我们明白团结的道理，因为他创造的是一群人，而不是一个人。我们的人生路上，难免会有挫折、失败和困难，有时候并不是一个人的力量就可以解决的。它需要我们合作，需要我们团结。

主题班会在班长肖子悦的激昂声中有条不紊地进行。……在整节主题班会的过程中，同学们互相分享了自己在德育基地进行"穿越生死电网"拓展活动时的真实感受和收获。主题班会的最后，同学们踊跃地发言，为创建优秀和谐班级献计献策。

我们的所思、所感

制作主题班会课件

撰写主题班会发言稿

讨论活动

分享感悟，收获了……

我建议……

（二）制作回忆录《103班成长足迹》

主题班会课结束以后，同学们打算把在德育基地学习和训练的照片制作成回忆录——《103班成长足迹》，让班级成长的每一个脚印都烙在自己的心里，时刻鞭策着自己前行。

来，笑一个！

坐端正，腰要挺直

竖起耳朵，听清楚了

拿起板凳，立正！

看我的拿手菜——番茄炒蛋

色香味俱全

177

五、学生收获和感悟

我们的收获和感悟

六、教师点评及反思

杨龙老师：

师者，传道、授业、解惑也。

在一个人的成长历程当中，会经历很多的事情，没有永远的老师，也没有永远的学生。时间不同，角色的扮演也会不同。

我工作至今一直扮演着一个传道、授业、解惑的角色。我的成长、我的进步，都要去感谢我带过的所有"学生"。

我忘记了我带过多少学生，我忘记我上了多少节的素质拓展课程了。但是我无法去忘记每次学生上完课后的收获与感动，我忘记不了学生抱着老师号啕大哭的场景。我忘记不了学生红着眼惭愧不已地自责："对不起，爸爸、妈妈。"当然，曾经我也被学生埋怨过、被学生骂过、被家长指责过，不被认可、不被认同过。我也曾经想过放弃我的工作。但是今天，我知道，我跟一群最可爱的孩子在一起，他们需要我的指引，我就是他们人生路上的一盏灯，让他们不再迷茫，不再彷徨。

我的成长伴随着学生的收获而成长。当看到他们知道什么是团结，看到他们学会承担责任，看到他们学会相互理解、支持而不是埋怨，看到他们学会感恩，看到他们快乐地成长，我不断在反思。这，不就是我想要的吗？人，应该学会用生命去感染生命。我会上好每一堂课，我将用我的生命感染更多的生命，我将让更多的孩子学会感恩、团结、承担责任。

不是所有的花朵都能代表爱，唯独玫瑰做到了。不是所有的山峰都能代表第一，但是珠穆朗玛峰做到了。不是所有的人都能代表父母，但是我们的人民教师做到了。我为自己拥有一个神圣而又伟大的职业——人民教师，而自豪！

梁燕凤老师：

去年的9月，我有幸成为103班45个孩子的班主任。不知不觉中，我与这群孩子已经相处快一年了，在我的潜意识里，我早已经把他们当成了自己的孩子。在这将近一年中，我和家长共同努力，培养了孩子很多的优秀品质，如尊敬师长、互相关心、互相帮助、热爱劳动等，孩子们也养成了良好的学习习惯：专心听讲、按时完成作业、书写整洁、合理安排时间。看着他们点滴的进步，我也感到高兴和欣慰！

我们班的孩子属于优缺点都比较突出的类型。男生活泼好动，反应敏捷，但个性化很强，不太守纪律和约束，自我管理能力欠缺；女生举止文雅，自觉性较强，但体质较弱且思维反应稍慢些。

因此，虽然103班总体上班风正、学风浓，但部分孩子仍不团结，缺乏自觉性，不能很好地遵守班级和宿舍的规章制度或纪律要求，如：个别男生会乱起花名嘲笑他人，而且随意拿男女生的正常交往来开玩笑；个别学生学习不够认真，时间观念不强，有迟到现象；早午晚读时，个别学生喧哗甚至吵闹；个别学生晚自习讲话，不专心做作业或复习；个别学生在宿舍里随意拿他人东西，不按时睡觉，喜讲话，串宿舍，乱扔垃圾等。一些孩子纪律松散，不够团结合作，直接影响学习，从而导致成绩退步或不理想，甚至偏科。

综合实践活动　建构与行动

　　今年 3 月，我们班参加了学校组织的前往市德育基地进行的综合实践课程的学习。在学习的过程中，我感受最深刻的就是"穿越生死电网"这一拓展训练活动。

　　在课程的开始，杨龙老师让孩子们选举出班级在此次活动中的指挥官（队长），我根本没有想到马上就有好几个孩子站起来自荐，而且他们自荐的目的都只有一个，就是"我会为班集体的成功付出最大努力的"。那一刻，我感受到了他们对班级的真心和诚意。经过集体投票，最后杨凯杰当选了队长一职。

　　当杨龙老师跟孩子们宣读"穿越生死电网"活动规则时，我看到，孩子们平时不专心听讲、贪玩等不良习惯马上就暴露出来了，他们中的一些人有讲话的、说笑的、打闹的、发呆的等等，根本就没有用心留意活动规则。

　　果然，在活动开始后的前 5 分钟，队长杨凯杰在人手分配、协调等方面缺少领队指挥的经验，以致频繁出错。大家面对那个电网之间不大的通道，比比画画，不断地尝试，却因为同伴们的好意导致没有秩序地、着急地插手，或触网、说话、踩到了高压线而一次次地失败。当不断地听到杨龙老师严厉的声音"触网，回去！""说话，回去！""踩线，回去！"时，慢慢地，孩子们开始不耐烦了，变得很急躁，越是急躁越会犯规，越是犯规越多重来，孩子们甚至出现了相互指责和相互抱怨的状态。

　　20 分钟过去了，孩子们已经用完了 20 次免费的机会。杨龙老师询问杨凯杰队长："你是选择坚持，还是选择放弃？"这时，杨凯杰高声地回应："坚持！"我们知道，此后的每次失败，如果队长还选择坚持的话，那么，队长是需要付出代价的——做俯卧撑，第 21 次 1 个，第 22 次 2 个，第 23 次 4 个……以此类推。

　　活动继续进行，孩子们已经意识到自己不经意的指责、抱怨、讲话，无意的碰网或踩线都会令动作重来，所以，他们也不断地在改善、控制自己的言行。即使是这样，他们犯规的次数还是不断地在增加。当杨龙老师宣布如果再选择坚持挑战的话，队长需要付出的代价是做 1 000 多个俯卧撑时，孩子们都震惊了。杨龙老师用假装轻蔑的口吻跟队长说："队长，放弃吧！他们这样子的表现不值得你再为他们付出。""你在为生命而战，而他们都在干什么？""他们都在看热闹。""你们只是一个团伙，不是一个团队。""放弃吧，你们不会成功的。"……这些无情的严厉的字字句句都敲击着每个人的内心。可是，队长杨凯杰仍旧坚定地回答："我们不是一个团伙，我们是一个团队！我们不放弃！"他一边做着俯卧撑一边用嘶哑的嗓音说："拜托大家认真点。"顿时，孩子们的眼眶都红了，有的人眼泪不停地打转，有的人早已热泪盈眶。余庆祥在最激动时甚至举手站出来示意："杨老师，我顶替队长来做俯卧撑。"

　　原本一直狠心地"冷眼旁观"决心不插手的我，此时此刻，眼睛也湿润了。孩子们默默地拭去眼角的泪水，默契地比手画脚再次重来。这个时候，我看到了一个不一样的班级。这个班级里，没有乱讲话的声音，没有抱怨，没有相互指责，没有置身度外，没有自私。相反，在这个班级里，我看到了他们之间的互助、团结、包容、谅解、信任、互勉和拼搏。

　　在活动最后的分享环节，当杨龙老师引导孩子们去反思自己在活动过程中的种种表现，指出他们失败的原因是他们的自私，是他们的冷漠，是他们无所谓的态度，是他们无视规则的时候，所有人都低下了头，神情充满了自责和羞愧。

当杨龙老师引导孩子们去反思自己与父母、老师和同学之间相处的种种不是时，面对杨龙老师的一次次严厉的批评和责问，孩子们的情绪终于崩溃了，号啕大哭。我默默地走到他们当中，用我的双手紧紧地拥抱着他们，并在他们耳边说："你今天表现很棒！103班是最棒的团队！"我用双手轻轻地拍着他们的背部说："加油！努力！"他们止住了哭泣，反而把我抱得更紧了。

　　我知道，此时此刻，孩子们的体会是如此深刻。他们终于真切地懂得了团队合作的重要性，领悟到了同学之间要互相信任、互相谦让和互相包容，同时，他们也懂得了要多孝敬父母、多感恩老师，今后一定要做一个负责任的孩子。

　　虽然，由于用时超过了队长的目标时间，班级的任务挑战失败了。但孩子们今天的表现却让我刮目相看。虽然在活动中孩子们经历了如此刻骨铭心的失败，但在最后，它却没有挫伤他们的意志，反而昂扬了他们的斗志。我知道，他们此刻是如此清醒地认识到：我们是一个团队，每一个人的稍有疏忽都可能会给集体造成巨大的损失。我没有想到，愈挫愈勇会被他们演绎得如此淋漓尽致！我相信：我们是一个团队，并且是一个出色的团队。

　　或许，现在我们的班级还有许多这样或那样的不足和有待进步的空间，但我相信，有了我们的共同努力，103班会不断完善、不断进步，它会成为一个优秀的班集体！作为孩子们的班主任，我可以肯定地说：我相信你们会更优秀，让我们一起努力吧！

附：学生作品

团结就是力量
103班　李子晋

一、活动背景与意义

　　在我们中学阶段，合作和协调精神是我们成长中进行良好的人际交往所必需的心理品质，也是我们班集体所必须加以培养和训练的；而目前城市中的独生子女，在家庭、学校生活等多层面中表现出不合群、不善于与人合作的弱点，因此，培养我们中学生的合作意识、合作精神和合作能力是非常必要的。

二、活动目的

　　我们在学校的组织下到德育基地开展拓展社会实践的活动，就是要达到以下目的。

　　（1）通过拓展训练，使我们深刻认识到学会合作的重要性，培养我们学生之间的互动和合作意识，树立团队协作精神。

　　（2）通过实践活动，让我们了解合作一般应有的正确态度和方法，让我们领悟互相信任、互相谦让、互相配合、合理分工等是合作行为的基础。

　　（3）通过拓展活动，培养我们的团结协作能力、反思分析能力、交际能力，激发我们感恩父母、老师和同学的情感，唤起未来主人翁的责任感和自豪感。

三、活动过程

（一）准备阶段

（1）在活动开展之前，我们通过头脑风暴活动，确定活动的主题、时间和地点。

活动主题：穿越生死电网——素质拓展训练活动

活动时间：2015年3月25日下午3点

活动地点：广东省东莞市德育基地

（2）我们成立了活动研究小组。包括定出了活动小组的小队长、副队长和两名小组长。

（3）调查和查找资料。会议过后，我马上组织同学们搜集和了解与这次拓展活动有关的资料，如案例、图片、视频等，并对资料进行初步的筛选。接着我们开始讨论这次活动可能会面临或需要解决的问题以及具体的方法等，交由小组长统计汇总。最后，我们制定出了这次活动的总体方案和计划。

（4）出发前召开安全会议，与家长一起签订《安全责任豁免书》。我们都铭记一条：听从指挥，安全第一。

（二）实施阶段

2015年3月25日下午1点，我们收拾整齐所有的学习和生活用品，准备向德育基地出发。在出发前，学校再次对我们进行了安全教育，包括上车下车要注意的安全事项、遵守德育基地的纪律要求等。坐上车的时候，我们全体同学都非常地兴奋和激动。

半个小时后，我们来到了德育基地门口，下车时，已经有一个穿着迷彩服的教官在等候我们了。经过介绍，我们知道他就是将要为我们上素质拓展课的杨龙老师。杨龙老师把我们领进了德育基地，告诉我们宿舍安排、生活用品的放置、服装领取等，要求我们在30分钟以内，以最快的速度做好以上事项，然后换上迷彩服在活动的训练点集中。

集合完毕，杨龙老师要求我们在2分钟内摆放好自己的水瓶。我们东城第一中学103班来到德育基地的班别编号是13班，所以，我们把水瓶摆成了数字"13"。

接着，杨老师带我们做了一项暖身活动，名字叫"我是个军人"。我们根据杨老师的指令分别做了稍息、立正、停止间转法、集合、问好、解散等操练。我首次体验到了作为一名军人的严明的纪律。暖身活动完毕，杨龙老师表扬我们做得不错，让同学们把最热烈的掌声送给自己。其间，杨龙老师给了大家10分钟的休息时间，并告诉我们，当听到《你快回来》歌曲快结束时，就要全部集合好，准备进入当天的拓展训练活动课——"穿越生死电网"。

歌曲结束后，我们集合完毕，杨龙老师把我们领到电网面前。我的注意力一下子就被电网吸引了：这个东西就像羽毛球网一样，被分成十二个洞格。杨老师给我们强调了活动的目标和规则。他说我们的任务是要把人从电网的一边运到另一边，所有人不能触网，不能说话，不能踩线，否则就重来，只有20次免费的机会。经过投票后，我们推举杨凯杰作为队长，因为他比较有力气，可以用做俯卧撑来换取机会。

我们迅速地开始了。我和几个同学抬头抬脚，从下方的洞运送大块头的同学。由于我们缺乏经验，第一次运送就有人触网，大家互相看了看，止不住地埋怨。接下来，我们小心了许多，但我们犯规的次数还是不断地在增加。我们不断听到杨龙老师严厉的声音："触网，回去！""说话，回去！""踩线，回去！"直到20次免费机会全部用完了。杨龙老师说这样的效率根本不可能完成任务的，我们不应该相互埋怨。杨老师让我们反思了一会，破例给我们一次重新挑战的机会。

　　第二次挑战开始了，大家也更加认真了，知道要珍惜这来之不易的机会。有些同学开始在围观，后来也积极加入到运送团队中。这边的人先托着被运送同学的背，接着放倒他的身子，托着他的脚，一些同学抬着背，大家一寸寸地把人往前推，对面的同学也赶紧伸手去接、去扶。此刻，大家的注意力都集中在被运送的同学身上。当对面的同学把被运送的同学放稳在地上时，杨老师给我们投以肯定的眼神，我们紧张的心情才松了一口气。

　　可是，就算我们再小心，也会有失败的时候，同学们又开始相互埋怨起来。杨龙老师生气了，让我们蹲下围成了一个圈，批评我们，说我们是不可能完成挑战的，并用言语来打击我们，叫队长宣布放弃挑战，因为我们根本没有团结精神。在沉重的音乐声和杨老师严厉的训斥中，大家都沉默了，流下了悔恨的泪水。我此刻心里也百味杂陈，不知道该坚持还是放弃。可是，队长杨凯杰大声地告诉我们："不放弃，要坚持！"我们的内心受到了鼓舞，坚信我们能完成，就算最后免费机会用尽，队长要做许多的俯卧撑，也要坚持。

　　杨龙老师让队长一个人挑战，如果他挑战成功了，就算是我们成功了。队长那时体力已经十分地微弱，但还是凭着坚强的意志爬过了电网。虽然队长成功了，可是我们心里很清楚，我们集体的挑战是失败的。

　　活动的最后，杨老师让大家围成一个圈，握着手，回想今天的拼搏，在心里感恩每一个曾经帮助过自己的同学、父母和老师。那时，大家早已泪流满脸。我看到我们的班主任梁老师，压抑着泪水默默地走到我们当中，用双手紧紧地拥抱着我们，并在我们耳边说："你今天表现很棒！103班是最棒的团队！"梁老师用双手轻轻地拍着我们的背部说："加油！努力！"我们止住了哭泣，反而把梁老师抱得更紧了。

四、活动反思

　　（1）有很多事靠个人的力量根本无法完成，必须依靠集体的力量协同配合，这就是组建团队的意义和价值。一个团队成立时，一定要建立强有力的组织指挥体系，进行合理的分工和协作，才能保证团队工作有序地开展。

　　（2）大小不一的电网格子，象征着不同的环境和艰难的条件。挑战就像参与社会竞争，不要试图轻易改变游戏规则或者社会环境，大家唯一能做的就是在最短的时间内适应环境。同时，游戏的规则会不断改变，犹如社会环境和竞争环境在改变，竞争是一个不断学习、改进的过程，我们需要不断寻找它的突破点。

　　（3）大的格子非常有限，我们不能让瘦小的女生占用大格子，必须留给身材高大的同伴，这说明资源是有限的，必须学会合理分配。因此，任何一项工作开始之前，团队领导人都要审时度势，根据实际条件和资源，统筹计划，合理安排。

（4）组织中虽然各有分工，但是所有人都对结果和最终的绩效负有责任。任何一个工序的失误，如讲话、埋怨、踩线、触网等都可能导致"触电"，导致团队的成果前功尽弃、毁于一旦。我们在"抱、抬、托、举"的时候，都必须留意一下其他同伴的动作，团队所有成员都必须在相互协作中善意提醒、彼此关注。

（5）每托起一个同伴，我们都小心翼翼、凝神屏气。我们在学习生活中，不正是需要这种严谨、认真、负责的态度吗？

（6）一个人的成功不能代表整个团队的成功，只有团队成员群策群力，鼎力相助，才能最终完成团队的目标。

五、体会与分享

两个多小时，在平时我们也许会忽略掉的时间里，我经历了未曾经历的人生。现在，那"电网"已经不是我们之前所认为的万恶的魔洞，而是一条线，是一条将我们45个同学和班主任梁老师连在一起的线。

风雨过后见彩虹。在这一天，在这里，我们有了属于103班的天空。在这人为设置的生死电网面前，我明白了只有团结才能战胜困难，只有不埋怨，不放弃，相互支持和相互信任，才会有无穷的力量。同时，我也要懂得感恩在我已前进道路上，那些曾经扶我一把，推我一把，为我指引方向的人。在这里，我要对他们衷心地说声："谢谢！"

在接下来的几天里，大家依然津津乐道，用文字表达自己。感谢学校为我们提供了这次学习的机会，让我们有了一次非凡的心路历程和成长历程，让我们沉淀下如此多人生的感悟。这份收获，就如一串珍珠，将会永远在我们的精神家园里熠熠生辉！

集中准备出发

出发了！耶！

慢点，别碰网

是放弃？还是坚持？

女生抬人，力气够吗？

反思中……

附录：

东莞市东城第一中学2015年社会实践活动工作计划

一、指导思想

社会实践，是学生在教师指导下，以社会成员身份进入到实际的社会情境中，直接参与并亲历各种社会生活和社会活动领域，开展各种力所能及的服务性、公益性、体验性的活动，以获取关于社会的直接经验、发展社会实践能力、增强社会责任感为主旨的实践活动。

社会实践活动作为综合实践活动课程的一部分，服从于综合实践活动课程的总目标。根据教育部"综合实践活动课程指南"的有关要求，我校将有计划地实施社会实践活动这门课程。要求各年级、各班对照综合实践活动课程实施活动方案，以认真的态度、务实的措施规划来切实上好社会实践活动课程。要求每位指导老师大胆实践、积极探索、积累经验，在实施过程中强调注重对学生的社会适应能力、社会参与意识、社会实践能力以及社会责任感的培养，以更好地推进我校的社会实践活动课程的有效实施，提高社会实践活动课程的实施水平。

二、工作目标

（1）让学生通过进入社会情境，接触社会现实，了解本地发展状况，获得对社会的正确认识；认识到自己对他人、对社会的价值和作用，以及我国社会发展对自己的客观要求，增强社会责任感。

（2）让学生通过开展社会调查、考察等活动，了解我国的优秀文化，了解家乡、地方的实际，形成爱家乡、爱国家的思想情感，增强民族自豪感，以及对国家、对社会的使命感。

（3）让学生主动参与社会活动，增进社会参与和文化参与能力，形成社会参与意识、社会服务意识、奉献意识、民主意识，以及强烈的公民意识。

（4）让学生发展社会交往能力、社会活动的组织能力、自我管理能力与自我教育能力。能够运用所学知识和能力处理实际问题，养成独立分析问题、解决实际问题的能力。

三、学校工作小组

（1）东城一中社会实践活动课程领导小组

组长：黄成忠（校长）

副组长：王淑娟

成员：罗光信、罗振云、范树浓、莫建喜、曾世红、袁卓秋、级长、科组长、班主任、实践指导老师、团委、学生会

（2）东城一中社会实践活动课程实施中心组

组长：王淑娟

副组长：罗光信、罗振云

成员：蔡智敏、梁燕凤、郁昌富、卢佳燕、杨萍萍、尹锡滔、吴明通、石雪

四、工作安排

结合我校实际情况和社会实践需求，初步拟定以下工作安排：

东城第一中学社会实践工作安排计划表

序号	时间	地点	项目	实践指导老师	内容	备注
1	2015年3月	东莞市电视台	参观东莞市广播电视台	王淑娟、梁燕凤、郁昌富、卢佳燕、吴明通、杨萍萍、尹锡滔、石雪	参观东莞广播电视中心空中花园、广播直播间、东莞阳光网、新闻演播室,以及1 000平方米的一号演播厅。实地了解东莞市广播电视台多个部门的运作情况,实地学习电视采写、编辑、制作、播出的工作流程	
2	2015年3月	东莞市中小学德育基地	社会体验活动生存训练	罗振云、刘学文、白深亮、初一年级全体班主任	学习消防逃生、应急救助、"三防"、灾难自救等实用性很强的知识和技能,参加提升意志力和团队精神的素质拓展项目等	
3	2015年4月	植物园	植树、园林管理考察	政教处和团委	实地参观植物园、了解植物园管理和植物的生存现状	
4	2015年5月	东城医院	药局药品分类与发放	王淑娟、梁燕凤、吴明通、尹锡滔、杨萍萍、卢佳燕	走进医院的中药房:参观药房,品鉴药材,向药学一部的中药专家、中药房的调剂员调研,了解药品的管理流程,弘扬传统中医药文化	
5	2015年6月	东城余屋	余屋古文化现状调查	王淑娟、吴明通、郁昌富、尹锡滔、杨萍萍、卢佳燕	调查东城余屋牌坊等古文化的保护现状,将从"谁来保护""怎样保护""保护成什么样"等方面加以调查研究,增强居民的保护意识,也希望引起各界的重视	
6	2015年7月	立新社区	社会考察活动	政教处、各级部、班主任	组织学生走出学校,调查访问特定群体,了解所在区域的社会焦点问题	
7	2015年8月	东莞各旅游景点	考察风土人情DV体验	电脑老师、地理老师、全体班主任	搜集网络对我们生活的影响资料;对家乡旅游资源的调查	
8	2015年9月—10月	茶山镇南社古村落	弘扬中华优秀文化	王淑娟、梁燕凤、卢佳燕、吴明通等	参观明清建筑,包括百岁坊、百岁翁祠、资政第、谢遇奇家庙,了解我国的历史文化	

续上表

序号	时间	地点	项目	实践指导老师	内容	备注
9	2015年11月	周边农场	生产劳动	王淑娟、郁昌富、卢佳燕、杨萍萍、吴明通	摘果实、挖荠菜、拔青菜、栽种蔬菜等（根据时令选一项）；花卉栽培	
10	2015年12月	学校	科技艺术节	罗振云、王淑娟、吴明通、尹锡滔、团委、班主任	学校传统活动项目展示与分享	

五、工作要求

（1）思想重视，加强领导。

要求学校和社会实践有关参与人员都能站在大局的角度重视社会实践活动。要取得活动场地相关负责人和学校领导的大力支持和配合，每次活动要求部署得当，听从指挥，保证及时有效地开展工作。

（2）高度重视学生安全工作。

加强活动组织管理，确保实践活动正常、有序、高效开展。高度重视安全工作，明确责任、落实安全预案措施。成立由分管校长、相关职能部门负责人和各班主任组成的安全工作领导小组，全面负责学生社会实践活动的安全。活动前进行安全巡查，排除隐患；活动中加强对学生的活动规范指导，杜绝意外事故的发生。建立健全安全管理规章制度，制定突发事件应急处理预案，确保学生的安全。凡有特殊体质或不适宜参加实践活动的学生，提前摸清情况，确保人身安全。

（3）转变学习方式，把素质教育真正落到实处。

通过实践活动，让学生学会认知、学会做事、学会生存、学会合作、学会劳动、学会创造，培养学生的自理能力、实践能力和创新精神，实现学校书本知识与投身社会实践的紧密结合，促进德、智、体、美、劳教育在实践活动中相互渗透，落实素质教育。

（4）实时跟踪活动效果，及时反馈问题，善于总结经验，逐步深入推广社会实践活动。

东莞市东城第一中学
2015年1月25日

社区服务

第一章　社区服务活动简述

一、社区服务活动的含义

综合实践活动课程中的社区服务活动指的是：学生在教师的带领下以服务者的身份参与到服务社区的各项活动领域中，多方面体验并认识服务对象，应用所学的知识，提供各种对社区具有意义的服务，不断增强对他人、对社区乃至整个社会的服务意识和奉献精神。

社区服务活动最初是从福利性服务开始的，福利性服务的对象是低保对象、残疾人、优抚对象等，属于原民政工作范围，范围较为狭小。但在今天，随着人们生活水平的提高，社区服务活动逐渐由主要为民政对象服务扩大到为全体居民服务，由单纯生活服务扩大到物质、文化、生活等各方面高层次服务，由增进社区居民的福利水平提升为促进人的全面发展。如下图：

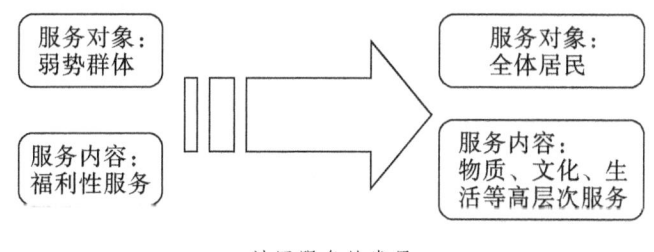

社区服务的发展

二、社区服务活动的特点

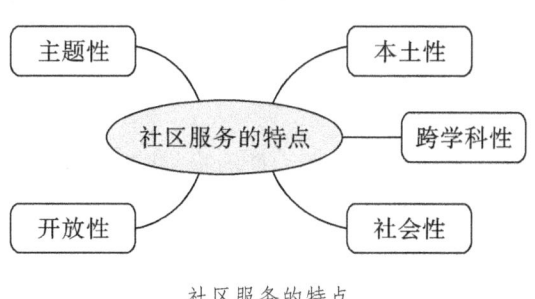

社区服务的特点

社区服务活动不仅仅体现在为他人服务和为社区服务上,它最根本的特点是在社区或社会情境中学习,是融研究性学习、劳动与技术教育等于一体的学习活动。社区服务活动就内容主题来看主要具有以下基本特点:

(一) 主题性

社区服务活动的课程内容以一个或多个主题的方式呈现出来,打破传统学科课程内容的呈现模式,有助于把教学与学生生活、现实社会生活密切联系起来,从而激发学生参与的兴趣,培养分析问题、解决问题的能力。

(二) 开放性

课程内容不受课堂教学的局限,而且可开放到现实生活中的事件、现象和情境之中,开放到历史的、社会的和道德的背景之中。课程内容考虑的是长远的效益,对学生(和教师)而言都有利于经验的不断扩展,要使学生摆脱被动、封闭的学习环境的禁锢,以主动积极的姿态在大自然和人类社会的广阔天地中去学习和发展。

(三) 跨学科性

课程内容向学生呈现关于个人、自然、社会及其相互作用的整体世界,注重统整各学科教学,融贯整个学习内容,消除学科之间的隔阂,增强学科之间的沟通,有助于学生扩展认知视野,锻炼综合思维技能,完整地认识世界,形成健康的情感、态度与价值观。

(四) 本土性

课程内容关注社区中存在的现实问题,综合利用社区教育资源,体现地方特色,引导学生在社区生活中提出活动的内容主题。

(五) 社会性

社区服务活动是中学生进行的一种特殊社会活动,是在特定社会或社区情景中展开的活动。社会性是本领域的基本特点之一。中学生通过参与社区情境和社会活动,体验社会成员的生活和活动,获得对社会的理解和体验,增进社会责任感和社会活动能力。

三、社区服务活动的内容

社区服务活动是指学生利用课外时间为社区提供的公益性服务。学生以志愿者、服务者的身份参与到服务社区的各项活动中。包括:

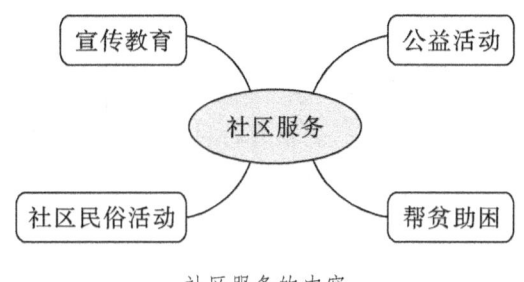

社区服务的内容

（一）公益活动

学校要有计划地组织学生参加社区所开展的各种为公众谋利益的活动。如参加与环保卫生等有关的公益劳动、各种大型活动的义务工作以及其他志愿者活动等。

（二）宣传教育

学校可配合社区的需要，组织学生通过制作板报、开展知识讲座、现场讲解等多种方式开展法制、环保、卫生、科技等多方面的宣传活动。

（三）帮贫助困

学校还应鼓励学生自觉而乐意地为社区特殊人群（如：经济困难人口和残疾人等）的生活服务，并在服务中发展爱心和同情心，增强自我的奉献精神。

（四）社区民俗活动

组织学生参加社区依照民间风俗习惯所开展的活动，使其通过体验社区生活获得文化传统的熏陶，形成对社区的归属感。

四、开展社区服务活动的意义

（一）对中学生的意义

（1）中学生正处于世界观、人生观、价值观的形成阶段，积极参与社区服务活动，能让学生在实践中培养社会责任感，学会关爱他人，奉献社会，并逐步树立起公民意识。

（2）通过社区服务活动，培养在校中学生的实践能力，拓展经验，锻炼人际交往能力，增进社会适应能力与创新意识，引导学生接触社会，走入社会，参与社会。

（3）有利于中学生改变学习方式，拓宽发展空间。参与社区服务活动就是把学生的发展置于更广阔的社会背景中，把学生的学习场所从学校拓展到社区乃至整个社会，使学生的学习方式从被动地接受学习转向主动地探究和发现，学习渠道多样化，学习方式生活化。

（二）对学校的意义

（1）促进学校课程的创生与发展。借助学校所在区域的地方特色、学校的文化底蕴以及本校教师的个性特长等方面开发一套富有特色的社区服务活动主题课程。

（2）促进学习型学校建立和校内组织文化变革。

（3）促进学校管理制度变革。结合学校自身的实际，从整体规划、年度计划、课程管理、资源开发、教师指导、学生活动等方面形成一些富有自己学校特色的举措和内容。

（三）对社区与社会的意义

（1）中学生积极开展社区服务活动对社区精神文明建设有着很大的推动作用。社区服务活动的开展，除了为居民提供物质文化生活的服务外，更重要的在于，它大力提倡社会互助，进一步弘扬了中华民族传统美德，形成新的社会风气，为促进社会主义精神文明建设发挥积极作用。

（2）有利于培养社区居民的主体意识、协作意识、法纪意识和文化意识，提高社区成员的公民素质，增强社会责任感与社区认同感和归属感。

（3）通过参与社区服务活动，中学生能够依托学校资源以及自身特点，为社区居民提供更多智力方面、精神层面的服务，从而提升社区服务活动的高度，使社区服务活动更具普遍性和现代性。

第二章　社区服务活动的开展

一、社区服务活动的实施原则

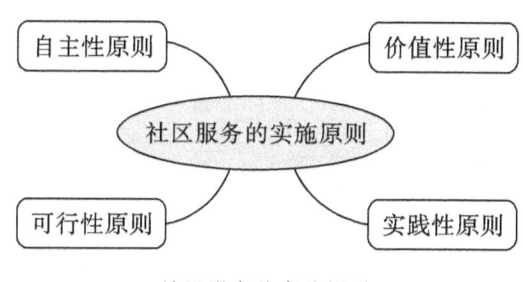

社区服务的实施原则

（一）自主性原则

学生自主选择学习内容，自主设计，探究解决问题的方法，自主决定活动结果呈现的形式，培养和发展主体意识和探究能力。

（二）可行性原则

可分为主观条件和客观条件。主观条件是指项目成员的认知水平和能力水平。超越学生认知和能力的项目是不切实际的，往往不容易实现，反过来说学生能力所及、易于操作的项目成功的可能性就大。客观条件是指环境、时间、空间、财力、物力等实际状况。脱离客观实际的项目是不可能成功的。

（三）价值性原则

做社区服务活动项目时，必须从所选项目对社区的影响范围和影响力度来考虑。一般情况下，涉及范围大、受益人群广的事情意义更大。

（四）实践性原则

强调体验、参与教育，让学生在社区服务活动中获取亲身感受和直接经验，并养成实践意识，终身学习意识，获得生存能力等综合实践能力。

二、社区服务活动的基本类型

社区服务活动是以主题的形式呈现出来的，"主题"是综合实践活动课程各种具体活动的核心问题。学校可以根据所在地区的具体情况来确定自己的主题。我们要深入了解社区或校园里人群的需求，去发现居民或学生需要解决的实际困难或问题，这是思考服务方案的重要切入点，但并不是唯一的切入点，如果能进行创新性的拓展服务，将更具有示范意义和挑战性。基于东莞社区发展现状以及学校实际情况，中学生可以从以下几个方面开展社区服务。

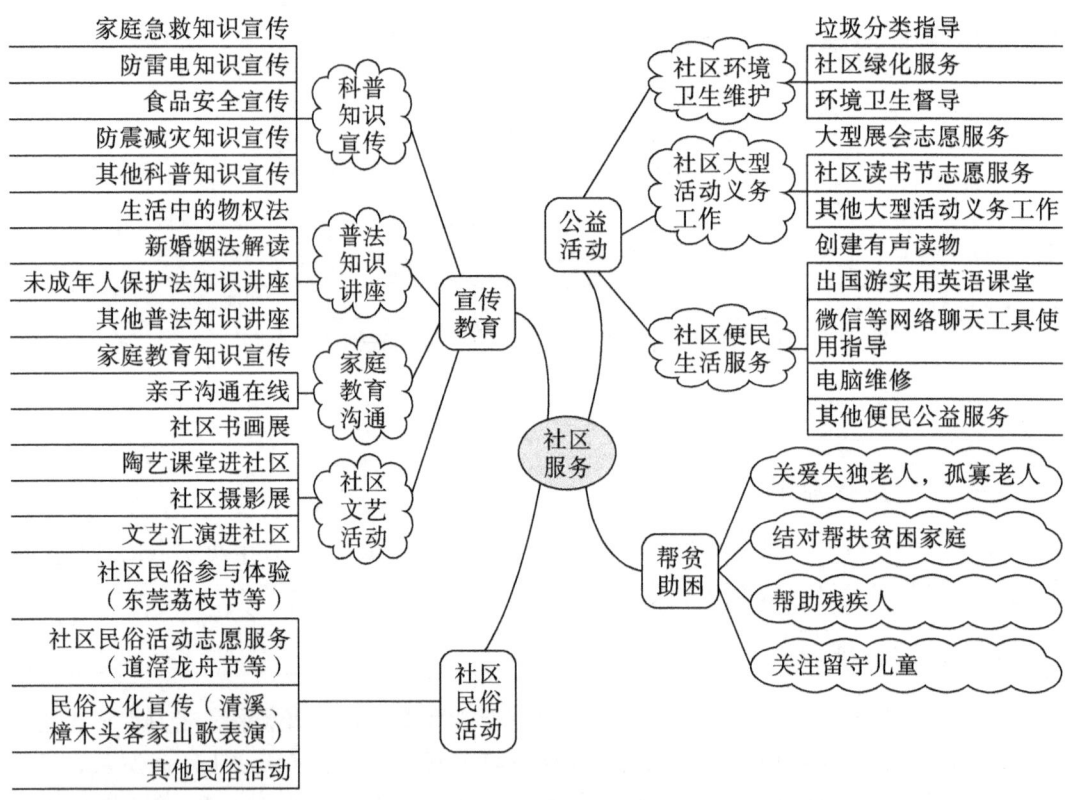

社区服务的基本类型

（一）公益活动

（1）社区环境卫生维护：垃圾分类指导、社区绿化服务、社区卫生督导等。

（2）社区大型活动义务工作：大型展会志愿服务、社区读书节志愿服务、其他大型活动义务工作等。

（3）社区便民生活服务：创建有声读物、出国游实用英语课堂、微信等网络聊天工具使用指导、电脑维修、其他便民公益服务等。

（二）宣传教育

（1）科普知识宣传：家庭急救知识宣传、防雷电知识宣传、食品安全宣传、防震减灾知识宣传、其他科普知识宣传等。

（2）普法知识讲座：生活中的物权法、新婚姻法解读、未成年人保护法知识讲座、其他普法知识讲座等。

（3）家庭教育沟通：家庭教育知识宣传、亲子沟通在线等。

（4）社区文艺活动：社区书画展、陶艺课堂进社区、社区摄影展、文艺汇演进社区等活动。

（三）帮贫助困

（1）关爱失独老人，孤寡老人：到社区探访慰问老人、为老人录制有声读物等。

（2）结对帮扶贫困家庭：参与贫困学生救助活动等。

（3）帮助残疾人：帮助残疾人做家务，为盲人提供有声读物等。

（4）关注留守儿童：利用假期，在中学生志愿者的组织下充分利用学校的图书馆、体育馆等公共教学资源，与社区留守儿童共享资源和结对学习。

（四）社区民俗活动

鼓励中学生参与社区民俗活动，承担社区民俗活动志愿者服务工作，开展民俗文化宣传等。

社区服务可开展项目所涉及的学科

社区服务活动范畴	可开展的项目	涉及学科
公益活动 宣传教育 帮贫助困 社区民俗活动	组织校园服务：中学生考试焦虑调查与缓解活动、学生心理剧大赛、建立校园学生信息发布平台、策划宿舍趣味运动会等	心理教育、信息技术、体育
	规范汉字宣传、创建社区有声图书馆等	语文
	生活中的数学、社区义卖助残活动等	数学
	西方节日习俗展、国际礼仪介绍、出国游实用英语社区小课堂等	英语
	生活中的物权法、未成年人保护法宣传、新婚姻法解读、社区治安与治安管理处罚法的宣传等普法知识宣传、家庭教育宣传、关爱老人系列活动、关注留守儿童等	道德与法治、德育
	家庭急救知识指导、传染病防治宣传、用药安全指导、食品安全宣传、消防安全知识宣传等	生物、化学
	节能节电宣传、安全用电指导、防雷电知识宣传、高空抛物危害宣传、交通安全知识宣传等	物理
	社区民俗活动、城市历史、社区变迁史知识介绍、记录老人故事、社区名人历史记录等	历史
	垃圾分类指导与宣传、防震减灾知识宣传、家庭废弃物循环利用、旅游知识介绍、气象知识宣传等	地理

续上表

社区服务活动范畴	可开展的项目	涉及学科
公益活动 宣传教育 帮贫助困	家居花草装饰选择推介（家具、陶艺、字画工艺品等）、社区摄影展、我为社区写春联、社区书画作品交流、文艺表演进社区	艺术
社区民俗活动	社区环保创意制作活动、举办社区趣味运动会等	体育、综合

三、社区服务活动的组织形式

（一）组织方式

社区服务活动主要以小组为主要活动单位进行，在学校或家庭所在社区范围内组织开展活动。可以由教师来组织开展活动，也可以由学生自主安排。小组的构成由学生自己协商后确定，一般3人以上，各小组要选出一名组长，小组成员的组成可不限班级。小组服务活动的目标和方案由小组成员共同确定。

（二）运作体系

（1）加入社区志愿者行列。志愿者队伍可以根据学生的特长进行分类编组，定期或不定期地参与到社区建设或管理的实践中去。

（2）参与社区的主题活动。如参与卫生社区、文明社区、平安社区、无毒社区、学习型社区等一系列的创建活动。

（三）学时安排学分配置

《广东省基础教育课程改革新阶段普通高中综合实践活动教学指导意见》指出，高中学生三年需累计完成10个工作日的社区服务，每个工作日不少于5小时，3年共获得2个学分。学校根据既定程序和社区提供的有关学生服务的对象、时间、项目、体会以及被服务者的意见等情况汇总认定学分。

四、社区服务活动资源的开发

（一）社区资源

社区资源包括社区自然环境、经济状况、人员状况、家庭状况、社区图书馆、科技馆、博物馆、公园以及一系列重要单位如科技工业园、会展中心等。学生进行环境考察后，可以把采集的样品带回实验室测定，用实验室的仪器做实验，使用劳技工具制作小作品，到图书阅览室查找资料等，都涉及对社区资源的运用开发。

（二）人力资源

通过多种方式争取家长和社会有关方面的支持，可以聘请校外社会人士为指导老师。

这些人中有学者、专业人士、普通人员，一般都是学生的家长或社会公益机构如公安、交警、消防等工作人员。他们熟悉行业，了解行情，对指导学生开展社区服务活动很有优势。

五、社区服务活动的基本过程

社区服务活动一般由五个基本阶段组成。

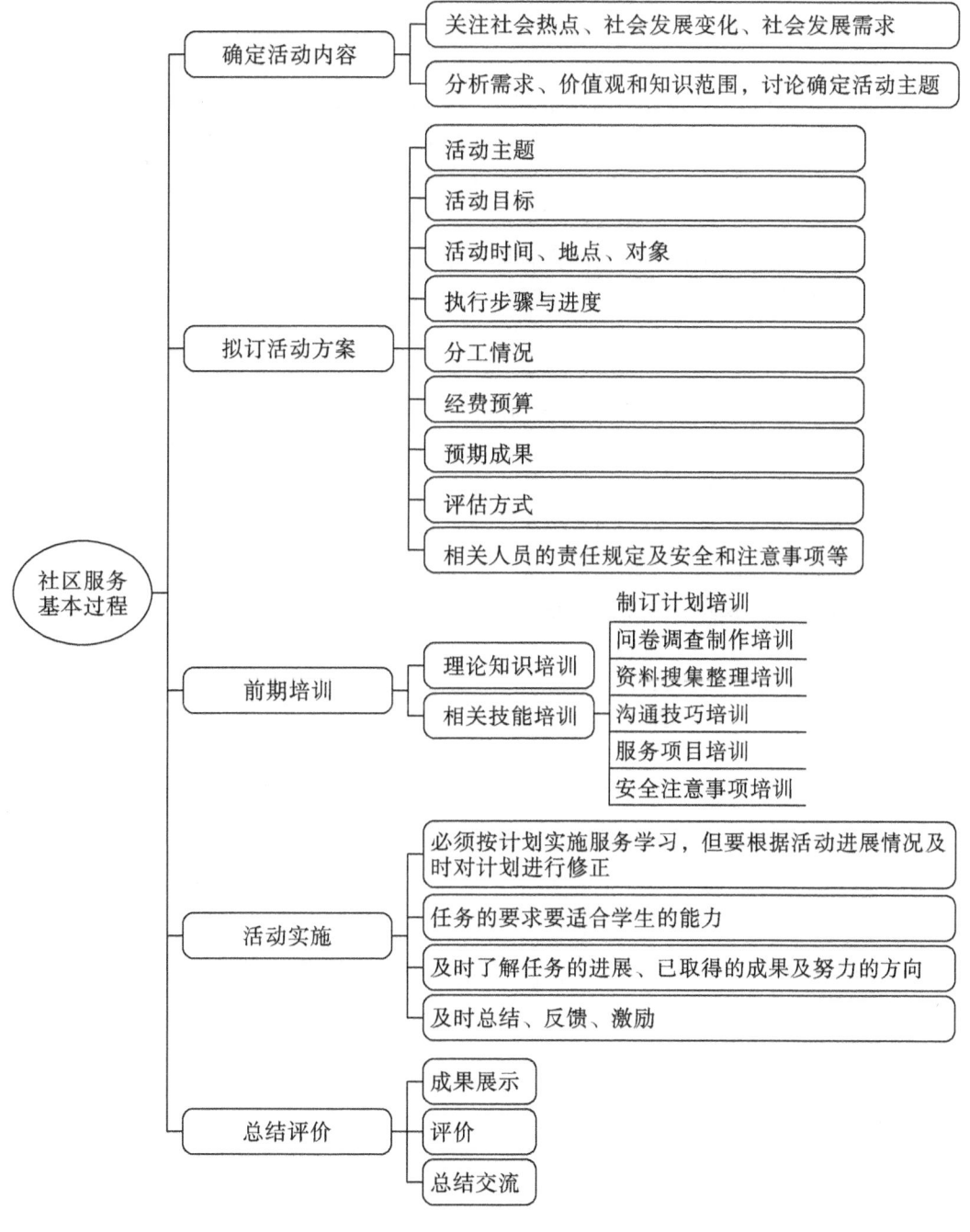

社区服务的基本过程

（一）确定活动内容

学生根据自己的兴趣和已有的知识经验，从接触的生活世界出发、从熟悉和关注的社会实际中选取活动主题和内容。活动要坚持"就近"原则，注意活动的主体性、可行性、经济性和安全性等。为保证活动的连续性、有序性和完整性，建议以主题的形式组织内容。

示例一：

社区服务的主题：《我为社区写春联》、《交通安全知识进社区活动》（东莞市东城初级中学）、《"老幼记"独居老人探访活动》、《火车站问路志愿服务》、《石龙敬老院探访志愿者活动》、《公共卫生志愿服务活动》（东莞市石龙三中）、《弘扬优秀客家文化活动》（东莞市第八高级中学）、《我爱我家——志愿服务进壆家新社区》（东莞市第十高级中学）等。

这几个活动主题关注的是社区，我们可以建议学生多观察、多思考，每位学生都谈一谈自己的经历和想法，从中一定能发现有价值的社区服务活动内容。

（二）拟订活动方案

由师生及其他有关人员共同拟订活动方案，方案内容包括：服务活动主题、目标，服务活动时间、地点及对象，参加人员，组织形式，执行步骤与进度，分工情况，经费预算，预期成果，评价形式，相关人员的责任规定及安全和注意事项等。服务内容多种多样，服务的方法也各不相同，因此服务方案也可以形式多样，没有统一格式，但是一个合格的方案要回答以下三方面问题：其一，为什么服务；其二，服务什么；其三，服务成效。我们常用的较规范的方案内容包含以下方面：

活动分享内容

标题	标题尽可能要涉及服务的范围、对象、内容、方法等，让人一目了然地了解"要服务些什么"
项目背景	解释开展这项服务的理由与原因。首先，要明确存在的问题与需求，以及项目产生的社会环境；其次，要列举服务项目的范围；最后，要揭示服务的重要性和必要性，揭示服务的意义和价值，即"为什么服务"
目标	要分解成一系列具体的可衡量的、可实现的、有明确时间标记的阶段性目标
受益群体	对服务的对象做详细的描述，对间接受益的对象做简单描述
解决方案及实施方法	1. 介绍服务的方法。特别说明这种方法的优越性，充分说明你选择的方法是最科学、最有效、最经济的。 2. 详细描述各活动任务的步骤。最好用流程图表示任务的先后顺序以及起始时间，让人能一目了然地了解到"在什么时间做什么事"。列出每个阶段的负责人与参与人员。 3. 分配任务。充分发挥每个人的优点，知人善任，根据任务选择最适合的人

续上表

可行性	分析完成这一任务所需的条件（我们常常从人力、物力、财力、时间等方面去考虑一个服务活动的可行性）。在此也要说明可能会遇到的困难与挑战
预算费用与效益	这一部分提供的不仅仅是一个费用预算表，而且要分析预算表中的各项数据以及资金来源。最重要的是具体说明服务的预期成效，即其巨大的社会效益，以及成果达到的水平和表现形式
交流与分享	这是项目实施过程一个非常重要的部分，在项目的不同阶段进行交流分享，可以及时发现问题，及早进行解决
附件	任何认为重要的文件或篇幅太长而不适于放在正文的文件，都可以放在附件中。比如：机构介绍、图表、数据、问卷等等。总之，附件的目的是使正文紧凑、干净，同时如果读者对某些细节感兴趣，则可以在附件中找到相关内容

示例二：

《我爱我家——志愿服务进疍家新社区》活动方案
东莞市第十高级中学

项目名称	我爱我家——志愿服务进疍家新社区		
项目所属志愿服务分类	关爱社会	项目举办地点	沙田镇立沙岛立沙新区公寓
活动次数及每次人数	5次活动，每次50人	预计服务总时数	1 250 小时
服务对象	立沙岛拆迁户	预计受益人数	80 人
项目简介（服务内容、开展形式等）	有计划地开展农村农忙志愿服务，关爱空巢老人，上门搞卫生，农村社区卫生清洁，清理河涌，帮助拆迁户搬家入住农民公寓		

项目实施计划（请具体到每一次行动，此表可延展）	时间	地点	活动内容和形式	参与人数	受益人数
	1月20日	立沙新区	社区卫生清洁	50	800
	5月25日	立沙岛	清理河涌	50	2 000
	7月15日	立沙岛	农忙收割稻谷	50	600
	9月15日	立沙新区	关爱空巢老人	50	300
	11月5日	立沙新区	帮助拆迁户搬家	50	800

续上表

项目宣传方案（平台是指电视台、平面、网络及其他一些媒体）	平台	时间分布	宣传形式	媒体名称	备注
	校园网	每期一次	专题报道	东莞第十高级中学主页	
	报纸	每期一次	专题报道	沙田报	
项目实施必要性和意义	减轻农民负担，帮助拆迁户安居，消除不良情绪，维护社区稳定				
项目实施的目标和期望达到的效果	使住入新区的拆迁户能适应社区生活，让还没有入住的拆迁户有良好的入住心态				
项目成功指标（通过哪些具体、明确可衡量的指标检验项目目标实施效果、目标达成与否）	通过心理健康问卷和社会支持量表进行调查研究				

（三）前期培训

学校与相关社区机构在学生参与实际活动前要对学生进行教育培训，通过专题演讲、分组座谈、观看录像等方式，让学生熟悉服务内容、掌握基本的服务技能、建立正确的服务观念，懂得如何处理服务过程中的突发事件与安全问题以及如何反思和撰写服务心得。

示例三：

《"老幼记"独居老人探访活动》活动前准备

东莞市石龙三中

1. 校团委与爱青工作社、石龙镇独居老人志愿者服务队进行联系，商讨活动组织以及流程安排，并确定活动日期以及具体步骤。

2. 在校内招募和选拔三个年级约20名学生志愿者，并确定学生志愿者名单（合共20人）。

3. 召开学生志愿者会议，说明活动过程、目的，并进行安全教育。

（四）活动实施

学生按计划进行活动。学生既要充分发挥自身的主体性，又要及时向学校老师汇报活动的进展情况，还要注意与家庭、社区保持密切联系。指导老师要随时关注活动的开展。在活动中组长要协调好小组成员及各方面的关系，各成员要发挥团队精神，相互协作，确保活动的顺利进行。可收集一些活动相片，还应该撰写一些有关活动的经历、收获、感受或体会等内容的文章。

示例四：

《火车站问路志愿服务》活动过程

东莞市石龙三中

1. 学生志愿者在石龙火车站与龙立方问路志愿者会合，龙立方问路服务队队员对服务范围、任务进行讲解。

学生志愿者与龙立方向路志愿者会合

2. 学生志愿者换上志愿者服装，进行分组服务。学生志愿者共分成三组，第一小组在售票大厅内作买票引导，帮助旅客搬运行李进行安全检查，提示乘客购票地点，教授乘客如何使用电脑自动售票机等等；第二组成员在火车站的出口派发宣传单张，为行李较多的乘客提供行李搬运服务；第三组成员驻守大本营，为前来问路的乘客提供导向服务。服务时间为2.5小时。

志愿服务实况

3. 活动结束，学生志愿者负责人召集队员与龙立方问路服务队队员进行志愿服务小结，并分享心得体会，志愿服务结束后志愿者成员将体会写成心得，学生志愿者负责人将过程写成简报。

（五）总结评价

社区服务活动不仅是指一项（或一系列）具体事件，更强调利他行为。在教师的指导下，学生会对他们服务行为的积极方面和消极方面进行总结。通过反思，学生能够得到很多宝贵的经验，这对于他们当前以及今后参与的社区服务都是非常重要的。教师可以利用下列问题引导学生对社区服务活动进行反思。

（1）你从帮助别人中获得了什么？
（2）其他人是如何从你的努力中受益的？
（3）你认为每个人都应该帮助他们社区吗？请解释。
（4）什么价值观与帮助他人是最为一致的？

把自己或小组在社区服务活动中的收获汇集、整理成各种形式的成果，通过多种方式表达、交流和评价。如，通过写心得体会来分享和交流自己参与社区服务活动的感受。

示例五：

《石龙敬老院探访志愿者活动》学生活动感想
东莞市石龙三中

尊老爱幼，是中华民族的传统美德，作为新世纪的学生，更有义务和责任发扬这一美德。为了提高和培养学生的社会实践能力和社会公德意识，了解老人生活的同时带给他们欢乐，为他们晚年孤寂的精神世界献上一份关爱，学校组织我们开展了一次寒假志愿者活动。这是我们这学期第一次开展志愿者活动。我们班选择了在敬老院开展这次活动，同学们心里都充满了激动，都在想着：该怎样和老人们交流、该为老人做什么呢？

我们为各位爷爷奶奶送上美味可口的"老婆饼"，爷爷奶奶的脸上都挂满了笑容。吃完了"老婆饼"，我们就开始了最激动人心的抽奖环节。我们为爷爷奶奶准备了丰富的奖品，有健康麦片、长寿杯……到了表演时间，我们特别为爷爷奶奶排练了几个节目，爷爷奶奶看了，都捧腹大笑。

最后，我们几个人来到一个病房里，看见一个爷爷正在看电视，病房环境很好，很干净，有独立的卫生间，电视。我们问：爷爷，怎么称呼您？他很热情地告诉我们他的年龄和姓氏，这位爷爷也开始问我们家是哪里，来自哪个学校。后来，爷爷要出去走走，我们就带着爷爷在院里散步。爷爷给我们讲了很多，包括他以前的工作，去过哪些地方，喜欢的电视剧。看来爷爷很健谈呢，聊着聊着我们问爷爷以前都喜欢什么活动啊，爷爷就说打乒乓球。爷爷真的很可爱，很亲切。

六、社区服务活动的评价

在教育评价中，档案袋是一种重要的质性评价方法。学生与教师系统地收集相关材料，以检查学生的努力、进步、过程与成就，并对检测的结果做出相应的解释，让学生在活动记录中体验评价的意义，于自我反思中得到发展。

档案袋的组成部分：

（1）原始资料：活动方案、社区服务活动记录表、学生服务心得、教师点评、音像资料、活动照片、培训记录等资料。

社区服务活动记录表

填表时间：　　年　月　日

班级		姓名	
服务对象及地址		服务时间	
服务项目		服务地点	
个人所做的主要服务工作及完成情况简述			
在服务过程中产生的体验与感受	签名：		日期：
服务对象的评价意见	签名：		日期：
社区服务组织者评价意见	签名：		日期：
家长意见	签名：		日期：
指导老师评价意见	签名：		日期：
学校社区服务小组学分认定	签名：		日期：

（2）社区服务活动评价表。

社区服务活动评价表一

评价项目	评价内容	评价指标					
		自评			互评		
		A	B	C	A	B	C
参与精神	主动参与，认真踏实，工作勤恳，坚持到底						
工作作风	计划周密，措施得当，分析细致客观，守时守纪，讲求效率						
组织合作	分工明确，团结协作，配合默契，互相支持，共享资源						

续上表

评价项目	评价内容	评价指标					
		自评			互评		
		A	B	C	A	B	C
学习方式知识水平	学习方式灵活，综合运用学科知识和生活经验，整合有效教育资源；笔记及成果资料搜集整理规范、针对性强、具有典型性、概括性；独立操作与迁移能力较强，语言文字表达准确，宣传推广有感染力						
搜集信息能力	信息来源渠道多样，能快捷地进行搜集、整理并获得大量信息，内容全面，筛选准确						
多媒体创作能力	能较熟练运用多媒体软件，制作网页等具有创意和感染力的电子作品						
创新能力	善于观察、分析、思考，能提出创新的观点和独特的见解，出色完成工作任务，评论、宣传推广创意大胆创新						
社会交往能力	能运用多种方式进行社会调查，懂得在社会中与各级各类组织机构及个人打交道，善于与人沟通交流，动手实践能力强						
工作成效	能完整地处理事务，扩大学习活动成果。完成任务速度快，质量好，信度高						

社区服务活动评价表二

学生姓名					班级		
评价项目	权重	评价等级			得分	评价依据	
		A	B	C			
活动时间	40					服务时间不少于10个工作日，每个工作日劳动时间不少于5个小时	
活动态度	30					有参与意识、创新意识，有合作、服务精神；《学生社区服务记录卡》填写完备；证明材料完备	
活动收获	15					获得多方面的体验与认识（个人小结与体会）	
服务质量	15					看社区服务单位、教师、学生的评价意见	

续上表

评价项目	权重	评价等级			得分	评价依据
		A	B	C		
认定学分		总评等级				
		给予学分				
		领导签字				
认定时间						

说明：85 分及以上为 A 等，75～84 分为 B 等，60～74 为 C 等，不满 10 个工作日或 60 分以下不予认定学分，须重修学分

（3）学生社区服务活动报告：学生参加社区服务活动撰写的活动报告。

第三章 社区服务活动案例

案例1：

交通安全知识进社区

东莞市东城初级中学　　指导老师：曹秀春　刘毅

一、活动背景

随着经济的发展，东莞的汽车数量在不断增多，随之而来的是交通安全问题。东莞有些道路较为狭窄，但行车较多，容易形成拥堵。部分市民交通安全知识淡薄，以致违反交通安全的行为时有发生，甚至酿成交通事故。因此，宣传交通安全知识刻不容缓。

二、活动目标

（1）通过组织校外志愿活动，增强学生的组织能力、合作能力和纪律性。
（2）让学生走出校园，提升综合实践能力，提高综合素质。
（3）通过走进社区，宣传交通安全知识，接触社会，增强社会交往能力，学会学以致用，为社会做出贡献。

三、活动前准备

（1）确定活动主题，与星城居委会进行联系，商定志愿服务的时间、内容、参与人数以及要求。
（2）在校内进行社区服务志愿活动通知和招募，确定参与人员。
（3）前期培训，将服务的任务、要求、细节以及安全问题与学生沟通清楚。
（4）进行志愿服务组织建设，小组分工合作，确定组长及各部门负责人。
（5）场地考察及准备工作。指导老师带领学生考察场地，确定各活动所需材料，并提前做好安排。

四、活动过程

首先，学生志愿者走进星城居委会庆峰社区，摆放交通安全知识宣传板，并向社区居民宣传交通安全知识及注意事项。

交通安全知识宣传板

其次,学生志愿者进行分组服务。第一小组负责在小区广场前用车模为居民演示安全行车,并指导小区居民使用车模,在模拟东城交通图上进行安全行车。第二小组在小区花园布置好的场地内为社区居民进行车模长途拉力赛演示服务,演示后,指导居民用我校提供的车模进行长途拉力赛车,在趣味比赛中学会安全行车。第三组在小区篮球场进行车模竞技赛演示,并指导居民完成竞技赛。第四组负责指导居民填写社区服务调查表。服务时间为3小时。

安全行车趣味比赛1

安全行车趣味比赛2

最后，活动结束，学生志愿者负责人召集队员进行志愿服务小结，并分享心得体会，志愿服务结束后志愿者成员将体会写成心得，学生志愿者负责人将过程写成简报。

大合照

五、活动成效

活动结束后，庆峰小区物业经理对本校学生非常赞许，认为我校学生志愿者服务热情高，对于服务的技巧掌握快速，领悟力强，纪律性好，能够按照安排进行活动，并表示希望能够有更多的学生志愿者加入到志愿服务活动中。小区居民对我校开展的这次活动大加赞许，认为可以多开展此类活动，丰富小区的文化活动，增强小区居民的交通安全意识。

本次志愿者服务活动是我校学生理论联系实际的一个尝试，学生将平时学到的交通知识以及车模技术融入服务活动中，真正做到了"服务学习"，在服务中学习，将所学运用于服务，不仅锻炼了社会交往能力，还提升了服务意识以及社会责任感。

此外，活动开展有组织有纪律，分工明确，各部门任务完成出色。

六、教师反思

本次志愿活动是一场比较大型的社区服务活动，对学校组织者、学生的要求比较高。需要提前规划好所有细节，布置好几个大型场地，需要学生掌握车模技能以及社区服务技能，更需要学生有较强的组织性和纪律性。最后，在小区管理处的配合下，活动顺利完成，小区居民反馈非常好，学生在活动过程中收获颇丰。

如何组织更多有益于社会的服务活动？如何让更多的学生参与社会志愿服务活动？这是我们接下来应该思考的问题。本次志愿服务活动也存在需要进一步改进的问题，希望在下一次活动中，我们能为社会做出更多力所能及的事。

附：学生成果（活动报告）

交通安全知识进社区

东城初级中学社区服务活动小组　　指导老师：曹秀春　刘毅

一、活动背景

东莞近几年交通拥堵现象越来越严重，学校周边道路一到放学就拥堵不堪。部分公民缺乏交通安全意识，随意乱停车、倒车，加上部分市民随意乱穿马路，容易导致交通安全事故的发生。为了更好地宣传交通安全知识，在老师的指导下，我们开展此次交通安全知识进社区服务活动。

二、活动目标

（1）通过进社区宣传交通安全知识，培养"服务社会，乐于奉献"的公民意识。
（2）通过开展社区志愿服务活动，增强我们的组织、合作能力。
（3）走进社会，与人沟通，增加我们的社会阅历。

三、拟订活动方案

在曹老师的指导下，我们设计了此次活动流程。

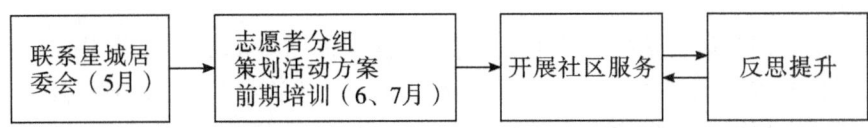

活动方案如下:

活动主题	交通安全知识进社区
活动背景	为了宣传城市交通安全知识，做好交通知识和科普教育的宣传工作，在暑假期间，东城初级中学师生以开展主题为"交通安全知识进社区"社区服务活动
活动目标	1. 服务社区，宣传交通安全知识。 2. 培养服务意识与能力，增强社会责任感
解决方案及实施方法	<table><tr><td>部门</td><td>负责人</td><td>时间与任务</td></tr><tr><td>活动策划组</td><td></td><td>负责策划活动方案，准备活动所需材料，明确分工情况及负责人（5~6月）</td></tr><tr><td>宣传活动组</td><td></td><td>负责制作校内及社区活动宣传板内容（6月）</td></tr><tr><td>后勤服务组</td><td></td><td>负责活动中所需的材料、水等供给</td></tr></table>
可行性	我们的活动得到校德育处和团委的支持。庆峰小区距离学校不远，服务内容比较多，但我们已经做好分工合作，能够胜任
经费预算	制作交通安全宣传板、指示牌等所需的费用加上运输费共计300元
预期成果	活动记录登记表、活动报告及反思
评估方式	自评与他评相结合，填写活动评价表

四、活动过程

（一）活动前期策划组织

我校团委学生干部在老师带领下，与星城居委会联系，商讨社区服务的时间、内容、参与人数以及活动的要求。在学校制作海报并宣传，招募服务志愿者，并进行交通安全知识以及车模知识技能的培训活动，明确服务的任务、要求、细节以及安全问题。

（二）社区服务活动开展

交通安全知识进社区服务活动分四个小组进行。第一小组负责在小区广场前用车模为居民演示安全行车，并指导小区居民使用车模，在模拟东城交通图上进行安全行车。第二小组在小区花园布置好的场地内为社区居民进行车模长途拉力赛演示服务，演示后，指导居民用我校提供的车模进行长途拉力赛车，帮助他们在趣味比赛中学会安全行车。第三组在小区篮球场进行车模竞技赛演示，并指导居民完成竞技赛。第四组负责指导居民填写社区服务调查表。整体服务活动时间为 3 小时。

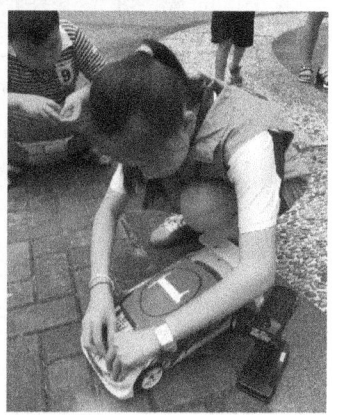

趣味比赛活动现场

（三）服务心得体会

在暑假刚刚开始的日子里，几乎所有同学都在尽情地释放着一个学期积累下来的困顿和劳累。但我和我的小伙伴们却依然来到了学校。

换上绿色的志愿者服装，我们一行人悄悄离开了学校，往离学校不远的庆峰花园走去。在那里，我们开展了一次以"交通安全知识进社区"为主题的活动。

活动由两大板块组成。一是社区居民可以自行参观有关交通安全知识的活动板；二是活动参与者还可以在我们志愿者的指导下遥控赛车走完规定的行车路线。我被分在了第二板块的长途拉力赛车区域。

来参加这个活动的大多是一些年龄偏小的男孩子，大概是因为他们对赛车比较感兴趣吧。为了安全起见，我们把年龄限制在 10 岁以上。小男孩可能比较急躁，一拿到遥控器就猛按，让遥控车坏了两次。这也让我们认识到，掌握正确的驾驶方法是多么的重要，如果开车的时候车像这辆遥控车一样在驾驶人的手里失去控制，那会酿成多大的惨剧呀。幸好有刘毅老师这个专业人士在，及时地把赛车修好了。

但是有一个戴眼镜的小男生比较例外。他自称是学校遥控车队的，玩着一手让我们羡慕不已的炫酷车技。

当然，也不是只有小男孩对遥控车感兴趣。有一位穿着西装的叔叔和一位带着小孩的阿姨也参与了我们的活动。大人显然要沉稳一些，遥控器拿到手是先向我们询问怎样使用。在长途拉力的过程中，他们因为正确的操作走得很顺利。

在这个活动中，不仅仅是参与活动的社区居民学到了交通安全知识，我们这些志愿者同样有不小的收获。比如我，在交流的过程中学到了与人沟通的技巧，并且知道了一些关于遥控车保养的知识。最重要的是，在这次过程中，作为志愿者的我，也同样感受到了交通安全的重要性。

活动结束的时候，还有一些居民询问我们下次是否还会有类似的活动，我当时并没有回答，不过我想是会有的。相信交通安全知识通过这一次的活动已经牢牢地烙印在了庆峰居民的心中。

收工的时候，我留下来帮曹秀春老师和刘毅老师将这次活动所用的道具搬回学校。在这个过程中，我才知道学校为了这次活动准备了不少。比如为了运输这50多块活动板和一些绕杆、布置场地用的障碍物等就用了一辆货车，再加上前期与社区管理处的沟通与协商……

我很庆幸当时主动报名参加了这次活动，这个下午异常充实。

——林丽珊

2015年7月9日，我有幸参加了"交通安全知识进社区"活动。活动现场上，许多交通安全知识的普及牌子矗立在路边，各种各样的遥控汽车模型整齐地排开。我们通过老师的指导和自己不断的尝试，总算是学会了遥控车的操作方法。

随着活动的展开，小区里也变得越来越热闹。小朋友们看着路上飞驰的汽车模型，眼里都充满了惊喜。许多家长也跃跃欲试，带着小朋友们加入到我们的汽车模型操控活动中。通过与孩子们的交流，我了解到他们心中对汽车的喜爱，也更肯定了要对他们进行交通安全知识传播的想法。

这个活动让许多人了解到交通安全知识及其重要性，也让人们大开眼界，了解并主动参与了对遥控车的操作，让交通安全知识在"迷你世界"中得以运用，更加深了人们的交通安全意识。

这次的活动不但让社区里的各类人群受益，也带给了我不少好处。它给了我一个锻炼和展示自己的机会和平台。在活动中，我们尝试了新鲜事物——汽车模型，并不断与来往的各类人群进行交流，这很好地锻炼了我们的社交能力。这个活动让我受益匪浅。

经过这次的社会实践活动，我相信我能够在未来做得更好。

——刘子瑗

（四）评价表（略）

（五）教师点评

本次社区服务活动比较复杂，活动分为多个小组，对学生来说是一项重大挑战。但是我们的学生能够明确分工，积极合作，出色地完成了服务活动，并且收到了社区居民的一致好评，这对于学生来说无疑是一种莫大的鼓舞，他们的综合能力得到了提升，在开展活动的过程中，能够创造性地解决一些突发问题，这让我感到非常欣喜和骄傲！看到孩子们有条不紊地开展工作后收获的喜悦以及社区居民们积极参与时的那种开怀大笑，我想，这就是社区服务的魅力吧。相信孩子们会在社区服务这条路上走得更好！

案例2：

东莞火车站问路志愿服务

东莞市石龙三中　　指导老师：黄倩

一、活动背景（确定活动主题）

石龙镇是广深和谐号的一个重要站点，由于其特殊的交通位置，这里成为周边人流的一个集散地。为了让在石龙站下车的乘客能够尽快到达目的地，疏导人流，石龙镇成立了一支龙立方问路志愿者服务队。寒假期间，在校团委的倡导和组织下，三中志愿者学生与龙立方问路志愿者服务队合作为火车站的乘客提供了一次问路志愿服务。

二、活动目标

（1）通过组织校外志愿活动，增强学生的组织能力、合作能力和纪律性。
（2）让学生走出校园，提升综合实践能力，提高综合素质。
（3）让学生走出校园，接触社会，扩大学生眼界，增加学生的社会阅历，感知家乡发展，增强对家乡的热爱之情。

三、活动前准备

（1）与龙立方问路志愿服务队负责人进行联系，商定志愿服务的时间、内容、参与人数以及要求。
（2）在校内进行问路服务志愿活动通知和招募工作，确定参与问路志愿服务的人员。
（3）对参与问路志愿服务的学生进行思想动员，将服务的任务、要求、细节以及安全问题与学生沟通清楚。
（4）进行志愿服务组织建设，选出学生志愿者负责人，负责通知、组织工作。

四、活动过程

首先，学生志愿者在石龙火车站与龙立方问路志愿者会合，龙立方问路服务队队员对服务范围、任务进行讲解。

学生志愿者与龙立方问路志愿者会合

其次，学生志愿者换上志愿者服装，进行分组服务。学生志愿者共分成三组，第一小组在售票大厅内做买票引导，帮助旅客搬运行李进行安全检查，提示乘客购票地点，教授乘客如何使用电脑自动售票机等等；第二组成员在火车站的出口派发宣传单，为行李较多的乘客提供行李搬运服务；第三组成员驻守大本营，为前来问路的乘客提供导向服务。服务时间为2.5小时。

志愿服务实况

最后，活动结束，学生志愿者负责人召集队员与龙立方问路服务队队员进行志愿服务小结，并分享心得体会，志愿服务结束后志愿者成员将体会写成心得，学生志愿者负责人将过程写成简报。

五、活动成效

活动结束后，龙立方问路志愿者服务队对本校学生非常赞许，认为我校学生志愿者服务热情高，对于服务的技巧掌握快速，领悟力强，纪律性好，完全能够按照安排进行活动，并表示希望能够有更多的学生志愿者加入问路服务队中。在站内接受学生志愿者服务的旅客均表示满意，认为学生的服务态度和蔼亲切，让旅客倍感温暖。

本次志愿者服务活动是联系校外志愿者团体又一次成功的尝试，这个过程中学生志愿者表现出来的积极态度令人振奋。本次志愿服务学生表现出了组织严密，纪律性强的特点，从组队、分配任务到正式开始为旅客提供服务，学生都表现得热情洋溢。

学生在志愿服务的过程中，纷纷表示学到了许多在课堂和书本上无法学到的知识，感受到课堂无法得到的体验。

六、教师反思

本次志愿活动是一次比较顺利、成功的志愿活动，社会反响比较好，学生在活动过程中也收获颇丰，感受良多，心理影响积极，然而，如何将类似的志愿活动跟学校的德育教育结合起来，如何让更多的学生参与类似的社会志愿服务活动，以及如何在综合实践活动中更好地渗透德育教育很值得我们思考。本次志愿服务活动也存在要加强的问题，例如当派发传单遭旅客拒绝的时候，当旅客拒绝学生志愿者提供的服务的时候，如何引导学生进行心理调节也非常值得思考的。

附：学生成果（活动报告）

东莞火车站问路志愿服务

东莞市石龙三中团委会社区服务活动小组　　指导老师：黄倩

一、活动背景

石龙镇是广深和谐号的一个重要站点，这里成为周边人流的一个集散地。为了让在石龙站下车的乘客能够尽快到达目的地，疏导人流，寒假期间，在校团委的倡导和组织下，我们石龙三中志愿者与石龙镇龙立方问路志愿者服务队合作为火车站的乘客提供了一次问路志愿服务。

二、活动目标

（1）通过帮助陌生人，为陌生人提供问路服务，培养"服务社会，乐于奉献"的公民意识。

（2）通过组织校外志愿活动，增强我们的组织、合作能力。

（3）通过与社会的接触，增加我们的社会阅历，感知家乡发展，增强对家乡的热爱之情。

三、拟订活动方案

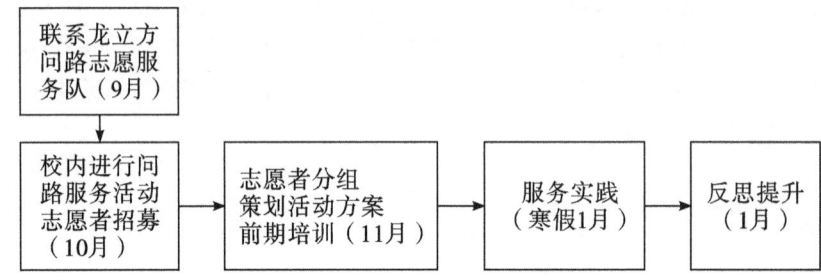

具体方案如下：

活动主题		东莞火车站问路志愿服务	
活动目标		为火车站的旅客提供问路服务，培养"服务社会，乐于奉献"的公民意识（略）	
解决方案及实施方法	部门	负责人	时间与任务
	活动策划组		9月中旬前，与石龙镇龙立方问路志愿者服务队联系，商讨志愿服务的时间、内容、参与人数以及要求
	宣传活动组		10月制作海报在校内宣传，招募志愿者。11月志愿者学习问路服务的任务、要求、细节以及安全问题
	后勤服务组		准备地图、交通线路图、水
可行性		我们的活动得到石龙镇龙立方问路志愿服务队的合作和支持，火车站距离学校不远，服务的内容也很简单，我们有能力胜任问路服务工作	
经费预算		购买地图、交通线路图、水等费用预计200元	
预期成果		活动结束后，登记服务记录表，撰写活动报告	
评估方式		运用评价指标进行评价	

四、活动过程

（一）活动前期策划组织

9月中旬前，我校团委学生干部在老师带领下，与石龙镇龙立方问路志愿者服务队联系，商讨问路志愿服务的时间、内容、参与人数以及活动的要求。10月份制作海报在校内宣传，招募服务志愿者，11月份志愿者学习问路服务的任务、要求、细节以及安全问题。

（二）火车站问路服务活动开展

寒假开始后，我们三中学生志愿者在石龙火车站与龙立方问路志愿者会合，龙立方问路服务队队员对服务范围、任务进行讲解。我们学生志愿者换上志愿者服装，分成三组进行服务，第一小组在售票大厅内做买票引导，帮助旅客搬运行李进行安全检查，提示乘客购票地点，指导乘客如何使用电脑自动售票机等等；第二组成员在火车站的出口派发宣传单，为行李较多的乘客提供行李搬运服务；第三组成员驻守大本营，为前来问路的乘客提供导向服务。服务时间为2.5小时。

我们的志愿者团队

（三）服务心得体会

初二的第一学期过去了，校团委们给我们一个寒假作业就是进行一次志愿者服务。这是一件非常光荣的事情，因为我们可以为社会做出一点小贡献。

在1月25号那天下午，我召集了几位参加志愿服务的同学，在火车站帮助乘客在自动售票机里购票。火车站的负责人沈先生教我们怎么购票，与乘客交流。我当时非常兴奋也很担忧，因为我们是第一次到火车站进行实践的，可以说我们没有什么社会经验，那该怎么办呢？

第一次，乘客来购票，我也不敢上前去解说，但后来在同学们的带动下我也渐渐地放开来了。我们以有礼貌、讲文明、热情的表现获得了乘客们的好评、火车站叔叔阿姨的表扬。

在这次活动中，我深刻地感受到，在茫茫的大海里，我似乎只是一粒不起眼的沙粒，而那些高大的石头拼成的海岛是我们仰望的目标。想要让其他人看见你，你就要壮大自己，丰富自己，要不断学习并付出更多的努力。

通过这次的实践活动，我对人生的感悟更深了，也明白了做人的意义。以后，我会更加努力去学习，帮助他人，关心他人，做更多的社会实践活动，为自己未来道路铺上一层属于自己的辉煌。

——初二（4）班志愿者

在1月26日的时候，我们班进行了寒假志愿活动，这次志愿活动的地点与以往不同，这次我们去火车站进行志愿活动，目的是为了让归心似箭的人们能更快地回到家与家人团聚。

我们去到那儿，与龙立方志愿团队一起进行志愿活动，我们按照他们的要求，一些同学去派传单，一些同学去售票机帮助旅客们购票，还有一些同学去候车室帮助工作人员维持秩序，解答旅客的疑难。

我是负责派传单的。我和一位同学组成一组，一起派传单，在派传单的过程中，有游客微笑地接过了传单，但有些游客急匆匆地走过，剩下我们一脸无奈地站在那里。这次派传单的经历，让我感受到了喜悦也让我感受到了挫败的感觉，在别人看来这没什么，但是当别人微笑地接过传单，那是很开心的！当我解答了游客的疑难，那是多么有成就感的时刻！

一个人的价值不在索取而在奉献。志愿者在付出的过程中，收获的是奉献的乐趣和被社会认可的喜悦，得到的是无限的快乐和感动，在以后的日子里，我会在志愿服务的事业上做得更好，发扬我们青年志愿者的光荣传统，热心于公益事业，尽自己最大的力量奉献一点微薄之力。

——初二（9）班蔡诗婷

我有幸成为一名志愿者，在感到光荣的同时我也感受到了压力，原本只想快点完成就好了，可是我刚加入就被这支有优良传统和责任心的团队给感染了，看到他们每一个人都在尽心尽力地做好每一份工作，尽职尽责地站在每一个岗位，用最美的微笑迎接八方来客，我也很快投入到这个队伍中。我们班17人连同他们组成志愿队，弘扬"我付出、我奉献、我快乐"的宗旨！当我决定承担起这个诺言的时候，就已经决定用我真诚的心，灿烂的笑，积极的行动去实现，去担当这个既让我为之兴奋，又觉得沉甸甸的诺言，努力成为一名合格的志愿者。

有人说我们志愿者既是奉献者，也是受益者，以前我可能不理解，可现在我理解了，有很多事情是我们之前没有做过的，有很多事情是在考验我们的责任心和纪律性的，在这里的每一个人，每一分钟，都在成长，或许有这么一段志愿服务的经历铭刻在我们每一个人心中，对于正在形成价值观念的我们，成长期经历的每一件事都有可能会影响我们一生。

——初二（9）班刘嘉欣

（四）评价表（略）

（五）教师点评

本次志愿者服务是学生志愿者跟校外支援服务团体合作的一次尝试，学生在活动过程中表现出对于校外志愿活动的浓厚兴趣，十分积极主动，是本次志愿服务活动取得成功的前提条件，同时在活动前与龙立方志愿服务团体进行了沟通并做了比较周全、合理的计划安排，使本次志愿者活动课程能够顺利进行并且获得比较良好的效果。我认为同学们从开展一次社会公益活动到成为长期志愿意者，最后形成终生公益的信念，这是每一个在行动中成长的中学生最大的收获。

案例3：

公共卫生志愿服务活动

东莞市石龙三中　　指导老师：黄倩

一、活动背景

良好的卫生习惯是一个公民素质的重要体现，而公共卫生状况则是一个城镇，一个地区公民素养的外在表现。为了培养学生良好的卫生习惯，使学生成为有社会责任感、有社会道德的公民，我校在日常教学中开展了大量的卫生习惯养成教育。为了让这种爱护环境、保护环境卫生的意识能够在校外延伸，在校团委的倡导和组织下，学生志愿者利用课余、寒暑假的时间自发地，或者加入社会志愿服务团体参与到社会公共卫生服务工作当中，进行了大量打扫环境卫生、环保宣传、环保状况调查工作。

二、活动目标

（1）培养学生良好的环保卫生意识。
（2）让学生走出校园，增加社会阅历，提高学生综合素质。
（3）培养学生的公民意识，增强学生的社会责任感。

我们的公共卫生志愿活动1

我们的公共卫生志愿活动 2

三、活动前准备

（1）团委老师召集各班志愿者，做好寒暑假学生志愿者活动通知和思想动员工作，注意做好安全教育。

（2）由团委老师给各班开具志愿服务介绍信，并且与各社会志愿服务团体取得联系，对学生志愿者的寒暑假卫生志愿服务做出适当安排。

（3）召开各班班长、团支书集体会议，将活动要求、注意事项进行说明。志愿服务活动过程中，要求穿三中校服，注意形象，特别要求各班负责人在志愿活动过程中要注意纪律问题，并做好活动记录，包括拍摄照片，写好志愿活动简讯，参与者要在活动过后将感受写成心得。

我们的公共卫生志愿活动 3

我们的公共卫生志愿活动 4

四、活动过程

环保卫生志愿服务主要有以班级单位的自发环保志愿服务活动和参与或者联合社会志愿服务团体进行环保卫生志愿服务活动两种形式，具体活动流程如下：

（1）以班级为单位自发组织的环保卫生志愿服务活动，由班级志愿者负责人和主要的班干部计划、组织该环保志愿活动，确定好活动地点、服务时限。

（2）参与或者联合社会志愿服务团体进行的环保卫生志愿服务活动，由各班志愿者负责人（班长、团支书）代表班级主动联系要提供卫生服务的单位、团体，双方商议确定提供卫生志愿服务的时间、地点、服务时限、服务范围等相关事宜。

我们的公共卫生志愿活动 5

（3）各班志愿者负责人在本班招募学生志愿者，并通知参与志愿卫生服务的同学集合的地点以及服务时间，将服务范围等相关事宜给本班学生志愿者说清楚。

（4）环保卫生志愿服务主要分为三个类别：①环境卫生清洁志愿服务，主要由学生志愿者携带清洁工具为服务对象提供保洁服务；②环保宣传志愿服务，由学生志愿者参与社会志愿团体的环保宣传活动，包括派发环保宣传单、协助环保志愿团体举办活动等；③学生志愿者与学校生物科组合作进行环保社会综合实践活动，其中内容包含有环保调查、环保意识宣传活动等。

（5）各种类型的卫生志愿服务活动分布于各个不同地点，服务对象、服务任务、时间长度各有不同。活动结束后，参加活动的学生志愿者写下活动心得，由该班级的志愿活动负责人将心得、活动过程记录照片收集整理，由志愿活动负责人编写活动简报。

我们的公共卫生志愿活动 6

五、活动成效

（1）由于环保卫生志愿活动服务的范围广，服务形式多样，学生参加的热情较高，人数多，服务态度好，服务的时间几乎延续了整个暑假，产生的社会反响比较良好，获得了社会各界的一致好评。

（2）获得了家长的好评。家长普遍认为，假期的卫生志愿服务活动丰富了孩子们的假期生活，让假期变得更加有意义。这类活动让孩子在假期走出家门，走向社会，参与团体活动，不单增加了孩子们的社会阅历，增强了他们的沟通、协调能力，还提升了孩子的综合素质，也让孩子更加有责任感，回家以后部分孩子主动承担了一些家务。

（3）环保卫生志愿活动是学生在假期自发组织参与志愿团体举办的志愿活动形式，从学生上交的心得体会当中可以看出，大部分的学生志愿者都在活动的过程中得到比较深刻的体会，对于增强学生志愿者的环保意识起到了积极的作用。

六、教师反思

此类环保志愿活动，无论何种形式最后都基本能够顺利完成。由于教师的指导有限，难免会出现部分班级、志愿者出现走过场的情况，为了完成任务而做，出现了在活动过程中不认真，马虎了事的情况。如何尽可能地在学生组织、参与此类环保卫生志愿服务活动给予更多的指导和资源帮助，在形式、内容上给予更多的建议，这些都是值得我们深思的。

附：学生成果（活动报告）

公共卫生志愿服务活动

石龙三中团委会社区服务活动小组　　指导老师：黄倩

一、活动背景

为了培养我们良好的卫生习惯，使我们成为有社会责任感，有社会道德的公民，我校在日常教学中开展了大量的卫生习惯养成教育。为了让这种爱护环境，保护环境卫生的意识能够在校外延伸，在校团委的倡导和组织下，我们学生志愿者利用课余，寒暑假的时间自发地，或者加入社会志愿服务团体参与到社会公共卫生服务工作当中，进行了大量打扫环境卫生、环保宣传、环保状况调查工作。

二、活动目标

（1）培养我们良好的环保卫生意识。
（2）增加社会阅历，提高综合素质。
（3）培养我们的公民意识，增强社会责任感。

三、拟订活动方案

活动主题	公共卫生志愿服务活动			
活动背景	志愿者利用课余、寒暑假的时间自发地进行了大量打扫环境卫生、环保宣传、环保状况调查工作（略）			
活动目标	培养我们的公民意识，增强社会责任感（略）			
解决方案及实施方法	部门	负责人	时间与任务	
	活动策划组		策划9月中旬内容，确定参与人数以及要求	
	宣传活动组		10月制作海报在校内宣传，招募志愿者。11月志愿者学习服务的任务、要求、细节以及安全问题	
	后勤服务组		准备扫把、拖布、水桶等工具	
可行性	我们的活动得到校德育处和团委的支持，图书馆、书店距离学校不远，服务的内容也很简单，我们有能力胜任服务工作			
经费预算	购买扫把、拖布、水桶等经费预计200元			
预期成果	活动结束后，登记服务记录表，撰写活动报告			
评估方式	运用评价指标进行评价			

四、活动过程

（一）活动前期策划组织

召开各班班长、团支书集体会议，将活动要求、注意事项进行说明。团委老师给各班开具志愿服务介绍信，并且与各社会志愿服务团体取得联系。进行纪律、安全教育。

（二）服务活动开展

（1）环境卫生清洁志愿服务，由学生志愿者携带清洁工具为服务对象提供保洁服务。

（2）环保宣传志愿服务，由学生志愿者派发环保宣传单，协助环保志愿团体举办活动等。

派发环保宣传单

（三）服务心得体会

我是在过了一段假期生活之后才参加的志愿者活动。在此之前，日子过得平平无奇，甚至有令人烦闷的感觉。每天扎堆在作业里，一科作业接着一科作业，似乎在跟另外一个自己打仗一样。

在接到要加入志愿者活动这一个快被我淡忘的消息之后，心里轻松了许多。终于能借着一个机会外出活动活动筋骨了。

其实，志愿者活动是十分吸引人的，不单让受帮助的人快乐，还等同于帮助了自己，所以说，不要吝啬于帮助他人。

这一次的志愿者活动，与以往的截然不同。以往是去敬老院里帮忙打扫卫生，与公公婆婆聊聊天。可是这一次却是去图书馆打扫。我以前都时常去图书馆，却没有考虑过可以舒舒服服坐在那里看书背后的原因，这次也算体会到了。

我们分批去打扫，一批到图书馆，一批到儿童阅览室。而我，就分到了儿童阅览室。记得以前有一次我参加了画画比赛，等候的地方就设在了儿童阅览室，那一次我刚一坐下，随手一摸，满手都是灰尘。这一次也一样，我把布弄湿了擦上一擦，布面已经黑乎乎的。我惊叹两声，随即又把布洗干净。重复了许多遍才把一张椅子抹干净。

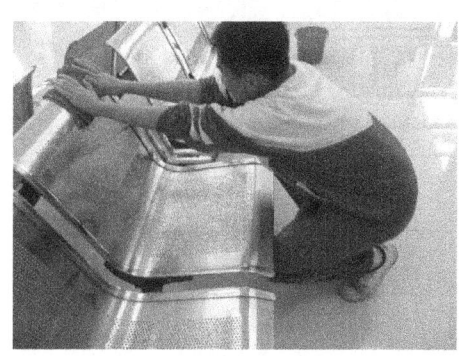

在儿童阅览室擦椅子

可想而知，阿姨们是付出多大心血才能得到我们所见的成果。

然而，等到我们把一切都抹干抹净，开始想要收拾书柜的时候，却发现偌大的儿童阅览室里，只有屈指可数的几个书柜的书是整齐的，其他书柜的书都是高低不平，参差不齐。

这时候，我就在想，原因可能有两个。

一是进来儿童阅览室的儿童们看完书后，并没有把书放回原位，或者是有些儿童不爱惜书本，随意乱放。更有可能是少数儿童并没有怀着看书的心进来儿童阅览室，他们只是来找个玩伴，把阅览室当作一个玩乐的地方。

二是管理员的管理不当。可能她看见了书本乱放没有阻止也没有摆放整齐，也可能是她看见了儿童在玩耍，但某些原因导致她无暇顾及。一切一切都归咎于人民的公德心。

从这次的志愿者活动可以得出两个结论：第一，帮助他人等于帮助自己，从帮助别人这一事情里让自己也跟着快乐。第二，公德心，对于我们的美好生活至关重要。

——初二（6）班何锦敏

结束了紧张的初二上学期学习任务，我们迎来了愉快而又略带紧张的寒假。在这个寒假里，我有幸能够参加志愿者服务，做一些公益事情，为社会做点贡献，感到十分自豪。虽然我们做的不可能是惊天动地的事情，但是，至少我们在一点一滴、一步一步地积攒自己的人生汗水，也算是对社会母亲哺育我们这么多年的回报。

在这一次，我们的服务地点是小镇的图书馆，这里每天都会有很多勤劳刻苦的学生来学习，所以，这里的环境卫生是很重要的。我们分成两小组，分别在两个阅览室内搞卫生。我拧起衣袖，拿起抹布，看着水桶中浮现出自己辛勤劳作的背影，感到十分充实、开心。在擦桌子的时候，无论是在写作业，还是在看书的人，都会礼貌地把东西收拾一下，让我们打扫，这让我们感到这是一个和谐、融洽的大氛围……

在小镇图书馆打扫

是的，帮助他人，服务社会，就是这样简单，不需要华丽的语言，不需要高超的技巧，不需要专业的训练，不需要独特的赏识，不需要多大的力气，只要你从心出发，从真心出发，你就能收获到给予的果实。俗话说：给予永远比接受更快乐，我们在帮助别人的同时，也是在不断地提高自己的社会价值观、人生观念，改正自己不对的思想，丰富我们的个性，也为以后步入社会打下基础，何乐而不为呢？

扫扫地、擦擦桌、倒倒垃圾都不是什么大事情，只要你肯付出，肯伸出你的手，肯把尘封已久的真心拿出来，就能做到，这就是服务，这就是志愿。做志愿者不是惊天动地的事情，但是因为有志愿者的存在，有他们的真心，有志愿活动的举行，社会才得以欣欣向荣。所以，让我们每个人都投入志愿的热浪中，为搞好社会风气、社会环境，为营造更好明天而努力，相信你一定能做到！

——初二（6）班黄明惠

"每人都捐出一点爱，世界就会更光明！"一个学期过去了，得到的是开心、是赞扬、是对学习的万分热情。但是，对比起假期在家里独自玩电脑、看电视的同学，我觉得我们的志愿者活动更有意义！

在志愿活动中，我们的体质得到了进一步的增强，心理得到了进一步的升华！这是那些在家里游手好闲，"衣来伸手，饭来张口"的同学所不能体会到的一种美德。正因为这种美德，我们才能够拥有如今那"人人为我，我为人人"的美好社会。的确，如果没有那些肯为人们付出的志愿者们，我们又怎能将这种美德发扬下去呢？可见，志愿不是所谓的"交易"，它包含了所有志愿者对社会的一种奉献，一种默默无闻的奉献，一种可以世世代代流传下去的奉献！

为了实现人们所向往的理想社会，为了能让更多的人感受到生活的温暖，成为一个志愿者，何乐而不为呢？

——初二（6）班谭国炜

（四）评价表（略）

（五）教师点评

活动的过程，也是学生受教育的过程。本次服务实行的时间长，参与人员多，教师指导的范围有限，但是却充分发挥了学生的主观能动性，很大程度上实现了学生的自我教育。在本课程实施的过程中，学生成为志愿者，或自发，或参加社会团体，在服务活动的过程中都充当着一定的角色，一个小小的清洁者，一个传单的派发人，或者是活动的组织者，他们在活动的过程中都有所体会，也许只是感觉到劳累，也许是组织协调能力、沟通能力得到锻炼，但是对学生志愿者本身都是一种课堂上无法得到的体验，都是一种身心的锻炼。

案例4：

弘扬优秀客家文化活动方案

东莞市第八高级中学　　指导老师：曾鹏辉

一、活动背景

客家文化是樟木头镇的特色之一，也是我国传统文化的优秀代表之一，学生也较为熟悉，对此活动有较为深厚的兴趣，也有较好的情感基础；同时学生周围有较多的物质资源与人力资源，能有效地助力此活动的完成。弘扬优秀客家文化活动是一个专题活动，它包括理论奠基阶段、校本课程与分专题研究阶段——客家麒麟舞的弘扬、客家小吃的传承与发展、客家建筑的研究与分析等。

二、活动目标

（1）知识目标：开阔学生的文化视野和思维空间，以发展开放的眼光对待传统文化；激励教师开阔视野，转变课程观念，提高开发课程水平，引导教师做研究型的教师。

（2）能力目标：在活动中培养学生的合作精神，策划、组织、协调和实施的能力以及具备搜集和处理信息的能力，使学生学会人际沟通和交流，能主动参与，乐于探究，具有初步的创新精神和实践能力，提高学生的人文与科学素养。

（3）情感、态度与价值观目标：培养学生的探究意识及能力，增加学生的民族自信心与爱国、爱乡、爱家的情感；通过校本课程与研究性学习让学生感受与体验客家文化的魅力，初步养成对社会的责任心和使命感。

三、活动前准备

（一）知识储备与兴趣提升阶段（校本课程的开展）

为了让学生对客家文化有所了解，在2011年下半期我们开了校本课程"走进客家生活，品味客家人生"。主要开了8节课，分别介绍了客家概况、追根溯源和探索客家源流、搜寻客家姓氏和历史人物、客家民居赏析等，通过多媒体、录像资料、互联网与带学生实地调查相结合的教学方法，增强学生对客家文化的了解，提升学生对客家文化的兴趣。

［课程内容与课时安排］

计划安排7课时，具体安排如下：

（1）介绍客家概况（1课时）。

（2）品味客家文化（1课时）。

（3）追根溯源和探索客家源流（1课时）。

（4）赏析客家方言（1课时）。

（5）搜寻客家姓氏和历史人物（1课时）。

（6）客家民居赏析（1课时）。

（7）客家麒麟舞的传承（1课时）。

［课程形式］

（1）学时：每周1课时，共7课时，安排在高一、高二年级进行。

（2）教学工具和手段：互联网、多媒体课件、录像资料、教学模型。

（3）采取教师讲授、学生实地调查相结合的教学方法。

［课程评价表］

"走进客家生活，品味客家人生"学习评价简表

评价指标	评价		
	自评	互评	指导老师评价
发现问题的能力			
搜集资料的能力			
应用知识的能力			
合作沟通的能力			
解决问题的能力			
出勤情况			
调查报告的质量			
备注			

注：评价等级分为优、良、合格与不合格。

这一份表从横向与纵向来评价学生的学习，有自评，也有互评，有能力评价也有出勤评价，是一份较为合理的评价。

［课程效果与收获］

学生的知识与能力有较大提升；激发了对保护客家文化的热情；加速增添了我校的文化底蕴；在全校与全镇弘扬了客家文化。

［教学反思］

（1）这次校本课程的开展更注重学生的实践，坚持实践第一、感受第一和体验第一的原则，力求达到课程活动化，活动课程化。在实践中得到真实的感受和体验，培养了学生个体独特的实践精神和创新能力。

（2）在分析问题中培养了学生综合运用各种技能查找资料、获取信息、筛选信息、辨别真伪的科学态度和素养，并在解决问题的各项实践活动中培养学生寻求自我成长的实践精神和创新意识。

（3）学习的方式也发生了转变：一是合作学习。学生开始了合作学习的尝试，如在客家姓氏调查中，就让学生组成合作小组，一起查找资料，一起讨论，促进同学之间团结协作的精神。二是注重学生体验生活。我们走近了樟木头的客家文化发源地之——官仓祠堂，虽然祠堂不再如新，但是细细观察与品味让学生不得不感叹建筑之精美，感叹客家的文化沉淀。在这个综合实践过程中，教师是学生学习的合作者、引导者和参与者，教学过程是师生交往、共同发展的互动过程，教师由居高临下的权威转向"平等中的首席"，使教学过程变为一种动态的、发展的、师生真正富有个性化的创造过程。

（4）当然，此次校本课程还存在缺陷，如所涉及客家文化的范围太广，学生对客家文化的了解过于肤浅。只有真正地进行深入地探究其中的某个方面，才能真正全面锻炼学生的能力，提高学生的研究能力；不够贴近学生的生活，可以找一些更贴近学生兴趣的，如学生熟悉的客家山歌、麒麟舞等学生都非常感兴趣。

（二）学生研究性活动与重点实施阶段

1. 选取课题

有了校本课程的铺垫，提升了学生对客家文化的兴趣，2012年下学期有学生主动找到我，希望能更加深入研究樟木头的客家文化。根据学生的需求，我给学生提供了几个可以选择的课题，最终我们共同选择了樟木头镇的文化名片——麒麟舞。麒麟舞是国家级非物质文化遗产，现在在樟木头发展得如何？有什么样的保护与传承措施呢？对于青少年的我们为什么对如此巨大的精神财富知之甚少呢？

2. 写出开题报告

课题名称							
导师		年级		班级		时间	2011 年　月　日
课题组长	1 人	课题成员		4～5 人			
课题简要背景说明	简要说明课题是如何提出来的，有何价值等 （可以从社会、学科、个人兴趣、现实等方面说明）						
可行性分析	课题的操作性（分析课题大小、含义、层次、变量等） 课题的实际性（分析学校的教学资源、学生已有的知识水平和能力，教师的特长及水平等） 课题的其他方面						
课题目的与意义	说明通过课题研究可获得的知识、能力等						
主导课程	（填主要涉及学科）		相关课程				

研究实施步骤	阶段	时间	主要任务	目标
	一		选择课题	
	二		开题报告	
	三		查找资料 访问调查 实验操作 实地考察	
	四		分析研究	
	五		汇总整理	
	六		结题报告（论文）	
	七		交流体会	

所需条件	如：图书资料、实验器材、交通工具、网络设施、资金准备等
预期成果	如：论文、调研报告、制作模型、实验报告等 说明表达形式：文字、图片、实物、音像资料等
导师意见	指导老师简述： 铺垫知识、指导方法、组织管理、协作参与、预期成果等方面设想

3. 指导活动开展

先指导学生查阅有关的资料和文献，让学生对研究性学习的实施过程和步骤有大致的了解，并让学生提出自己的研究方案，再共同讨论、探讨，对方案进行修整、完善，最终才确定研究方案和实施过程。在实施过程中，每个星期都安排固定时间与学生碰头接触，通过交流探讨，了解上一阶段的活动进展情况，讨论上阶段所出现的问题，协助学生解决，同时，讨论下一阶段的活动如何开展。

具体开展过程如下：

步　骤	方法	具体工作
访谈前期准备	文献法	利用网络查找资料，了解访谈的相关事宜，注意事项
初步了解樟木头麒麟文化	文献法	利用网络、书籍（图书馆）查找相关资料，了解相关信息，并分析找切入点
采访文化站站长	访谈法	了解樟木头麒麟舞文化的相关信息
采访麒麟舞协会会长	访谈法	了解樟木头麒麟舞文化的相关信息
采访"眨眼麒麟"刘金星	访谈法	了解樟木头"眨眼麒麟"制作的相关信息，条件允许的情况下亲身体验制作
参观樟罗社区、刘屋村祠堂博物馆	实地考察	搜集相关资料
了解麒麟文化公园	实地考察	搜集相关资料
观看并参与麒麟舞协会或相关麒麟队的练习	亲身体验	深入体验文化
春节期间跟踪拍摄麒麟舞	亲身体验	深入体验文化
设计"麒麟文化知多少问卷调查"问卷并发放调查	调查问卷法	麒麟舞的发展、措施、弊端
撰写课题论文		根据研究内容撰写论文
论文答辩		介绍课题研究+问辩环节

4. 活动成果

（1）开题报告在全校学生面前进行展示与答辩，表现得非常精彩，成为校研究性学习的典型与模范。

（2）学生通过一系列的努力，写出了一万一千字的论文，这对于高二学生来说是非常难能可贵的，更为重要的是学生写的论文体现了严谨客观的态度，写出来的论文逻辑性、条理性都非常强。

（3）学生在校与樟木头中学都发出宣传海报与倡议书，取得了一定的社会影响，增加了学生对客家文化的关注，激发了学生对保护客家文化的热情。

（三）教学反思

看着学生交上来的一万多字沉甸甸的研究性学习课题的调查研究报告，看着同学们在校园各处对麒麟文化的热情与传播，作为指导老师心里有着无限的感慨。

（1）社会实践活动的形式比课堂的书面教学形式带给学生更多的东西。不仅学生的调查研究能力、社会交往能力等方面都得到了极大的提高，而且也让学生明白了团队的重要性，学会如何去处理同学关系，培养其克服困难的毅力，走出去更加的从容大方。

（2）对于调查型的研究性学习课题，由于课题主要是通过调查问卷来进行的，因此，调查问卷的设计就成了调查研究工作的重中之重，而问卷设计得是否合理准确，是否具有信度更成了整个研究性学习课题成败与否的关键之处。除了设计之外，如何进行调查问卷的收集、对数据进行统计与分析也是让人头疼的问题，要不是求救于信息科的老师，这将使这次研究性学习难以维持下去，所以作为指导老师的我，更加应该熟练地掌握这些常用的网站与软件。

（3）学生在活动中表现出极深厚的兴趣和非常积极的主动性，调查研究过程中表现出良好的协作精神、沟通能力和信息处理能力。学生的许多独特见解、思想火花和他们的动手能力，让人吃惊和欣喜。研究性学习活动确实有利于学生创造性思维的培养、有利于学生综合素质的提高。教师要大胆放手让学生自主，鼓励学生发挥其主观能动性，大胆尝试，尽量做到不干预、少指导、多关注。

（4）对学生的研究性学习活动应该主要从活动过程进行多次评价，每一次评价都应该是一次阶段性的总结和指导，指出学生在调查研究活动中的问题和不足，鼓励学生大胆尝试与创新。使学生在整个研究性学习过程中都能保持较高的学习热情，持之以恒，稳步推进。杜绝期初开题、中间不管、期末写小论文的形式主义。

附：学生成果（活动报告）

弘扬樟木头麒麟舞

东莞市第八高级中学　学生：赖思敏　蔡晓彤　连运东

指导老师：曾鹏辉

一、活动背景

2011年东莞樟木头麒麟舞成为国家级非物质文化遗产保护项目，让我们深感自豪与骄傲。据史料记载，早在450年以前，麒麟艺术就跟随着客家先祖们，从中原大地辗转来到南国，并扎根于樟木头这块神奇的土地上。经过几百年的风风雨雨的磨难，如今在这个经济高速发展的地区，还完整地保存着这延绵了数百年的客家民俗文化麒麟舞，其已成为镇里独特魅力的一道文化风景线。

我们期望通过深入探索东莞樟木头麒麟文化，分析樟木头麒麟文化发展现状，挖掘麒麟舞丰富的精神内涵，组织同学们学习麒麟舞，并在社区开展弘扬活动，从而推动这一非物质文化遗产的保护。

二、活动目标

（1）在活动中培养合作精神，培养策划、组织、协调和实施的能力，学会人际沟通和交流。

（2）在活动中主动参与，乐于探究，培养初步的创新精神和实践能力，提高人文与科学素养。

（3）培养探究意识及能力，增加民族自信心与爱国、爱乡、爱家的情感感受，体验客家文化的魅力，养成对社会的责任心和使命感。

三、活动计划

在查阅有关文献资料和向相关专业人员请教的基础上，从摸清现状入手，通过走访有关单位，进行专家访谈及对游客访问，开展问卷调查及实地考察等多种形式，探究麒麟舞在樟木头发展的现状及存在问题；寻求这一非物质文化的保护方法；在社区中展开保护、传承、开发利用的活动，最后提出对策和建议，以引起社会的重视与关注。

其主要实施方案如下：

活动实施方案

步　骤	主持人及分工	具体工作
初步了解樟木头麒麟文化	赖思敏 蔡晓彤 连运东	利用网络、书籍（图书馆）查找相关资料，了解相关信息，并分析找切入点
采访文化站站长、 采访麒麟舞协会会长、 采访"眨眼麒麟"刘金星	赖思敏 蔡晓彤	了解樟木头麒麟舞文化的相关信息；了解樟木头"眨眼麒麟"制作的相关信息，亲身体验制作
参观了解樟罗社区、刘屋村祠堂博物馆、麒麟文化公园	连运东 赖思敏	搜集相关资料
参加麒麟舞协会，学习麒麟舞——进社区表演并跟踪拍摄麒麟舞——在校运动会表演麒麟舞	赖思敏主持 全员参与	深入学习体验文化，将麒麟舞与现代舞进行结合，在校运动及社区进行展示，也许不完美，但要让同学们对麒麟舞有全新的认识，引起同学们的关注与兴趣
设计"麒麟文化知多少问卷调查"问卷并发放调查	连运东	麒麟舞的发展、措施、弊端
撰写社区服务实践报告	赖思敏主持 全员参与	根据服务学习内容撰写报告

四、活动实施

1. 了解麒麟舞现状

客家人坚信自己是"龙的传人"，"龙生九子，麒麟为长"，由此赋予了麒麟独特的文化内涵，并从中找到认同感、自豪感和归属感。樟木头麒麟舞以社区、村落为单位，融音乐、舞蹈、工艺美术、杂技于一体，多为口传身授，每个姓氏自当一门，多为祖传，世代相承。

改革开放以来，樟木头麒麟舞表演队从小到大，不断发展，至目前已经形成一支集编导、创作、表演、工艺于一体的麒麟艺术队伍。现有麒麟队 21 支，分布在全镇 9 个村委会的 16 个自然村，队员达到 1 000 人。樟木头镇麒麟（醒狮）武术协会机构一个，但各个社会团体共同面临的问题是资金不足，训练不够，这些问题在这两年表现突出。

2. 我们的活动过程

活动过程

图　片	活动内容	备注
	查阅资料 (电子阅览室、图书馆、新华书店等)	搜集查阅与麒麟舞相关的资料
	走访相关部门 (文化站、国家非物质文化遗产麒麟舞传承基地)	了解麒麟的历史与发展相关情况； 参观遗留下来的麒麟
	实地考察 (大年初四镇政府前；麒麟公园建设地)	感受麒麟舞的风采； 了解麒麟文化的现状。 细致、详尽、有重点地调查了麒麟的现状，探究麒麟之前受冷遇的原因及现在又重新得到重视的原因
	设计调查问卷 (八中同学们)	设计关于麒麟文化的问卷调查，并对问卷进行收集、整理
	调查访谈 (对麒麟文化感兴趣的行人、同学们及麒麟舞的人员进行访谈)	展开形式多样的讨论，听取对麒麟文化发展的建议

续上表

图 片	活动内容	备注
	专家咨询 （采访蔡氏麒麟舞第七代传人蔡玉财先生，"眨眼麒麟"制作者刘金星先生）	向有关专家了解麒麟文化的历史与发展情况。发掘出麒麟文化的传承与发展的价值及意义，丰富麒麟文化的内涵
	统计分析，得出结论 （小组成员一起讨论分析）	强调了麒麟舞的文化与经济的两重性及其作为一种特色的开发，具有推动地方旅游经济发展的作用

3. 提出麒麟舞保护与传承发展的具体对策与建议

（1）弘扬和宣传麒麟文化。

体育节上的麒麟舞　　　　校艺术摄影展中的麒麟图片

随着社会的进步，世界各国的交流日益频繁，西方文化大量涌入中国，传统文化饱受冲击。年轻一代多追崇电子音乐、多媒体音乐、流行音乐。在五花八门的娱乐可以选择的前提下，相对单调的麒麟舞这种传统文化生存空间变得非常狭窄。同时，青少年在成长过程中，接触更多的是享乐文化，更加追求其轻松与功利性，像麒麟舞这样的传统文化对于他们没有任何吸引优势。这对麒麟文化的弘扬和宣传带来了巨大的阻碍。如果青少年对麒麟文化的兴趣日益减少,仅靠老一辈人在苦苦支撑,麒麟文化距离消失也就不远。

因此我们必须取得政府和市民的支持,提高青少年的兴趣,只有发挥各方面的优势,麒麟文化才能重获新生。

(2)扩大麒麟文化的生存空间。

麒麟是客家文化的特色之一,代表着樟木头的特色历史。在访谈蔡玉财先生时谈到,现在的麒麟舞不像古时只传子,为了广泛宣传麒麟舞,不论是男女,本村还是外地,只要肯学,都愿意传授其技艺。可是现在愿意学麒麟舞的人越来越少,会舞的人也仅仅局限在本村的少数人。

在我们的调查中,发现各个历史时期虽然都有不同程度的麒麟舞活动,都有所改革创新,但仍存在着局限性。主要体现在:一是麒麟舞需要日积月累的学习训练,现代的麒麟舞还需要一点武术的底子;二是麒麟舞的音乐与动作略显得单调,热闹有余而内涵不足,限制了后人的传承与对此的广泛喜爱。

应举办麒麟舞活动、开办麒麟兴趣培训班,吸引更多的人学习麒麟舞的相关内容,让人们在社会竞争激烈、生活节奏加快的同时寻求精神舒缓;推进麒麟舞在国际上的交流,加快麒麟舞走向世界的步伐,让世界充分认识中国古老艺术的魅力和精髓。

五、社区推广

为了让社区的人们了解到弘扬当地优秀传统文化的重要性,知道有一群高中生正在为弘扬传统文化而努力,激发他们对弘扬与发展麒麟文化的热情,我们在2014年5月10日上午在樟木头镇官仓社区蔡氏宗祠堂前开始了麒麟舞进社区的活动。

1. 准备工作

(1)提前查阅当天的天气情况。
(2)制作且印刷挂在社区宣传栏的"弘扬客家优秀文化——麒麟舞倡议书"。
(3)制作相关的宣传资料,印刷《樟木头麒麟舞知多少》。
(4)准备横幅。
(5)安排宣传人员(宣传单的发放人员、麒麟舞表演人员、后勤人员)。
(6)准备桌椅与矿泉水。
(7)与官仓社区工作人员协调沟通,协商宣传栏的位置与活动当天的安排。

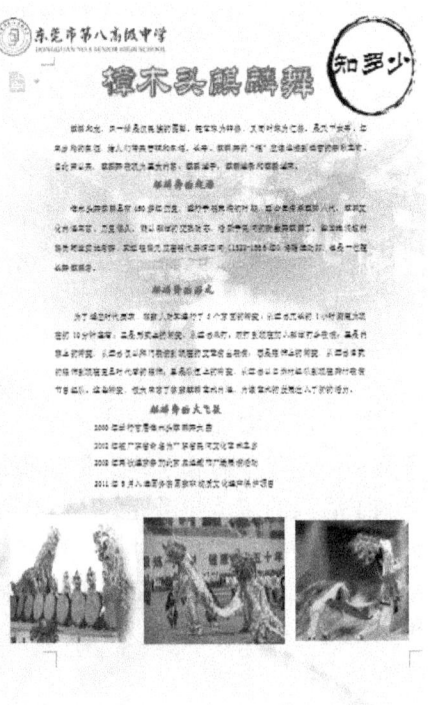

麒麟舞宣传资料

2. 现场执行物料清单

横幅、宣传单（100张）、一张倡议书、一箱矿泉水。

3. 经费来源

分为两大类，自费（矿泉水与纸笔）＋赞助（向社区和樟木头文化站申请赞助）。

4. 活动流程

（1）现场布置（挂横幅、展示倡议书、桌子摆设）。
（2）派发宣传资料。
（3）麒麟舞表演。
（4）麒麟舞与嘻哈舞相结合的表演。
（5）共同宣读倡议书。

这一次社区推广的效果是显著的，不仅让官仓社区的居民对麒麟舞有了全新的认识，对麒麟舞有了新的思考，居民们也被同学们的热情所感染，被他们这种弘扬优秀文化的精神所鼓舞，对同学们赞不绝口；樟木头镇文化站对我们同学为麒麟舞的宣传与推广做出这一系列的活动表示了高度的肯定，同时对我们学校这样提倡同学们走向社会的行为也表示了极高的认可。可以说，这次同学们是一举三得，弘扬了优秀传统文化、获得了人民的肯定、为学校增光添彩。

麒麟舞表演

六、服务效果

第一，基本目标达到。让更多的人了解麒麟舞，激发了居民对弘扬与发展麒麟舞文化的热情。

第二，锻炼了我们的社会交往能力，例如如何与社区工作人员进行沟通，如何向居民介绍麒麟舞的相关知识；培养了我们的整体规划能力，虽然是仅仅两个小时的活动，但是需要准备的时间却是很长的，需要准备的东西也很多，事情要考虑到细致周到，需要很强的整体规划能力；同时证明了团队的作用，加强了我们团队的协作能力。

第三，在这次推广活动中也有很多需要改进和加强的地方，如处理突发问题的能力，当我们赶到集合地时，宗祠前面已经停满了卖衣服的车，如何跟做生意的叔叔阿姨进行协调也考验我们的能力；在申请经费时，我们的范围还很小，仅仅是通过熟悉的人来寻找帮助，那么，下次开展活动时，是否可以拿出一份能说服企业来赞助的方案呢？能否让这样弘扬传统文化的活动得到企业的认可，能否让这样的活动开展得更大一些、更有效一些，这都是我们今后要努力的方向。

总之，这一系列的综合实践活动给予了我们的不仅仅是课本上的内容，而是让我们真正走进社会，将理论联系实际，并培养了我们的人际交往能力与综合素质，这将会让我们更明确今后的学习方向，更快地融入社会！

七、教师点评

几个月的辛苦学习，增加了同学们对传统文化传承的责任感。学习麒麟舞是需要武术基础的，在短短几个月中，同学们不仅学会了一门优秀传统技能——麒麟舞的基本套路，而且从精神上得到了升华，有了直面困难的勇气，坚强的意志，增加了小组成员合作意识与社会交往能力，同时也结交了一群志同道合学习麒麟舞的兄弟，获得了一份深厚的感情。同学们最独特的创意将麒麟舞与嘻哈舞的完美结合，通过斗舞的方式让麒麟舞闪闪发亮，这种麒麟舞的创新与发展将启发更多人对麒麟舞形式进行创新，我想将他们称为东莞樟木头麒麟舞的继承者是当之无愧的。

而在社区弘扬麒麟舞惊艳的出场，让社区居民对麒麟舞也有了全新的认识，激发了居民对麒麟舞的兴趣与热情，赢得了满堂喝彩！

案例5：

敬老院探访志愿者活动

东城初级中学团委会社区服务活动小组　　指导老师：许伟沛

一、活动背景

敬老、爱老是中华民族的传统美德，东城区政府每年都举办敬老节，以表达对老人的关爱，除此以外在更早的时候镇政府就已经开办了老人院，让老人家在这里安享晚年。但是，仅仅提供物质生活的保障是不够的，对老人家的社会关爱和人文关怀同样重要。敬老爱幼是东城初级中学德育的重要内容，为了响应政府的号召，将敬老爱幼的传统美德在寒、暑假期间渗透到学生的日常生活中，在校团委和各个年级的动员下，每年的寒暑假都有相当一部分学生以班级为单位到敬老院进行老年人探访慰问活动。

二、活动目标

（1）让学生在寒暑假期间充分利用时间参与敬老、爱老方面的志愿活动，提高社会阅历和综合实践能力。
（2）以班级为单位进行志愿服务活动，增强班集体凝聚力。
（3）通过志愿活动，提高学生与老年人进行沟通的能力。

三、活动前准备

（1）做好寒暑假学生志愿者活动通知和思想动员工作，注重做好安全教育。
（2）与敬老院负责人进行沟通，计划和安排好学生志愿者的志愿工作安排。
（3）召开各班班长、团支书集体会议，将活动要求、注意事项进行宣讲，志愿服务活动过程中，要求穿校服，注意形象，特别要求各班负责人在志愿活动过程中要注意纪律问题，并做好活动记录，包括拍摄照片，写好志愿活动简讯以及参与者在活动过后将感受写成心得。

召开活动会议

四、活动过程

开展志愿服务活动

由于该志愿服务活动是在校团委指导下，各班级自主进行的志愿服务活动。多年来，东城初级中学学生寒暑假累计到敬老院进行的志愿者服务活动不下 50 次。各参与班级的实施步骤和进行志愿服务的内容各不相同，以下所提及的是活动的基本步骤。

（1）由各班班长或者志愿者活动负责人提前与学校团委负责人进行沟通，制订本班计划志愿服务内容。

（2）各班志愿者在学校团委组织下到东城敬老院进行慰问老人活动。

（3）活动过后，班长组织志愿活动分享会，由班长或者各个班级志愿服务的负责人将活动以文字加图片的形式编辑成为简报，并请参与活动的志愿者同学写下活动心得。

五、活动成效

通过寒暑假学生在敬老院进行的系列敬老志愿活动，我们发现，学生的组织能力、创造能力、品德素养远远超出了我们的预料。学生本身作为教学的一种资源，只要激发得当，便可以发挥巨大作用，学生的能力是不可估量的。学生通过学校团委的组织，自发自主地参与到敬老志愿服务当中，本身就是一次人生观、价值观的教育。

六、教师反思

敬老志愿服务如何更有组织性？敬老志愿服务除了寒暑假以外能否持续进行？敬老的志愿服务如何能够变成常规性的志愿服务？如何将学生志愿者和其他志愿团体联合起来进行敬老志愿服务，让志愿服务更有计划性，使服务做得更加全面，让学生受到更加深刻的思想品德教育？如何更好地激发学生的积极性让更多的学生参与到敬老志愿服务当中？这些都是值得我们去深思的问题。

附：学生成果（活动报告）

敬老院探访志愿者活动

东城初级中学团委会社区服务活动小组　指导老师：许伟沛

一、活动背景

社会调查表明，东莞市60岁以上的老龄人口呈快速上升趋势，老人问题已成为社会问题。所以，我们把"尊老敬老"定为我们小组的活动宗旨。敬老、爱老是中华民族的传统美德，敬老爱幼也是东城初级中学德育的重要内容，我们利用寒暑假时间到敬老院进行老年人探访慰问活动。

二、活动目标

（1）参与敬老、爱老方面的志愿活动，提高社会阅历和综合实践能力。
（2）以班级为单位进行志愿服务活动，增强班集体凝聚力。
（3）通过志愿活动，提高学生与老年人进行沟通的能力。

三、拟订活动方案

活动方案

活动主题	敬老院探访志愿者活动			
活动背景	敬老、爱老是中华民族的传统美德，敬老爱幼也是东城初级中学德育的重要内容，我们利用寒暑假时间，到敬老院进行老年人探访慰问活动			
活动目标	提高社会阅历和综合实践能力；提高与老年人沟通的能力			
解决方案及实施方法	部门	负责人	时间与任务	
	活动策划组		策划9月中旬前后，与敬老院联系，商讨志愿服务的时间、内容、参与人数以及要求	
	宣传活动组		10月制作海报在校内宣传，招募志愿者。11月志愿者学习服务的任务、要求、细节以及安全问题	
	后勤服务组		准备慰问老人的物品	
可行性	我们的活动得到校德育处和团委的支持，服务的内容也很简单，我们有能力胜任服务工作			
经费预算	购买慰问品等经费预计100元			
预期成果	活动结束后，登记服务记录表，撰写活动报告			
评估方式	运用评价指标进行评价			

四、活动过程

（一）活动前期策划组织

各班班长、团支书召开集体会议，对活动要求、注意事项进行说明。团委老师给各班开具志愿服务介绍信，并且与各社会志愿服务团体取得联系。进行纪律、安全教育。

（二）服务活动开展

（1）各班用筹集的班费购买了慰问品。

（2）各班级代表在敬老院负责人的陪同下与老人一起观看戏曲表演；给老人分发购买的慰问品；和老人聊天等。

（3）活动过后，班长组织志愿活动分享会，由班长或者各个班级志愿服务的负责人将活动以文字加图片的形式编辑成为简报，并请参与的志愿者同学写下活动心得。

在敬老院志愿服务

（三）服务心得体会

在本次活动中，我们主要是去敬老院做志愿工作。在敬老院里，我们为老人家们派水果的时候看见了他们的笑容，我深深地感受到：其实，对他们来说，快乐不在于我们所送的礼物的贵重，而是在于我们让他们知道原来有这样一些人会来关心他们，爱护他们，为他们带来温暖。尽管这次活动中的表演准备得不够充分，可是我相信，只要我们发自内心地帮助他们，他们一定会感受得到的。所以，我认为这次志愿者活动我们已竭尽所能，活动圆满结束。

——刘同学

志愿服务是义务的、无私的，志愿者牺牲的是自己的休息时间，换来的是他人的微笑、感激和快乐，这是一种心灵上的收获。一桩桩好事，是一串串美妙的音符，常常使我内心陶醉，细细品味收获的喜悦。

尊老是中华民族的传统美德，作为新世纪的中学生，更有责任和义务发扬这一美德。我们为响应团委的活动组织探访老人的活动，为他们送上温暖与祝福。

第一次踏进敬老院的感觉是，这个地方有点小，这里的老人会更孤单。这个小小的地方，没有很多的人去照顾老人。对这样的环境，有一些难过。这里的老人很多身体都不太好，有些老人走路困难，有些听不到，有一些看不清，大大小小的问题都有。

他们的眼神流露出一种孤独与渴望，日子一天天过着，他们盼望的、想要的会是什么。我们不是他们的子孙，对于他们没有太多的亲切感，他们望着我们笑着，多希望是有血缘关系的人。他们骄傲地谈起他们的孩子，有自己的房子有自己的车子，可他们却不能和家人生活在一起。他们骄傲地谈起年轻时的辉煌，却在感叹已经慢慢变老。时间侵蚀着每一个人，在他们身上越显残酷。我们并不能做什么，但至少我们倾听着。我们没有太多的时间陪伴，但我们希望用一个上午去温暖他们。

忘记了听谁说过，我们现在去老人院为老人做一点点事情，也许多年以后我们也会待在老人院这个地方，我们一样也会希望有人看望我们，我们一样希望有人听我们的诉说。也许我们现在所做的，是当我们老时希望有人可以为我们做的。

我强烈地感受到他们对人生的那种乐观态度，他们对生活的那份热爱。我从老人们身上学到了他们对生命的执着，对生活的热爱，对人生的乐观，对身边人的那份关爱。看到他们脸上灿烂的笑容，我心里感到欣慰，在这即将到来的冬天里，希望老人们能够感受到亲人和身边的人给他们带去的温暖。其实在这个秋冬中，他们不会寂寞，不会寒冷，因为有我们，也有你们。

"被需要是一种幸福"。这感觉我是在真正做志愿者之后才获得和理解。把志愿服务当作自己的生活内容和生活方式，时时刻刻去帮助需要帮助的人，做奉献爱心的事，我想这就是当一名志愿者的真谛。希望社会上更多的人把自己的爱变成大爱，把爱传递下去。爱，因为在心中；爱，其实可以感染的；爱，其实没有国度的。伸出你的双手，世界就会充满爱。

——关同学

五、评价表（略）

六、教师点评

通过寒假学生在敬老院进行的系列敬老志愿活动，我们发现，学生的组织能力、创造能力、品德素养远远超出了我们的想象。学生本身作为教学的一种资源，只要激发得当，便可以发挥巨大作用，学生的能力是不可估量的。学生通过学校团委的组织，自发自主地参与到敬老志愿服务当中，本身就是一次对其人生观、价值观的教育。

参考文献：

[1] 王玮. 中学综合实践活动设计与指导［M］. 兰州：甘肃人民出版社，2013.
[2] 潘洪建. 中学综合实践活动指导［M］. 北京：高等教育出版社，2011.

鸣谢 东莞市石龙三中、东莞市第八高级中学、东莞市第十高级中学、东莞市东城初级中学提供的案例。

劳动与技术

第一章　劳动与技术简述

一、劳动与技术的含义

综合实践活动课程中的劳动与技术教育指的是以学生获得积极劳动体验、形成良好技术素养为主要目标，以操作学习、设计学习为主要特征的国家指定性学习领域。

劳动与技术教育强调学生通过人与物的作用、人与人的互动来从事操作性学习，强调学生动手与动脑相结合。通过该领域使学生了解必要的通用技术和职业分工知识，养成良好的劳动习惯，形成初步的技术意识，提高技术实践能力。

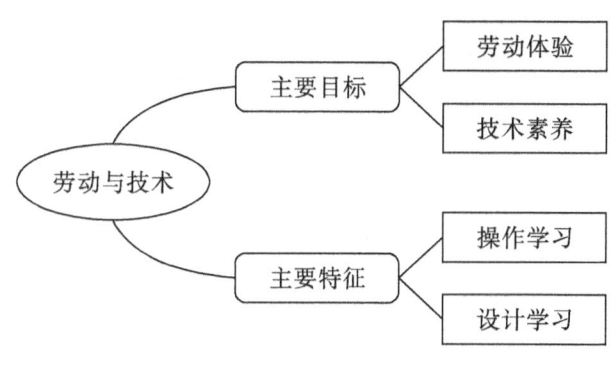

劳动与技术的含义

二、劳动与技术的内容

劳动与技术的活动开展与实施可以选择不同的学习内容。学校可以根据所在地区和学校的具体情况来开展劳动与技术教学，中学生可以从以下几方面开展劳动与技术活动：

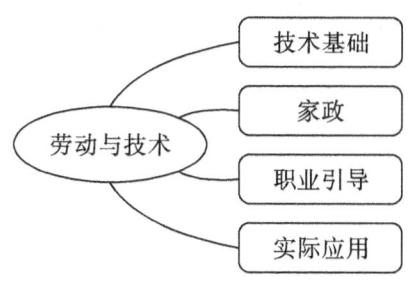

劳动与技术的内容示例

（一）技术基础

技术基础内容选择具有开放性的特点，包括传统工艺、基本技术、作品设计、技术设计、作品鉴赏、手工制作、种植饲养等。黄江中学开展的刺绣工艺实践活动（传统工艺）、东莞中学在高二年级开展的"抛投机设计与制作"活动（技术设计）、光明中学开展的手工课（手工制作）、黄江中学开展的插花艺术实践活动（作品鉴赏）、常平初级中学开展的"生态瓶"制作活动（种植培养）等都属于技术基础类的活动。

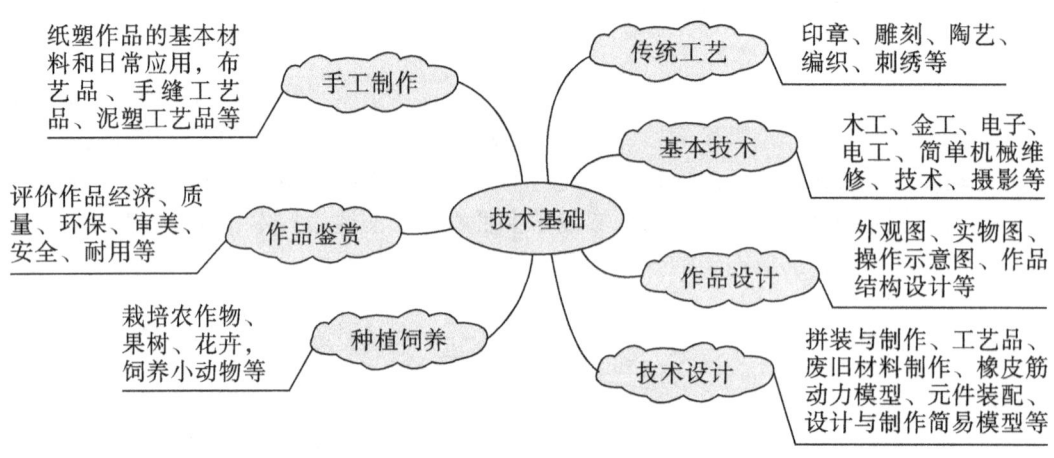

技术基础

1. 传统工艺

留心生活中的材料世界，探究常见材料的性能及其加工与连接方法，体会材料世界的深奥和博大。

黄江中学"刺绣"工艺实践活动

学习目标：

（1）观察和探究生活中的常见材料，知道木料、布料、塑料、金属材料（钢、铜、铝）以及橡胶、玻璃、合金等一些材料的性状、加工特性和用途，熟悉一些常用粘合材料和焊接等连接材料的性能和用途。

（2）掌握一些常见材料的连接方法，会对一些常见材料进行连接。

（3）能识别与选择电子元器件、电工器材及常用标准件。

（4）学会一些废旧材料的简单利用方法。

（5）能够根据材料的质量、用途和性能价值比进行材料的比较和选择。

2．基本技术

通过比较和材料加工等活动来学习使用常用工具和设备，领悟工具和设备对于技术活动的独特意义。

学习目标：

（1）掌握常见家用工具或农用工具的使用与保养方法，知道安全操作要求，能识别一般的农机器具或常见的工业设备。

（2）会使用一些常用工具加工木料及进行小型家具维修，学会使用一些常用工具对金属进行简单加工和对家用金属制品进行简单修理。

（3）学会使用一些常用的电子电工工具，会使用万用电表对常用的电子元器件进行检测，会使用电烙铁进行比较规范的焊接操作。

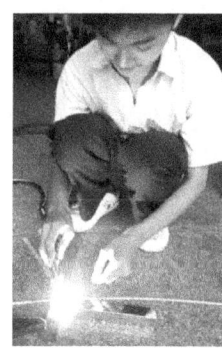

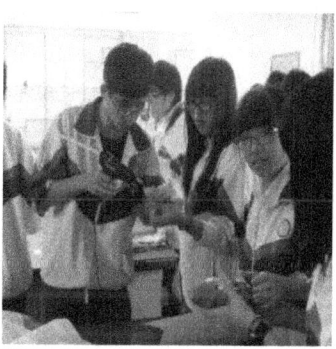

东莞市第八高级中学的学生在进行金工实践

3．作品设计

识别一些简单图纸，能进行简易的作品设计，进一步发展想象力和创造力。

学习目标：

（1）能看懂加工图样中的剪切线、折叠线、粘贴面等符号，能理解简单的外观图、实物图、操作示意图，会看简单实物图。

（2）能识别图纸上标注线、轮廓线、不可见轮廓线、点划线等符号的意义，能看懂简单的电子电工线路图，能根据工件图辨认工件。

（3）能用语言或图形描述简单物件立体结构及设计思路，能根据物件图纸和操作图，进行评价与制作。

（4）能在调查研究的基础上设计与制作简单的作品。

4．技术设计

通过传统工艺品或模型等的制作活动，了解一些工艺品制作的工艺过程或作品制作要求掌握操作学习的一般方法，进一步培养严谨负责的科学态度。

学习目标：

（1）掌握几种作品的制作方法，了解其工艺过程及其制作要求，掌握其安全操作规程。

（2）能根据要求选择合适材料制作建筑模型、缝制小制品或工艺品，能利用当地的自然材料缝制或编制小物件，或用一些常见材料，根据制作要求进行简单模型、玩具或橡皮筋动力模型的制作，并做必要调试。

（3）能根据简单电子线路图进行元件装配，并做必要调试；能自行设计并制作简易模型。

 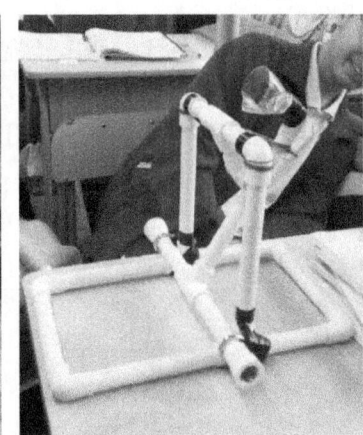 

东莞中学学生设计制作的"抛投机"

5．手工制作

通过木工、金工、电子电工等项目的学习，了解一些简单工业技术的基础知识，掌握一些基本的操作方法，感受技术的奥秘与价值。

学习目标：

（1）知道木工基本工具的使用方法及其安全操作规则，初步学会刨、凿等基本操作，能设计并制作简易制品，并做一定评价。

（2）学会一般金工工具的使用方法；初步学会金属薄板和铁丝的铆、锡焊等加工方法；能利用一些金属材料设计与制作简单的用具，并做一定评价。

（3）能看懂简单的照明线路图，了解电工的一般操作规程以及照明线路常见故障的检查与排除方法，会安装白炽灯和日光灯；能按照实物接线图组装简单的电子制品，并做一定评价。

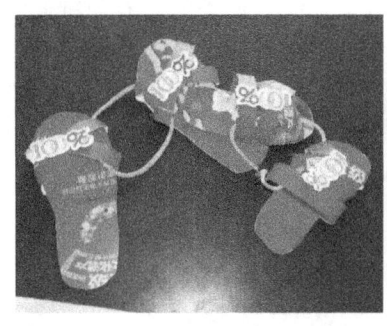 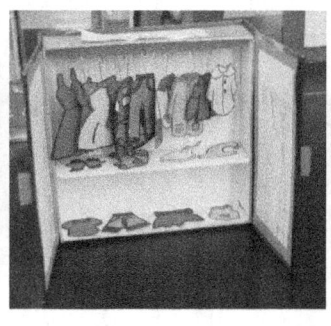 

光明中学学生的手工艺作品

6. 作品鉴赏

通过鉴赏、辩论、测试等活动，对技术作品进行一定的评价，形成初步的技术审美能力。

学习目标：

（1）能就作品的审美、质量、经济、安全、环保等方面的优缺点做出简单评估。

（2）能对自己作品设计、制作过程以及工作环境写出简单的评估报告。

（3）能设计和制作富有创意的作品说明书和介绍材料。

（4）能设计和组织作品的推介或展销活动。

黄江中学学生的插花作品

7. 种植饲养

学会一些作物栽培和动物饲养的一般方法，了解农副产品的生产工艺改进和营销策略方面的知识，学会一些先进的农业生产或农副产品加工技术，丰富劳动的体验，增进创造的愉悦。

学习目标：

（1）初步学会1～2种先进的作物栽培技术，如无土栽培、新品种引种试验、节水灌溉、组织培养等技术，进行改良作物、果树、花卉品种的简单试验。

（2）初步学会1～2种当地需要的先进饲养技术，如新饲料的配制、疫病防治、养殖管理等技术及其所需设施的制作、保养，能进行简单的动物训练试验，掌握其基本方法。

（3）初步学会1~2种绿色食品的加工制作及保鲜技术，并注意设备的保养与维修，了解一些农副产品的贮藏与加工技术，进行市场调研及营销方案的设计与实施。

常平初级中学学生制作的"生态瓶"

（二）家政

家政包括营养与烹饪、家用器具使用与保养、家庭理财与购物等。黄江中学的"创意可乐鸡翅"烹饪实践活动（菜肴制作）、常平初级中学开展的"让泡菜荡漾在舌尖"实践活动（菜肴制作）以及东莞中学开展的"六管收音机的焊接与调试"实践活动（家电安全）等都属于这一类的活动。

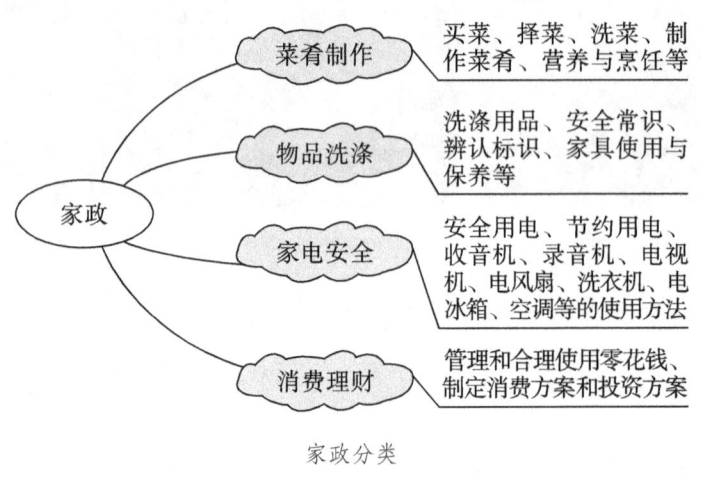

家政分类

1. 菜肴制作

学习简单菜肴制作，并做简单评价，体验生活学习所带来的快乐。

学习目标：

（1）能说出常见食品的种类，能分辨食物的生熟和鉴别变质食品。

（2）在家长的指导下，亲身经历买菜（采菜）、摘菜、洗菜的过程，学习使用常用炊具和做简单的饭菜。

（3）能制作 2～3 道简单的菜肴，并做简单的评价。

常平初级中学开展的"让泡菜荡漾在舌尖"活动

2. 物品洗涤

了解物品洗涤的基本常识，学会清洗衣物器皿，形成良好的习惯。

学习目标：

（1）能使用常用洗涤用品进行一些器具和小物件的清洗，并注意洗涤安全。

（2）能辨认常见纺织品的标识，能在家长指导下进行一般衣物的洗涤、晾晒和折叠。

（3）具有水资源保护的意识，形成节约用水的良好习惯。

3. 家电安全

学会使用家用电器，增强安全意识。

学习目标：

（1）了解安全用电的基本常识，养成节约用电的习惯。

（2）会阅读简单的家用电器说明书，掌握收音机、录音机、电视机、电风扇、洗衣机、电冰箱、空调等家用电器的一般使用方法。

4. 消费理财

通过调查、讨论、购物等活动，形成初步的消费与理财意识。

学习目标：

（1）初步认识货币的意义，学会管理和合理使用零花钱。

（2）参与家庭的购物活动，懂得"货比三家"。

（3）了解家庭的收支项目，形成初步的消费与理财意识。

（三）职业引导

职业引导可结合学生的毕业教育、社会调查和技术基础学习确定具体内容。如光明中学开展的"职来职往""模拟联合国""模拟法庭"等系列活动都属于这一类型的活动。

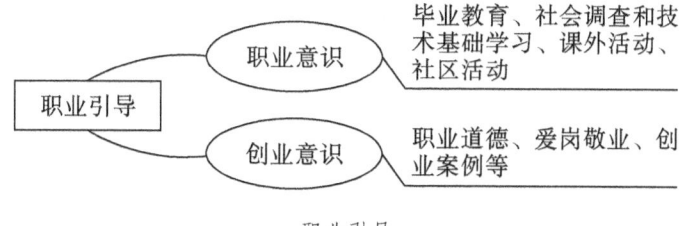

职业引导

1. 职业意识

通过参观访问、查阅资料等活动，初步了解职业。

学习目标：

（1）关心日常生活中成人的职业角色，能说出职业的简单分类，能识别一些不同的工作岗位，了解其工作流程。

（2）知道职业与技术、与社会、与人的成长发展的联系。

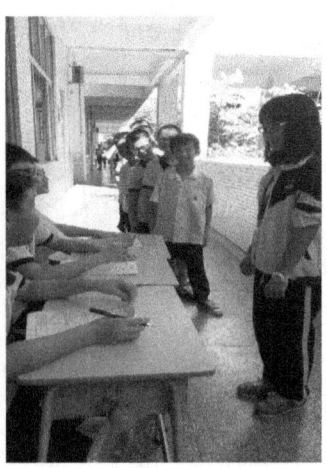

光明中学开展的"职来职往"就业应聘模拟实践活动

2. 创业意识

通过讨论和思考等活动，培养初步的职业意识和创业意识。

学习目标：

（1）知道学业与职业的联系。

（2）能说出1~2个创业案例，萌发初步的创业意识。

（四）实际应用

实际应用的设计性活动包括设计与制作和应用学习两种基本形式，具体有平面设计与制作、立体设计与制作、系统设计与制作以及网络应用设计与制作等。如光明中学开展的手抄报设计与制作活动、东莞中学开展的学生电脑平面设计活动等都是属于这一类的活动。

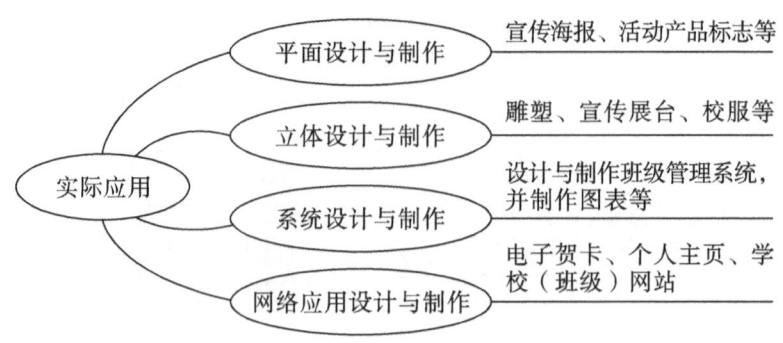

实际应用

学习目标：

（1）了解信息技术的基本知识，学习运用计算机进行一般信息处理，初步领悟技术的神奇魅力和给人类生活带来的变化。

（2）了解信息技术基本工具的作用，了解计算机各个部件的作用，掌握键盘、鼠标器的基本操作。

（3）掌握操作系统的简单使用方法，能熟练地进行汉字输入，会进行文件和文件夹（目录）的基本操作。

（4）能使用计算机绘图工具进行图形的制作、着色、修改、复制、组合。

（5）掌握计算机文字处理的基本操作，会在计算机上进行文章的撰写、编辑、排版和保存。

（6）了解网络的简单应用，会用浏览器搜集材料，会使用电子邮件。

（7）能用计算机制作简单的多媒体作品。

光明中学学生设计的手抄报作品

三、劳动与技术的意义

中学劳动技术课程是培养学生的技术知识、创新思维和实践能力，全面提高未来国民技术素养的重要课程，是培养学生的劳动观点，使学生形成劳动习惯，并初步掌握一定劳动技术知识和技能的教育。中华人民共和国教育部颁发的关于全日制六年制重点中学教学计划试行草案的说明指出："中学阶段开设劳动技术课，进行劳动技术教育，使学生既能动脑，又能动手，手脑并用，全面发展。"劳动技术教育是把劳动教育与工农业生产、社会服务性劳动的技术教育结合起来，其既有利于促进学生德智体等方面的全面发展，也为学生将来的就业准备一定的条件。

（一）教会学生基本的劳动与技术素养

劳动与技术素养包括两个方面：一方面是劳动素养，以培养学生的劳动观点、劳动态度、劳动习惯和热爱劳动的情感为主，重在教育。另一方面是技术素养，主要包括技术意识、技术适应能力、技术实践能力、技术决策能力、技术创新能力等方面。

（二）培养学生的创新精神和实践能力

在劳动与技术教育课中，学生主要通过亲身实践、具体的操作训练来理解和掌握劳动与技术知识。观察、演示、实验、动手操作、实习作业和科技活动等形式多样的颇具实践性的教学环节，都要求学生动手动脑，手脑并用，这有助于培养学生的创新精神和实践能力。在实施劳动与技术教育的过程中，教师可以经常组织学生参加多种科技发明小组、劳动发明互助小组，定期开展劳动与技术发明比赛和成果展览，评选科技小能手、劳动小发明家，使学校形成一种敢于创新、勇于创新、爱科学、爱劳动与技术的良好氛围。

（三）促进学生的全面发展

早在18世纪，卢梭就主张通过劳动与技术教育使儿童"有农夫身手，有哲学家头脑"；马克思明确指出：教育与生产劳动相结合是造就全面发展人的唯一方法，并从全面发展"各育"之间的关系出发，指出劳动与技术教育是德、智、体、美"四育"向实际劳动过渡的中介。劳动与技术是在教育过程中真正使真、善、美内在统一的现实途径。

学生的劳动只有与道德责任、积极思维、审美追求和身体强健等多方面紧密相连时，才会对其精神生活产生积极而深远的影响。劳动与技术教育无论是在培养学生的良好品质，开发学生的智慧潜能，还是在增强学生的身体素质，提高学生的审美能力和技术素养等方面都起着中间的桥梁作用或直接的推动作用。

第二章　劳动与技术的开展

一、劳动与技术的实施原则

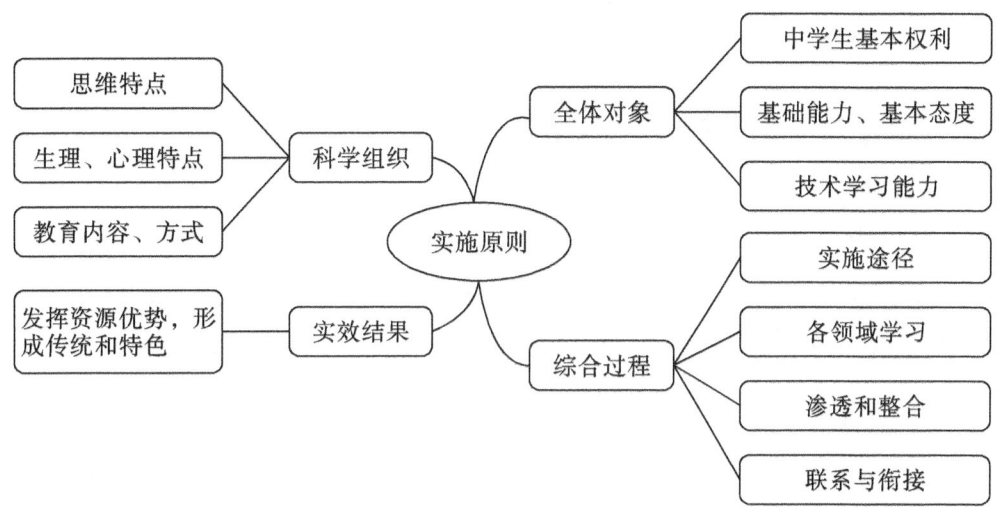

劳动与技术的实施原则

（一）教育对象的全体性

劳动与技术教育是初中阶段每一个学生都必须接受的教育，接受正常的劳动与技术教育也是每个初中生的基本权利。劳动与技术教育的实施应以体现义务教育的普及性、基础性，服从且服务于全体学生的全面发展、主动发展为根本出发点。在实施中，应注重学生基础能力和基本态度的培养，使学生通过丰富多彩的学习活动，掌握技术学习的一般方法，获得可持续的、终身的技术学习能力。

（二）实施过程的综合性

一是注意劳动与技术教育各个实施途径的沟通与结合；二是注意综合实践活动课程内各领域学习活动的统筹规划和有机协调；三是注意劳动与技术教育内技术、家政和职业引导几方面内容的渗透和融合；四是注意劳动与技术教育各个具体项目之间内容的联系与各年级的衔接。

（三）活动组织的科学性

初中阶段，学生的形象思维已有较好的基础，抽象思维也得到初步发展，耐力、平衡性、协调力以及对技术对象的控制性、技术原理的理解力都有较大的发展。要充分考虑到学生生理、心理上的这些变化，同时要遵循技术教育的基本规律，科学地设计、组织学生的劳动与技术学习活动。要注重各年龄段教育在内容上的衔接和方式上的协调。

（四）教育结果的实效性

在实施过程中，要注意从本地区、本学校的实际情况出发，选取内容，确定方式，安排实施计划，尽可能发挥各地资源优势，形成本地区、本学校劳动与技术教育的传统和特色。

二、劳动与技术的课堂模式

（一）"做—教—做"模式

"学生先做—教师后教—学生再做"的新型教学模式则是学生先试着做一做，在遇到困难的前提下，教师给予适当指导，进行必要的讲授，然后让学生再次动手。

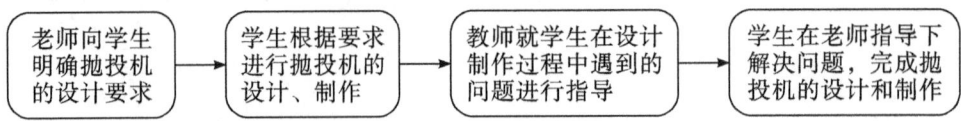

东莞中学"抛投机设计与制作"实践活动的教学过程

（二）"先拆—后做"模式

这种教学模式是让学生在拆的过程中寻求制作方法，为更好地"做"打好基础。这要求教师要做一个有心人，注意收集学生的优秀作品，为教学所用。

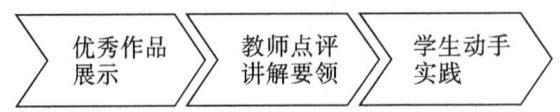

黄江中学"艺术插花"实践活动的教学过程

（三）"赏—评—做"模式

这种模式是用有代表性的若干件学生作品为范例，让学生一件一件地鉴赏、评价其优缺点，从中总结制作方法和技巧，然后再动手创作。

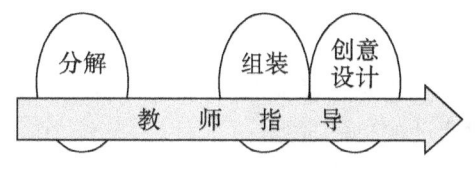

光明中学"机器人DIY课堂"

三、劳动与技术的组织形式

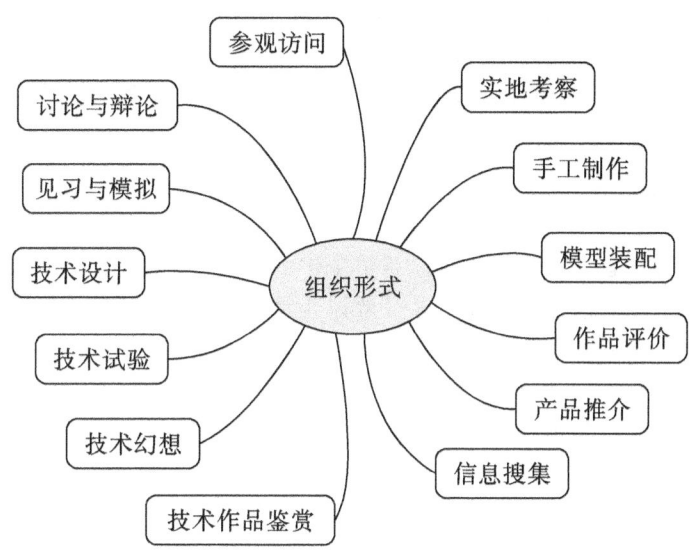

劳动与技术的组织形式

作为综合实践活动中的一个指定领域,劳动与技术教育的实施以学生参与典型经历活动为主要形式。

(一) 活动的设计

活动设计时要从学生的特点出发,注意激发学生的技术学习兴趣。

在保证实现劳动与技术的基本知识、基本技能、基本态度的教育目标的基础上,为学生提供更多自主探索的机会。要把积极的劳动与技术态度和正确的劳动与技术价值观的形成渗透到整个活动中去。

活动设计时需要注意正确处理教师指导和学生学习之间的关系,正确处理学生的基础学习与实际操作的关系,正确处理操作过程中的规范意识和创新意识的关系。

活动设计时要注意活动类型的选择。劳动与技术教育的活动类型主要有手工制作、模型装配、作品评价、产品推介、信息搜集、实地考察、参观访问、讨论与辩论、见习与模拟、技术设计、技术试验、技术幻想、技术作品鉴赏等。

（二）活动时间安排

可以采用集中课时或分散课时，以及课内与课外相结合的方式安排劳动与技术教育活动。要注意劳动与技术活动的整体规划。可以以一节课为时间单位来安排，也可以几节课，甚至更多节课来安排一个活动单元。

（三）活动地点选择

活动地点的选择可视具体情况而定。但一般来说，应有一个相对稳定的活动场所，有条件的学校应设置专用教室。可安排学生参加校内工厂、农场或校外挂钩单位的生产劳动，在农村的学校，可组织安排学生参加当地的农、工、林、牧、渔等的生产劳动；适当安排学生参加校内外服务性劳动和公益劳动；结合生产的实际，进行生产劳动技术知识的教学；组织学生参观工农业现场生产劳动；指导学生参加课外科技学习小组活动等。

四、劳动与技术的资源开发

劳动与技术教育是一个综合性强，与学生生活实际和当地的生产实际、社会实际联系紧密，且以实践为主体的学习领域。一般以当地的经济、社会和技术环境为背景，在现实生活中选择那些对学生发展有益、对未来生活有用、与科技发展有关的内容，综合运用已有的语文、数学、艺术等学科的基本知识，同时融合经济、环境、法律、伦理、心理与健康等方面的教育视野，以学生的亲历实践、手脑并用为特征，设计和实施劳动与技术教育活动。

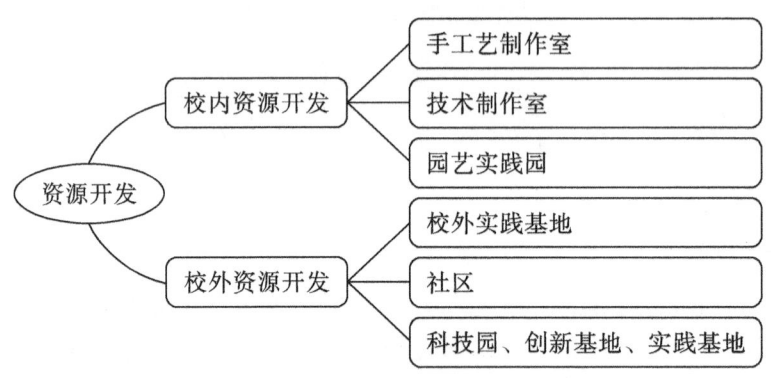

劳动与技术的资源开发

（一）校内资源开发

各学校可以根据实际情况，设立部分功能室或场地，如设立手工艺制作室，完善雕刻、编织、刺绣等传统手工艺的相关设备及工具；设立技术制作室，完善金工、木工、电工等制作台，以及相关基本设备及工具；设立园艺实践园，用于组织学生开展农作物栽培活动。

东莞市第六高级中学的技术制作室　　　　　东城一中的"菜园"

（二）校外资源开发

各学校可以根据地区情况，开发相应的校外资源，如开发校外实践基地，包括农、工、林、牧、渔等方面的资源。

学生在果园、超市等地开展实践活动

可以组织学生定期开展服务性劳动和公益劳动等社区服务活动；开发科技园或其他高新基地、实践基地，组织学生开展参观、体验、实习等实践活动；利用各种机构、各生产和服务行业的专门人才。

学生在参观位于南城的垃圾焚烧环保发电站

五、劳动与技术活动的基本过程

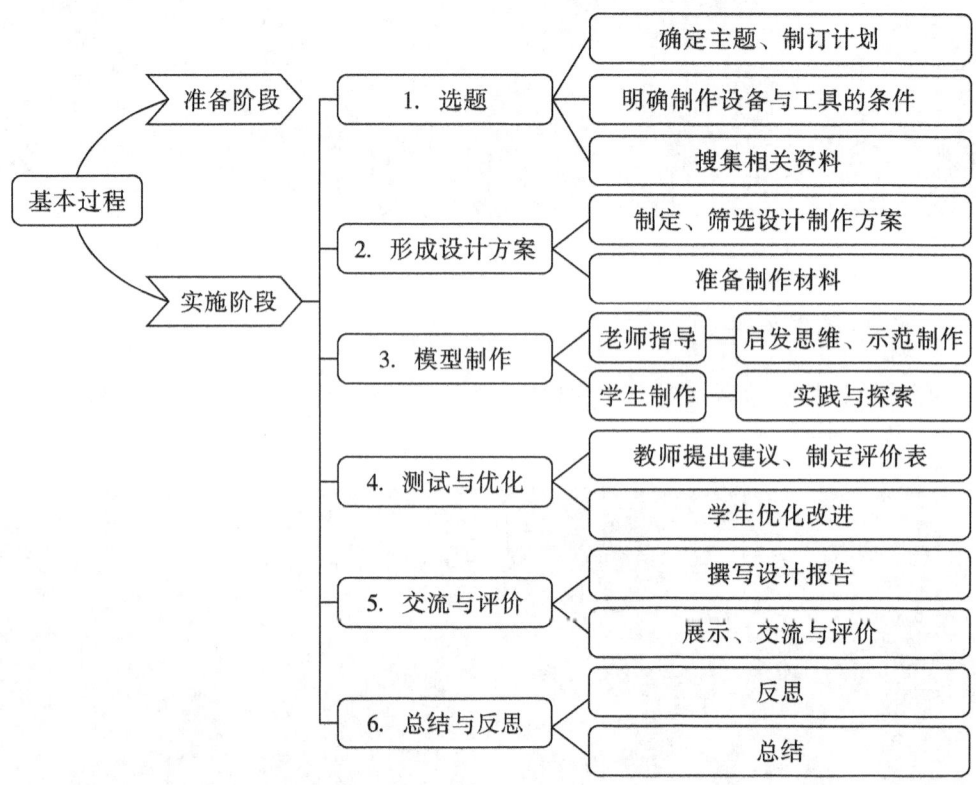

劳动与技术活动的基本过程

以下是以作品设计为例介绍劳动与技术活动的基本过程。

（一）选题

这一阶段，教师围绕"生活中的设计与发明"这一主题，创设问题情境，引发学生提出问题；采用就近原则组成小组（前后桌 4 人），民主选举出小组长，在小组长的领导下展开讨论，提出研究的问题。

具体实施策略：教师充分利用多媒体手段，从"衣、食、住、行"等各个方面，用贴近生活又具有时代气息的事例，以图文并茂的形式向学生展示生活中各式各样的设计和发明，引出"设计问题来源于人们生活中的需求或愿望"的观点。在学生产生强烈兴趣后，引导学生进入问题情景，将学生的兴趣和求知欲转化为学习的动力；在学生的讨论过程中，教师对不同程度的学生给予不同的引导，满足每个学生的需要，培养学生积极动脑、发现问题的能力。

（二）形成设计方案

1. 搜集信息，分析问题

教师引导学生围绕小组的研究问题展开讨论，明确问题，分析设计问题的能力、条件及要求，初步整理出解决问题的思路；指导学生利用网络环境进行信息搜集、分析及整理，自主探究问题。

具体实施策略：为学生创造一种宽泛的学习环境，让学生在自主、合作的环境中主动探究，获得解决问题的方法和措施；利用案例，结合网络环境，引导学生发散思维。

2. 形成设计方案

教师引导学生就研究的问题提出多种解决方案，通过对方案的对比、筛选，制定及撰写设计方案，其包括小组成员及基本信息、设计目的和意义、设计原理、模型（或原型）制作的设计说明及材料、预期效果等。

具体实施策略：教师利用案例对设计方案的科学性、创新性和可行性进行说明，结合设计方案的模板提出具体要求；引导学生通过分析、判断、发散、综合等思维过程，提出多种解决问题的方案，通过方案的对比、筛选，制定出设计方案。

（三）模型制作

教师根据不同的设计方案，引导学生选择合适的材料；指导学生在实践中掌握各种工具及设备的使用，对材料进行工艺加工，完成模型的制作。

具体实施策略是：教师通过实际操作，结合多媒体手段向学生介绍各种工艺，展示各种常用工具及设备的使用方法，指导学生通过实践掌握使用要领；引导小组成员进行分工合作，利用已有的工具及设备对材料进行加工，对个别无法达到的工艺环节，引导学生主动思考代替方案，从而完成模型的制作。

（四）测试与优化

教师引导学生对模型进行测试，根据测试结果对设计方案及模型进行优化。

具体实施策略：教师利用多媒体手段向学生介绍各种常用的测试方法，引导学生选用合适的方法对模型进行测试；引导学生对测试结果进行反思，包括设计原理、使用材料、制作工艺、模型效果等各方面是否存在不足，并针对不足进行优化。

（五）交流与评价

1. 撰写设计报告

教师指导学生完成设计报告，包括课题的由来，方案的设计、组成及工作原理，创新性及特点，心得体会等。

具体实施策略：教师结合案例对设计报告进行说明，并提供设计报告的模板；指导学生根据自己的设计方案，参考模板撰写设计报告。

劳动与技术活动设计报告（作品设计类）

年　　月　　日

设计项目			班级	
小组成员（含学号）			组名	
			组长	
作品简介				
分工情况				

活动记录	阶段	时间（周）	活动内容	实施情况
	1			
	2			
	3			
	4			
	5			
	6			
	7			

模型原形制作	制作所用材料：
	设计图（含简单文字说明）：
	制作心得：

总结	设计存在问题：
	改进思路：

成员自我评价	姓名	主要负责任务	完成情况及反思	自我评价（5分为满分）

2. 设计制作成果的展示、交流与评价

教师指导学生结合 PPT、展板及实物等多种形式，对设计作品进行多方位的展示；引导学生进行自评和他评（即小组间的互评）。

劳动与技术活动个人评价表（作品设计类）

项目	主动性			协作性			态度			参与度			贡献度			得分
描述	很好	一般	不好	很好	一般	不好	很好	一般	不好	很好	一般	不好	很好	一般	不好	
自我评价	1	0.5	0	1	0.5	0	1	0.5	0	1	0.5	0	1	0.5	0	
组员评价	1	0.5	0	1	0.5	0	1	0.5	0	1	0.5	0	1	0.5	0	
教师评价	2	1	0	2	1	0	2	1	0	2	1	0	2	1	0	
总分																

具体实施策略：教师提出小组展示的基本要求，包括展示的形式、内容等，各小组自行完成展示前的准备；在教师的引导下，各小组进行展示、自评、互评，学生通过交流、碰撞，提升认识和情感。

劳动与技术活动小组作品评价表 1（作品设计类）

项目	序号	内容	分值	评分
设计分	1	实用性	15	
	2	科学性	15	
	3	创新性	15	
制作分	4	稳定性	10	
	5	制作工艺	15	
	6	外观	10	
展示分	7	演示、操作、实验	10	
	8	讲解	10	

劳动与技术活动小组作品评价表 2（作品设计类）

打分项目	设计分		制作分	展示分	得分
细项	实用性	创新性	制作工艺	演示和讲解	
满分	20	30	30	20	
其他组打分					
教师打分					
总分					

劳动与技术活动小组作品评价表 3（作品设计类）

评价指标	参考标准	作品编号				
		1	2	3	4	5
作品选材 （20 分）	1. 材料容易获得 2. 材料环保，废物利用率 3. 材料成本低					
作品创意性 （20 分）	1. 有 2. 没有					
作品实用性 （10 分）	1. 有 2. 没有					
作品美观性 （10 分）	1. 造型美观 2. 色彩搭配合理					
作品稳定性 （10 分）	1. 结构稳定 2. 连接和粘接牢固					
作品科技性 （10 分）	1. 有 2. 没有					
作品展示效果 （20 分）	1. 制作者展示能力强 2. 作品解说流利清晰					
	作品总得分					

（六）总结与反思

在教育评价中，档案袋是一种重要的质性评价方法。学生与教师系统地收集相关材料，以检查学生的努力、进步、过程与成就，并对检测的结果做出相应的解释，让学生在活动记录中体验评价的意义，于自我反思中得到发展。

档案袋除了前面提到的学生作品、各种评价表之外，还有记录活动过程的原始资料，如：设计方案或活动方案、制作或活动过程记录、学生心得体会、教师点评、音像资料、活动照片等等。

劳动与技术活动记录表

班级：　　　　　　　　　　　　姓名：

作品名称	
作品创意	
作品材料	
作品所用工具	
制作步骤	
制作时间	
亮点和需完善之处	
遇到的困难及解决方法	
活动反思	

第三章　劳动与技术案例

案例1：

手工小制作活动

东莞市光明中学　指导老师：朱迎莉

一、活动背景

设计制作为综合实践课程的一个重要组成部分，能充分培养学生动手实践和创意创新的能力。我们学校每年的3月份都会举行科技节，当中就有小设计制作活动，在综合课上我们积极发动所有学生参加，每年都能涌现很多学生优秀作品。

今年我们响应国家提倡厉行节约、反对浪费的号召，引导学生搜集日常生活当中的废旧物品来进行"大变身"，通过变废为宝活动来培养学生环保和勤俭节约的意识，提高学生搜集信息和材料的能力以及动手实践、创意创新的能力等。

二、活动目标

（1）通过活动了解日常生活中的废物现状、危害和种类。
（2）通过活动知道小设计制作的基本制作流程和评价标准。
（3）通过活动了解日常生活中的废物利用技巧。
（4）通过活动培养学生保护环境和勤俭节约的意识。

三、活动过程

（一）准备阶段

（1）活动时间：三个课时和一个周末（时间跨度一个半月）。
第一课时：了解活动，学生制定计划表；
第二课时和周末：学生按计划表实施计划；
第三课时：学生进行作品展示和评价交流。
（2）分小组：按自己的兴趣和意愿个人或者自由组合队员制作。

（二）实施阶段

1．了解活动，激发兴趣

（1）通过图片和相关事例介绍日常生活中垃圾废物的现状与危害，增强学生保护环境和勤俭节约的意识。

（2）通过组织观看前几届学生的作品，激发学生的制作兴趣。

（3）让学生交流讨论日常生活中废物的种类。

（4）通过头脑风暴方法思考如何对废物材料进行"大变身"。

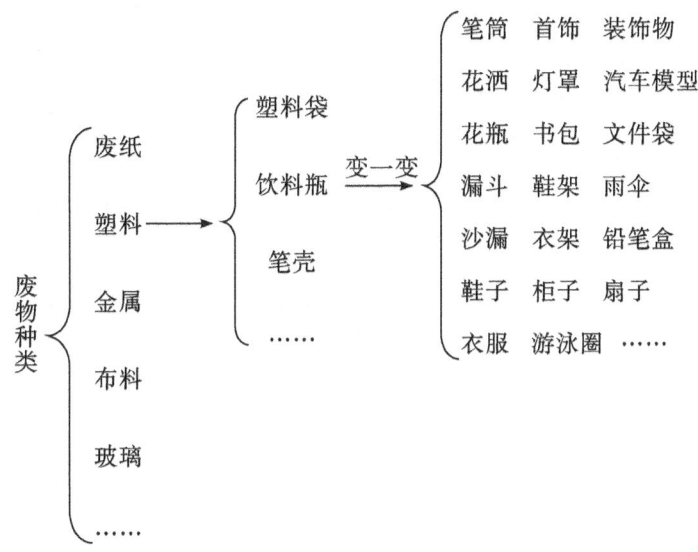

变废为宝创意大比拼

2．制定活动记录表

（1）对照前面学生的作品分析小制作的基本流程和评价标准。

（2）个人和小组制定相应的活动记录表。

3．实施活动计划

学生根据拟订的初步计划收集材料，准备工具，进而实施小制作，并书写和完善活动记录表。

4．展示交流评价成果畅谈活动体会和感受

学生展示成果并根据活动评价表相互评分选出优秀作品和学生。

四、活动评价

班团队活动小组评价表

评价项目及分值	评价内容	单项分值	打分
态度（20分）	小组成员活动热情高	10	
	小组成员体现出很强的进取精神	10	
参与度（20分）	所有项目的完成度高（每完成一项加1分，满分10分）	10	
	所有成员都积极参与，并发挥作用	10	
团队意识（30分）	队伍氛围好	5	
	小组成员分工明确	10	
	团队体现出很强的协作性	10	
	团队体现出很强的执行力	5	
能力（30分）	团队成员体现出很强的应变能力	10	
	团队成员体现出很强的创新能力	10	
	团队成员体现出很强的表达能力	10	
综合评分			
综合评级			

五、活动成果

部分学生作品1

部分学生作品 2

案例 2：

抛投机的设计制作实践活动

东莞中学　指导老师：李敏

一、活动背景

2006 年以来，我校通过整合综合实践、通用技术、信息技术等课程资源，结合校园科技活动，利用学校制作室、多媒体室等场地条件，以培养学生的实践能力、探究精神和创新意识，提高学生的基本技术能力，提升学生的综合素质及基本技术素养为目的，在各个年级开设了多个不同主题的制作实践活动。其中，"抛投机的设计制作实践活动"是在高二年级开设的、具有较强代表性的一个主题活动。

二、教学目标

（一）知识与技能目标

（1）使学生了解设计与制作的一般过程。
（2）促进学生对其他课程知识的认识与运用，如物理中的"力"与"势能"、通用技术中的"结构"与"控制"、信息技术中的"信息检索"等。
（3）拓展学生在模型设计、制作、工艺加工等其他方面的知识。
（4）熟悉常用工艺加工工具及设备的使用。
（5）熟悉常见材料的属性、特性，掌握其工艺加工的方法。
（6）提高学生对设计方案、制作成品的评价能力。
（7）提高学生协作学习的能力。

（二）过程与方法目标

(1) 让学生经历方案设计、制作的过程。
(2) 促进学生对工艺加工基本方法的掌握。
(3) 让学生学会分工与合作，掌握协作学习的方法。
(4) 让学生学会将课本上的知识应用到实践过程中。
(5) 掌握技术试验与优化的基本方法。

（三）情感、态度与价值观目标

(1) 在设计、制作的实践过程中，激发学生动脑动手的兴趣。
(2) 激发学生的创新欲望，培养其创新意识。
(3) 提高学生学习的主动性。
(4) 使学生体会实际问题解决过程的艰辛与曲折。
(5) 增强学生的合作意识。
(6) 引导学生形成正确的科学观与技术价值观。

三、活动过程

（一）准备阶段

1. 确定设计与制作的要求

学生4人为一个小组，通过运用已学的"力""势能""结构""控制"等知识，利用木板、硬纸板、木筷、废旧笔芯、饮料瓶、瓶盖、尼龙绳、橡皮筋、弹簧或其他材料设计制作一台抛投机。要求：

(1) 抛投机高度不超过30 cm，长度不超过30 cm，宽度不超过20 cm。
(2) 抛投机为手动操作，抛投前整体为静止状态，抛投时不能施加外力，其抛投的动力必须来源于势能（如重力势能、弹性势能，但不包括电势能）。
(3) 抛投机必须具有将乒乓球投出3 m以外的能力，且抛投落点在一定的误差范围内可控，即投射时能够准确地将乒乓球投射到3 m处直径约为35 cm的塑料圆桶内。

2. 落实场地与设备条件

(1) 多媒体室：用于学生检索资料。
(2) 制作室：用于模型制作。

常用设备包括：钻床2台，曲线锯4台，磨床2台，圆锯1台，泡沫切割机1台，塑料折叠机1台等。

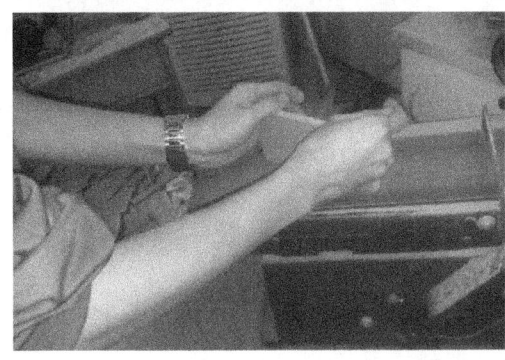

活动场地与设备

常用工具包括：钢锯、木锯、锤子、螺丝刀、锉刀、戒刀、剪刀等工具16套，热熔枪、铆钉枪、电烙铁、剪线钳等工具若干。

此外，还需学生制作台16张。

3. 确定预期教学成果与呈现方式

在抛投机设计制作的过程中，学生以小组为单位，按要求完成以下两个学习任务。

（1）撰写设计方案一份。

内容包括小组成员及基本信息、设计目的和意义、设计原理、模型（或原型）制作的设计说明及材料、预期的效果等。

（2）制作抛投机一台。

（二）实施阶段

1. 明确问题，分析问题

首先，教师向学生明确几个问题。

（1）抛投机的设计要求。

（2）设计制作的过程及进度要求。

（3）学校所能提供的场地、设备等条件。

（4）建议使用的制作材料清单，及寻找材料的途径。

其次，学生进行分组，并推选小组长。

最后，学生以小组为单位，以小组讨论的形式，对设计问题进行分析，包括设计的基本原理、小组成员的特长及分工、材料的选择与来源等。在学生的讨论过程中，教师对不同程度的学生给予不同的引导，满足每个学生的需要，培养学生积极动脑、发现问题的能力。

2. 形成设计方案

对问题进行分析之后，各小组通过多种途径，如咨询专业人员、请教老师、上网检索等，搜集与本小组的设计有关的信息。在对搜集到的信息进行分析、整理的基础上，学生讨论并提出多种设计方案，综合分析各种方案的优劣及实施的可行性，从而筛选出最佳方案。

之后，教师向各小组提供撰写设计报告的表格，指导学生进行设计方案的撰写，内容包括小组成员及基本信息、设计目的和意义、设计原理、模型制作的设计说明及材料、预期的效果等。

这个阶段，教师一方面要为学生创造一个宽泛的学习环境，让学生在自主、合作的环境中主动探究，获得解决问题的方法和措施；另一方面要指导学生用好网络资源，并通过案例引导学生发散思维，就研究的问题提出多种解决方案，通过对方案的对比、筛选，制定及撰写设计方案。

3. 制作与调试

完成了设计方案之后，学生一方面在教师的指导下学习基本的工艺，包括一些常用的设备（如车床、钻床、磨床、泡沫切割机、塑料折叠机等）和工具（如锯子、刨子、钳子、铁锤、热熔枪、铆钉枪、电烙铁等）的使用，以及常见材料的加工；另一方面，则是在家里、社区或学校周边寻找制作模型或原型所需的材料。

具体制作与调试的流程如下：首先，教师通过实际操作，同时结合多媒体手段向学生介绍各种工艺，展示各种常用工具及设备的使用方法，指导学生通过实践掌握使用要领；其次，根据各个小组的设计方案，教师要引导学生选择合适的材料，并对寻找材料的途径给予学生一定的指引；再次，指导各小组的成员分头找材料，并利用已有的工具及设备对材料进行加工，对个别无法达到的工艺环节，引导学生主动思考代替方案，从而完成模型或原型的制作；最后，引导学生对模型进行测试，根据测试结果对设计方案及模型进行进一步的优化。

4. 成果展示

成果展示分为两个阶段。

（1）第一阶段：在班级进行小组成果展示。

①展示部分。教师提出小组展示的基本要求，包括展示的形式、内容等。各小组制作PPT，结合模型，对其小组作品进行介绍，包括介绍课题的由来、方案的设计过程、组成及工作原理、创新性及特点、成员分工及自我评价等。教师及其他小组的学生从作品的设计、制作、创新性等方面给予评价及打分。

②投射测试。学生将抛投机放置在一张课桌上，同时在距离3 m处的另一张课桌上放置一个塑料圆桶（直径约为35 cm），在进行2分钟的调试后，每组10次投射的机会，每将乒乓球投入桶内1次计10分，满分100分。

（2）第二阶段：在学校科技节期间举行的"抛投机投射比赛"。

①初赛。"抛投机投射比赛"的初赛为限时赛,由各班选拔投射测试成绩最好的3组参加。具体规则:学生将抛投机放置在一张课桌上,同时距离3 m处放置一个塑料圆桶(直径约为35 cm),各小组在规定的3分钟内投射完20个乒乓球,取投射成绩最好的前8名入围决赛。

②决赛。"抛投机投射比赛"的决赛为淘汰赛,按初赛成绩排名,各小组(按第1名对第8名、第2名对第7名……)两两对决进行淘汰,直到决出冠军。具体规则:比赛开始前,两个小组将抛投机放置在相距6 m的两张课桌上,同时面向中间放置的5个塑料圆桶,此时两组各有30个乒乓球;比赛开始后,两个小组同时进行抛投,投射的目标顺序不做规定,但若有一个小组率先在某一圆桶中投入5球,则可以获得对该圆桶的"占领权";两组全部投射结束后,获得对圆桶的"占领权"多的小组获胜;如两个小组获得"占领权"的圆桶数量相等,则在未被"占领"的圆桶中投入的乒乓球总数多的小组获胜。

四、评价

(一) 对教师实施效果的评价

1."明确问题,分析问题"阶段

这一阶段,可以从三方面来评价活动的实施效果。

(1) 教师阐述的问题情境、设计要求、条件等是否明确,符合学生认知水平。

(2) 教师是否能激发学生的学习兴趣,产生强烈的求知欲。

(3) 教学过程中,不同程度的学生是否都能积极思考,并提出自己的问题或见解。

2."形成设计方案"阶段

这一阶段,可以从三方面来评价活动的实施效果。

(1) 在教师创设的条件下,学生的创造力和想象力是否得到充分的发挥,小组的所有成员是否都参与了讨论并达成共识(存在的个别分歧可以在进一步的学习过程中解决)。

(2) 学生是否掌握了足够多的信息,并在其撰写的设计方案中进行了很好的借鉴和应用。

(3) 各小组是否形成了具有科学性、创新性和可行性的设计方案。

3."制作与调试"阶段

这一阶段,可以从四方面来评价活动的实施效果。

(1) 在教师的指导下,学生是否掌握了各种工具设备的正确使用方法,是否熟悉材料的属性并能选择合适的加工方法。

(2) 学生在制作的过程中是否进行了合理的分工,所有成员是否都有参与。

(3) 制作完成的模型或原型是否与设计方案描述的一致或相近。

(4) 在模型测试的过程中,所有成员是否都有积极思考,并对设计方案或模型做了一定程度的改进。

4. "成果展示"阶段

这一阶段，可以从两方面来评价活动的实施效果。

（1）各小组的展示能否反映基本的设计理念，其创新性及特点是否突出；同时，各小组是否能够用恰当的方式进行作品的展示，并对自己和他人的作品进行客观的评价。

（2）投射测试的成绩是否达到教师预想的结果。

（二）对学生学习效果的评价

学生的学习效果评价由"个人评价""班级展示""投射测试"三部分分数组成。

1. 个人评价（20分）

师生参照下表对每个学生进行打分。

抛投机设计制作活动个人评价表

项目	主动性			协作性			态度			参与度			贡献度			得分
描述	很好	一般	不好	很好	一般	不好	很好	一般	不好	很好	一般	不好	很好	一般	不好	
自我评价	1	0.5	0	1	0.5	0	1	0.5	0	1	0.5	0	1	0.5	0	
组员评价	1	0.5	0	1	0.5	0	1	0.5	0	1	0.5	0	1	0.5	0	
教师评价	2	1	0	2	1	0	2	1	0	2	1	0	2	1	0	
总分																

2. 班级展示（20分）

小组成员结合PPT、设计方案、模型对其小组作品进行介绍，教师及其他小组对其进行现场打分，分数构成如下表所示。

抛投机设计制作活动班级展示评分表

打分项目	设计分		制作分	展示分	得分
细项	原理的合理性	创新性	制作工艺	演示和讲解	
满分	2	3	3	2	
学生打分					
教师打分					
总分					

3. 投射测试（60分）

学生将抛投机放置在一张课桌上，同时在距离3 m处的另一张课桌上放置一个塑料圆桶（直径约为35 cm），在进行2分钟的调试后，每组给10次投射的机会，每次将乒乓球投入桶内计10分，满分100分。

$$投射测试分 = 投射成绩 \times 60\%$$

五、教学反思

（一）指导方面遇到的问题及应对

1. 部分小组难以形成设计方案

经过课堂观察及个别谈话，笔者发现，部分小组难以形成设计方案，其原因主要有两方面：一是学生缺乏设计与制作的经验，无从入手；二是学生对自己缺乏信心，不知道能完成到什么程度，导致一些设想不敢采用，进而迟迟无法确定设计的方案。

针对这种情况，教师应做好几点：

（1）结合多媒体，展示一些有借鉴意义的参考案例，如古代的"投石机""大型弓弩"等器械的原理图、结构图。

（2）教师亲自制作 1~2 台抛投机，并向学生展示。

（3）在指导的过程中多鼓励学生，对个别实践能力较弱的小组多给予引导和帮助，如对方案进行可行性分析，指出材料选择和加工的要点，等等。

2. 部分学生参与的主动性不强、积极性不高

学生是教学活动的主体，然而长期以来形成的思维及行为惯性使他们对自己的这种主体地位需要一个适应的过程。因此，在开展项目设计的过程中，很多学生习惯于等候教师的"指令"，否则便会处于茫然的状态，变得无所适从。

针对这种情况，教师应做好以下几点。

（1）做好引导，促使学生的思维和行为方式不断地转变，循序渐进地，从客体向主体，从被动向主动。

（2）教师在活动的不同阶段，自身也要及时进行角色的变换。

（3）引入阶段性的目标激励，在大的阶段目标的基础上，分解形成多个小目标、小任务，尽可能使这些小目标、小任务难度适中，学生既能够完成，又对其具有一定的挑战性，必须经过努力才能实现。

（4）通过小组间的良性竞争，使学生获得更多的动力。

（二）管理方面遇到的问题及应对

由于各设计项目难度不一，各小组间学生的能力也存在着差异，因此各项目组的进度很难统一，这就增大了教师指导和管理的难度。

针对这种情况，教师应做好以下几点：

（1）通过编写《抛投机设计制作活动纲要》《各阶段小组任务清单》《设计报告撰写说明及参考模板》《常用设备使用说明》等材料供学生自主学习，作为教师指导的辅助手段，解决指导时间、力度不足的问题。

（2）促进学生的自我管理，通过搭建学生干部管理的架构，进一步明确项目组小组长的职责，赋予他们一定的权力协助管理，发挥收发资料、传达和反馈信息、负责本小组的管理以及协调、督促组内成员落实各项任务等作用。

（三）评价方面遇到的问题及应对

学生在参与科技项目设计的过程中，个体间能力、知识水平等各方面的提升存在着较大的差异。然而，由于活动是以小组的形式展开，教师在指导方面存在着局限性：更多的是关注小组的整体情况和进展，很容易忽略小组内个体的发展，因此在指导上存在不足，更在评价的过程中难以体现个体的差异。

针对这种情况，教师应做好以下几点：

（1）指导方面，首先要缩小小组之间的差异，教师要使各小组明确各阶段的任务，通过加强督促、定期抽查等方式来加强对各小组进度的把握，从而整体提升指导的力度和教学质量，同时，通过加强小组与小组之间的沟通交流，以达到相互促进、共同提高的学习效果。其次要缩小小组内成员之间的差异，包括分组的时候充分考虑人员的搭配，要求小组内成员进行明确的分工，使每个人明确自身的任务，同时在评价中有意识地增强过程性评价。

（2）评价方面，教师应注重形成性、过程性的评价，采用多角度（如将"教师评价""组员互评""自我评价"相结合）、多形式（如采用"评价量表""活动日志""自我反思""成果展""抛投机投射测试"等形式）的评价方式。

六、成果

（一）对学生综合素质及技术素养的培养

1. 促进学生对课本外知识的掌握，培养学生对科技的兴趣

在形成设计方案前，学生围绕小组的设计进行信息的搜集，之后，这些信息在小组讨论时被提出或展示，并在设计方案形成的过程中得到了应用，这促使学生自动学习并掌握了与设计项目有关的一些课外知识，这些知识既包含各学科教材中的相关内容，更多的是学生通过网络等其他途径获取的信息。教师在这个过程中加以引导，可以培养学生对科技的兴趣。

2. 增强了学生的问题意识，让学生学会关注身边

在设计、制作的过程中，学生会增强对问题的敏感性，开始主动尝试发现、分析，解决设计、制作过程中遇到的一些问题。同时，学生会积极地去讨论一些新技术、新材料等方面的问题，关注身边的事物原理或技术并主动尝试将其应用在自己的设计中。

3. 加深学生对问题解决过程的艰辛与曲折的感受，让学生学会珍惜

学生在明确问题、形成设计方案、制作模型等阶段均碰到了很多困难。在克服这些困难的同时，学生直观地感受到了实际问题解决过程的艰辛与曲折，这比教师反复强调或引用多少案例来说明都要来得更强烈。教师在这个过程中加以引导，可以使学生更好地理解科技发展之路的艰辛，更加懂得珍惜科技成果，珍惜现在的生活、学习环境。

4. 培养学生的创新能力

设计、制作实践活动的实施，一方面将更多教学过程中的时间留给学生，提供更多的自主学习的机会,以完成小组设计、制作为动力,让学生从"要我学"转变为"我要学",从而更好地发挥其主观能动性;另一方面则在明确问题、方案制定、模型制作等环节给予了学生更大的设计空间,通过鼓励和引导,激发学生的创新意识,使学生更好地发挥想象力。

5. 促进学生协作学习能力,增强学生的合作意识和团队意识

从明确问题到形成方案,到制作模型,再到小组作品展示,整个过程都是以小组的形式进行的,这有利于促进学生之间的协作学习,提高学生的合作意识和协作能力。教师在这个过程中加以引导,可以很好地培养学生的责任感、集体意识和奉献精神。

(二)学生制作作品

制作过程

（三）学校科技节"抛投机投射比赛"活动

抛投机投射比赛

案例3：

放飞风筝，放飞理想

黄江中学　严亦雯

一、活动背景

　　放风筝，是一种有趣且对身心方面都有好处的娱乐活动，儿童、大人都喜欢。近几年，世界人民对风筝也发生了极浓的兴趣。我国每年举行风筝大赛，中外人士踊跃参加，盛况空前，形成了前所未有的风筝热。这充分反映了外国人民对中华民族民间文化的赞赏和钦慕，同时标志着我国古老的风筝艺术已发展到一个繁荣昌盛的新时期，表现出各国间文化交流的愿望和热情。放风筝也是孩子们最喜爱的课余生活。看着凌空飞起的风筝，孩子们的心也跟着飞上了天，在高空翩翩飞舞，遐思万缕。为此，我们将"风筝"引入综合实践活动课，弘扬中华民族传统文化，让学生对风筝的历史、制作等各个方面做一些初步的研究，提高小组合作学习能力，丰富学生的课余生活。

　　因此，我们开展了"放飞风筝，放飞理想"综合实践活动。通过查找资料、板报制作、聆听讲座、实践制作等一系列的活动，让学生从小小的风筝身上感受到丰富多彩的中华民族文化的深厚传统，从风筝精巧的制作、优美的造型和充满浓郁民间绘画特点的画面，看到历代劳动人民的聪明智慧。从品种繁多、造型各异的风筝作品看到中国传统文化的保持和继承。

这一活动贴近学生生活，能丰富学生的科学知识，培养学生的民族自豪感，培养学生搜集资料、归纳整理资料的能力和动手能力。

二、活动目标

（1）了解风筝的相关知识，如风筝的来历、种类、构造、原理等；尝试设计自己心目中的风筝；亲手放飞风筝。

（2）培养学生搜集处理各类信息的能力、自主探究的能力、动手创造的能力和合作协助的能力。

（3）了解风筝的相关知识，了解风筝的制作方法。

（4）培养学生的搜集信息的能力、动手能力和实践能力。

（5）培养学生的审美素养，激发学生对民间艺术的热爱。

三、活动过程

（一）准备阶段

（1）学生收集整理关于风筝的资料。
（2）准备制作风筝需要的各种工具。
（3）尝试制作风筝，试飞风筝。
（4）教师搜集资料，为学生建立课堂知识资料库。
（5）邀请制作风筝的艺人来校指导。

（二）实施阶段

本次活动通过"问卷调查—了解风筝—制作风筝—放飞风筝"来完成。

1. 问卷调查

调查问卷

题号	调查问题
1	您对风筝了解多少？
2	您喜欢放风筝吗？为什么？
3	您会扎风筝吗？
4	您喜欢在什么时间什么地方放风筝？
5	如果让您的孩子开展关于风筝的主题实践活动，您有什么看法或要求呢？

调查结果

题号	问卷结果
1	60％的人对风筝的相关知识了解不是很多，简单了解潍坊的风筝节
2	80％的人喜欢放风筝，他们认为放风筝可以锻炼身体，放松心情，给自己的生活带来无穷乐趣，而且风筝可以用来寄托自己的美好愿望，有的谈到"放飞风筝"是一种健脑、益智，尤其是促进儿童骨骼发展的有氧性综合运动。20％的人不喜欢放风筝，因为没时间或没有掌握放风筝的技巧，风筝总放不起来，使人感到沮丧
3	60％的人不会扎风筝，不懂得扎、糊、绘、放四种技艺
4	95％的人喜欢在春天到广场上放飞风筝，因为此时气候适宜，花红柳绿，正是放风筝的好时节
5	家长非常支持孩子开展风筝的主题探究活动，他们认为可以培养和锻炼孩子的动手操作与实践创新能力，同时可以开阔视野，增强团结合作意识

2. 了解风筝

风筝文化或称艺术，在伟大祖国灿烂的传统文化的海洋里只是一朵小小的浪花。在风筝文化上千年的发展过程中，主要是流传于民间，保留在民间。虽然在很长的历史期间称不上什么高雅文化或艺术，但它与广大人民的生活、娱乐和审美需求却有着不可分割的联系和情结。

教师将学生提出的问题进行以下归纳：

（1）风筝的历史。

放风筝是我国最古老的一种民间艺术及休闲活动。我国最早出现的风筝是用木材作的，在文献《韩非子》中曾记载："哲人墨翟，费时三年，以木制木鸢，飞升天空。"（约纪元前300年左右）到了东汉蔡伦发明了造纸以后才有纸风筝的出现，因此可以推断，中国风筝已有两千年以上的历史了。在正史中也有关于风筝的记载，时间较五代更早，其一是南朝的梁武帝被侯景围困，曾放风筝向外求援，据南史卷八十《侯景传》中所述，在梁武帝萧衍太清三年（549年）时，侯景作乱，叛军将武帝围困于梁都建邺（即今南京），内外断绝，有人献计制作纸鸦，把皇诏令系在其中，当时太子简文在太极殿外，乘西北风施放向外求援，不幸被叛军发觉射落，不久台城即遭攻陷，梁朝从此也衰微灭亡。这是简文施放风筝向外求救不幸失败的故事。

风筝和纸鸢还是有分别的。所谓"风筝"，是指它在空中能发生像筝弦的声音；至于"纸鸢"，则为哑鸟，只飞不鸣。风筝是在纸鸢背上系上一条弓弦，或在纸鸢头部按一个风笛，当纸升空以后，强风通过笛，或者引起弓弦的颤动，就会奏出鸣鸣声音。普通纸鸢是不会发出声音的。五代时候，北朝的齐宣帝也用风筝载人为乐，有一次居然飞出五里多远。《北史》中记载，齐宣帝是利用天牢里的死囚乘坐风筝，让他们"以席为翅，从台飞下"，供齐宣帝娱乐。这些死囚如果完成皇帝的心愿，罪行可以获得赦免。清朝的李涣曾经编过一部名曲《风筝说》，书中记载一美一丑的姊妹詹妍、詹强和风筝的故事。两姊妹分别在风筝上题了诗句，然后把风筝放掉。后来，拾到断鹞的两位男士前去求亲，终于促成两对美满姻缘。这是风筝有关的一段佳话。又从其他考据证实，约第十世纪风筝传至韩国再至日本，十三四世纪才传至欧洲。亚洲人做风筝的技巧，比欧洲人要高明多了。马来西亚的风筝是用秫草和干芦苇编成的，和韩国、印度的风筝类似，操纵起来很灵活。他们可以让风筝很正确地降落在指定地点，还有人可以让风筝只飞在距地面十五厘米高而风筝绝不会碰到地面。

迎风拉线放风筝是儿童的最爱。风筝在中国已有两千多年的历史，造型繁多。主要分为平面和立体两种。传到世界各地后，造型变得更多样，更丰富。风筝馆展出了19个国家的风筝，地方色彩非常浓厚。

（2）风筝的种类。

潍坊风筝经过历史演变和横向传播，逐渐形成了选材讲究、造型优美、扎糊精巧、形象生动、绘画艳丽、起飞灵活的传统风格与艺术特色，与京式风筝、津式风筝等交相辉映，鼎足而立。

今日的潍坊风筝品种繁多，由于风筝艺人和各行各业的风筝制作者生活阅历不同，文化层次不同，知识结构不同，使得潍坊风筝形成了不同体系和流派，大体有传统民间派、传统艺匠派、现代创新派三种。

传统民间派：民间风筝，从历史上看，是相对宫廷风筝和艺匠风筝而言的；在现代，则是相对现代新式风筝而言的。其特点是民间风筝的制作者，多数是农民和手工艺人，在艺术上几乎没有经过专门的训练。他们按照自己对生活的直观感受和审美习惯，无拘无束地表达理想和愿望。他们的风筝，无论是造型、用料、色彩的配置和制作风格，都带有浓厚的乡土气息。民间风筝大都是结合清明、重阳这些传统节令制作的，所以其主题是有选择的，形式上讲究装饰性。民间风筝一般都是就地取材，蔑扎纸糊，不甚讲究，但风格粗犷，不矫揉造作。民间风筝受地域性文化、经济、风俗习惯的影响，而且在制作中往往相互观摩、切磋，加之祖传、世袭的因素，带有古老传统的色彩。

传统艺匠派：由于出现了风筝的买卖交易，专职风筝艺匠也就应运而生。在潍坊历史上，甚至有不少知名画家也参与风筝的绘制乃至设计制作，使潍坊风筝中出现了十分考究的精品。当然，这些精品，一般人玩不起也买不起。而买这些风筝的有钱人，往往提出设计要求，向艺人订做。这就是谚语"七分主人三分匠"的来历。另外，在新旧朝代更换期间，一些宫廷风筝艺人流落民间，也促进了艺匠派风筝的发展和提高，使之带有了宫廷风筝庄重、华贵的特点。传统艺匠派对潍坊风筝事业的发展，起到了良好的促进作用，它使潍坊风筝从一般的玩具，上升为有价值的工艺品，成为潍坊地方文化的重要组成部分。

现代创新派：近年来，由于广大专业美术工作者、科技人员也踊跃参加风筝活动，充分发挥了现代工艺、现代科学技术的优势，在继承传统风筝的基础上，创造出了崭新的现代风筝。现代风筝的主要特点是重视新材料、新工艺的运用，造型简洁、明快、清新、巧妙，具有鲜明的时代性。潍坊风筝按其形状又可以分为六大类，即串式、桶式、板子、硬翅、软翅和自由类。

综合实践活动　建构与行动

串式指的是把数只或同或异的风筝像穿糖葫芦似的拴在一根或多根线上放飞。例如龙头蜈蚣风筝，分头、身、尾三个部分，身子为主体，由若干个圆片形的单体组成，每个圆片就是一个风筝。桶式亦称立体风筝。一般采用折叠结构的骨架，由一个或多个圆桶或其他形状的桶组成，如宫灯、花瓶、火箭等。板子指平面板形风筝。升力片就是主体部分，四边有竹条支撑，形状多八角、菱形、正方形、四边形。硬翅指的是这种风筝的翅是固定的形式，而翅范围以外的部分造型与骨架结构，则因题材不同而各不相同。它的升力片用上下两根横竹条做成翅的形状，两侧边缘高，中间凹，形成通风道。翅的两端向后倾，使风从翅两端逸出。软翅，它的升力片用一根主翅条构成，翅的下端是软性的，没有依附主条。骨架结构多做成浮雕式，适宜于禽鸟和昆虫风筝。如鹰、蜜蜂、燕子、仙鹤、凤凰、蜻蜓、螳螂、蝉等。自由类包括跨种类、运用新技术、吸取外国风筝之长的风筝。跨种类的如"鹊桥会"，把串式、立体、板子等几种方法集于一体；运用新技术的如长120米的串式风筝"梁山一百单八将""百鸟朝凤"等，不仅能迎风转动，还能敲锣打鼓、喷烟冒火；"孙悟空"则能在放飞中七十二变……

（3）制作风筝。

教师先讲解制作过程。

第一步：用小锯在每根木棒的端口处锯一个缺口。请注意，不要使锯对着自己。

第二步：测量出其中一根木棒的中心，做个记号，并把这个记号放在另一根木棒的一点上，这个点距这个木棒的一端距离是20厘米。

第三步：用木胶把交叉的两个木棒粘在一起，用绳子缠绕几下后捆起来。

第四步：拉直绳子，沿着4个被锯开的小口，缠出一个风筝的外框。把绳子拉紧，然后把绳子的两头系成一个结。在木框的四端被绳子缠过的缺口处，每处都再用绳子用力绕几圈后拴紧。至此，风筝的框架已经完成。

第五步：把风筝的框架放在一个塑料薄膜上，以便做出一个样本。横着的木棒应该在下面贴紧塑料面。

第六步：用粉笔画出样本。要画在沿着风筝框架线周围外2.5厘米处，以便允许多出的边折过来盖住绳子。

第七步：沿着画好的线，小心地剪出样本。把多出来的塑料折上包住绳子，用胶条把它们黏紧。

第八步：用一根绳子系在横向木棒的一端的缺口处，把这根木棒弄出约10厘米的弯度，然后把绳子的另一端系在横向木棒的另一端。加上马勒套，在两根木棒的交接处弄一个小孔，找一条大约150厘米长的绳子，把这根绳的一端通过小孔拴到木棒交叉处，把马勒套的另一端拴在风筝底部的木棒缺口处。把用于放风筝的绳子系在马勒套上，位置在于使之距离风筝底部缺口处约90厘米和距离所连接的马勒套到小孔处约60厘米处。不断地上下调节这个套结，以便使风筝平稳。这个风筝不需要尾巴，并且，在风力较小的情况下，也可以飞起来。请记住，要在比较宽阔的地方放风筝，并避开高压线。

了解了风筝的制作过程后，让学生试着做一做。要求小组合作，会画的画，会剪的剪，充分发挥自己的特长，充分展示自己的才能。首先，小组讨论，构思理想中的风筝；其次，喜欢绘画的同学把构思好的风筝画下来，喜欢做手工的同学开始准备风筝的骨架；

最后，把风筝粘牢固。比一比，看一看，哪一组的风筝最漂亮，哪一组的风筝飞得最高。

（4）放飞风筝。

选择适宜的天气、场地。春秋两季的风向、风速较稳定，经常有缓缓上升的气流，加上温度适当，很适宜放风筝。场地应平坦、开阔，无空中障碍物。

放飞。根据风力大小，选择放飞的时机，控制好风筝稳定上升的速度，根据风筝的大小，可由一人、两人或多人放飞，保持在适当高度。

调整。风筝起飞后，可能有翻跟头、侧冰、摇摆、前俯、后仰等现象，要分析原因，采取调整中线、增、减尾巴等措施。

收线。收线不能操之过急，如遇风力增大，要暂停；中型风筝要两人收线；风筝接近地面时，停止收线，让风筝自然落地，以免损坏。

四、活动反思

放风筝是一项娱乐活动，这项活动在中华民族已有近百年的历史，为了让我们进一步了解风筝，感知风筝，本学期的综合实践课我们以"放飞风筝　放飞理想"为主题，展开了一系列的活动。

就以课前搜集资料这个环节来说吧！我事先和学生共同商讨他们最感兴趣的主题，确定后让学生自由组成实践小组，课余时间通过各种途径去查找资料。由于是自由组合，调动了学生们的积极性，大部分学生都能很快又出色地完成了任务；而一小部分学生却迟迟未完成，通过调查，才知原来他们是"心有余而力不足"，有的是在查找资料上遇到困难，有的是在组织资料上遇到麻烦。于是我就加以引导点拨，他们的积极性再次被调动了，最终大伙儿都完成了任务。同时，学生的观察、调查、分析和收集能力都有了一定的提高。

综合实践活动课不仅要大胆放手让学生去做，教师也应是一个积极参与者和指导者。在合作互动这一环节，我感到教师的参与是很重要的，因为它激发了学生的兴趣，使他们学有所得、学有所乐，学生就会不受束缚地"动"起来。瞧！课堂上那一幅幅做好的风筝平面图，学生一段段声情并茂的介绍。可以说学生的智慧大门已被打开，内在潜力让人震撼；再看看满脸喜悦的学生，显而易见学生的主体性得到了充分的发挥，与此同时心灵也得到了解放。但在欣喜之余，我深深感到遗憾的是由于上公开课，学生感到紧张、害怕、羞于发言，口语表达能力未能得到很好的锻炼。

总之，这堂活动课让学生踏入了成功的殿堂，也成了学生最喜欢的学科之一。最重要的是，学生从学习中获得了愉快的情感体验，陶冶了人格，自我得到了发展。

案例4：

手工"灯饰"制作活动

石龙中学　叶文达

一、活动背景

中秋佳节是我国民间传统的盛大节日，也一直是最有人情味和最富有诗情画意的节日。在石龙镇团委的组织安排下，我校团委组织了高二级各班学生在短短的两周时间里，制作了18个精美的灯饰，并于月圆之夜在汇联步行街进行展览，为龙城庆祝万家团圆的中秋佳节增添了不少气氛。

二、活动目标

学生在班主任、指导老师的协助下，发挥自己的聪明才智，运用灵巧的双手利用各种简易废弃的素材进行创作，这不仅增强了学生的动手操作能力，提高参与社会实践的能力，还培养了爱护环境、节约资源的环保意识，锻炼了凝聚团结、不畏困难、一致向前的优秀品质。

三、活动过程

（一）准备阶段

（1）发出大赛通知，并通知高一、高二年级各班负责人集中开会共同布置工作。
（2）指导各班成立"传统灯饰制作小组"，并选好负责人（组长）。
（3）带领部分负责人探访石龙镇较大规模的灯饰企业，参观灯饰厂房，亲临灯饰门市和石龙传统灯饰老街感受和了解我镇灯饰产业的兴起、发展以及对镇经济、文化发展的影响。
（4）指导学生精心策划灯饰制作方案，列好材料清单，利用周末时间按单购买齐全。

（二）实施阶段

1. 网络探究、收集整理资料

经过前一阶段的活动，各班的灯饰制作小组成员已在校内外展开了广泛的调查实践活动。我们为了让大家更全面地了解到我镇传统灯饰的相关信息，通过建立了QQ群指导同学们简便、快捷地进行资料查询。一段时间以后，学生搜集的关于石龙镇传统灯饰的资料纷纷传来，有文字、数据、图片等形式，然而，许多资料涉猎过广，大都没有经过分类整理，这也就要求我们必须引导学生对收集的资料加以整理。我们引导学生针对出现的种种问题进行研究，讨论出整理资料的方法，再让学生在负责人的带领下，围绕本班制定的"灯饰制作方案",对自己所收集的资料进行整理、归纳,使之更简洁更有条理,为下一步的具体制作做好充分的准备。

2. 明确制作过程中的具体要求

(1) 鼓励学生运用多种方法搜集、处理信息,培养学生搜集、处理信息的能力,鼓励学生发挥自己的创造性,设计外观大方、得体,造型精美的传统灯饰。

(2) 各班灯饰小组成员可在本班储物室利用空余时间制作,可用各种材料,总体造型能大方、得体,展评当晚各班须用一块小黑板对自己制作的灯饰进行简单介绍,并选派1~2名代表在现场给全校师生进行讲解。

(3) 在制作过程中,必须聘请物理老师作指导,理顺线路后再通电,通电时物理老师必须在现场指导,以免产生意外。

3. 按计划开展各项活动

(1) 各班的灯饰负责人走进灯饰企业,搜集有关石龙镇传统灯饰产业的基本情况和有关资料;走访灯饰厂工人,了解传统灯饰的制作工艺;访问政府相关部门,了解传统灯饰产业对镇经济文化的影响;参观传统灯饰一条街,感受灯饰的艺术。

(2) 各班"灯饰制作小组"须按要求制作灯饰,并按时配合工作人员的检查与督促,将具体进程明确告知,并反馈制作过程中所遇到的问题;最后,在规定的时间点把成品搬到相应的位置进行亮灯、展评,接受全校师生的参观与投票以及评委老师的询问和评分,最后挑选出制作质量较高的灯饰参加石龙镇一年一度的"中秋灯饰展评大赛",对表现突出的班级进行颁奖。

四、教学反思(存在问题及解决预案)

(1) 各班学生对制作传统灯饰不感兴趣,不配合所布置的工作。

解决方案:加大宣传力度,让各班班主任及时参与组织,把前几年我校学生所制作的一些优秀的"传统灯饰"用视频的形式展示给各班的灯饰制作小组成员;带领各班的灯饰负责人走进本镇的灯饰企业,搜集有关石龙镇传统灯饰产业的基本情况和有关资料;走访灯饰厂工人,了解传统灯饰的制作工艺;访问政府相关部门,了解传统灯饰产业对镇经济文化的影响;参观传统灯饰一条街等活动,以确保"传统灯饰制作"活动得以延续下去。

(2) 灯饰制作过程中,学生的电学知识储备不够,无法顺利地让所制作的灯饰发光。

解决方案:提前与我校物理老师打好招呼,请他们在各班学生制作灯饰的过程中予以指导,并明确要求各班学生,在完成灯饰制作需通电时必须请物理老师在场指导,以确保安全,实践证明,连续几年的灯饰制作大赛在全校物理老师的大力支持下,均能顺利、安全地进行。

(3) 制作灯饰需购买各种材料,需耗用资金,学生无法解决。

解决方案:针对各班所制作的灯饰,先进行摸底调查需要耗用多少资金,然后向上级申请一定的经费作为奖励,这些奖励的金额足够他们进行传统灯饰的制作,因为学校方面也是非常支持这样的活动,资金方面一定会给予支持,另外,对制作质量较好、获得好成绩的班级我们还将继续向石龙镇推荐,让他们继续参加石龙镇一年一度的"中秋灯饰展评大赛",并向学校德育处汇报最后结果,对表现突出的班级在文明班评比中给予加分,以做精神奖励。

五、成果展示

灯饰制作成果展示

社团活动

第一章　社团活动概述

一、社团活动的含义

这里指的是狭义的社团活动——学校社团活动。学校社团活动是打破年级、班级，甚至学校等界限，在学校的引导下，根据相同的兴趣爱好、本着自主自愿原则由学生组成、自主管理、自主定期组织的活动，促进学生形成和发展兴趣、有益于身心健康、提高综合素质的活动。

二、社团活动的特点

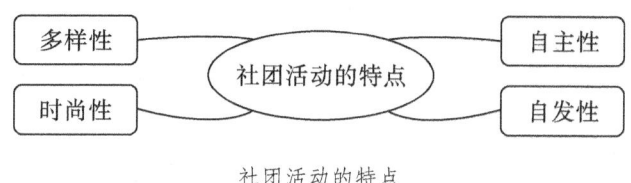

社团活动的特点

（1）多样性：学生社团活动内容的多样性，较大程度上满足了广大学生的不同需求。

（2）时尚性：社团活动内容切合当前社会发展主流思想和活动，具有很强的时代性。

（3）自主性：学生社团的日常运作与活动的开展几乎是社团成员自主决定和安排的。比如制定社团规则制度、吸收新成员、开展新活动、换届选举负责人等等。

（4）自发性：学生社团的建立与发展源于学生对该社团的认可与兴趣，完全是学生根据其意愿与兴趣自发组织的，由于学生社团在活动的形式和内容上具有一定的自由度，所以学生社团具有广泛的群体基础。

三、社团类型及活动内容

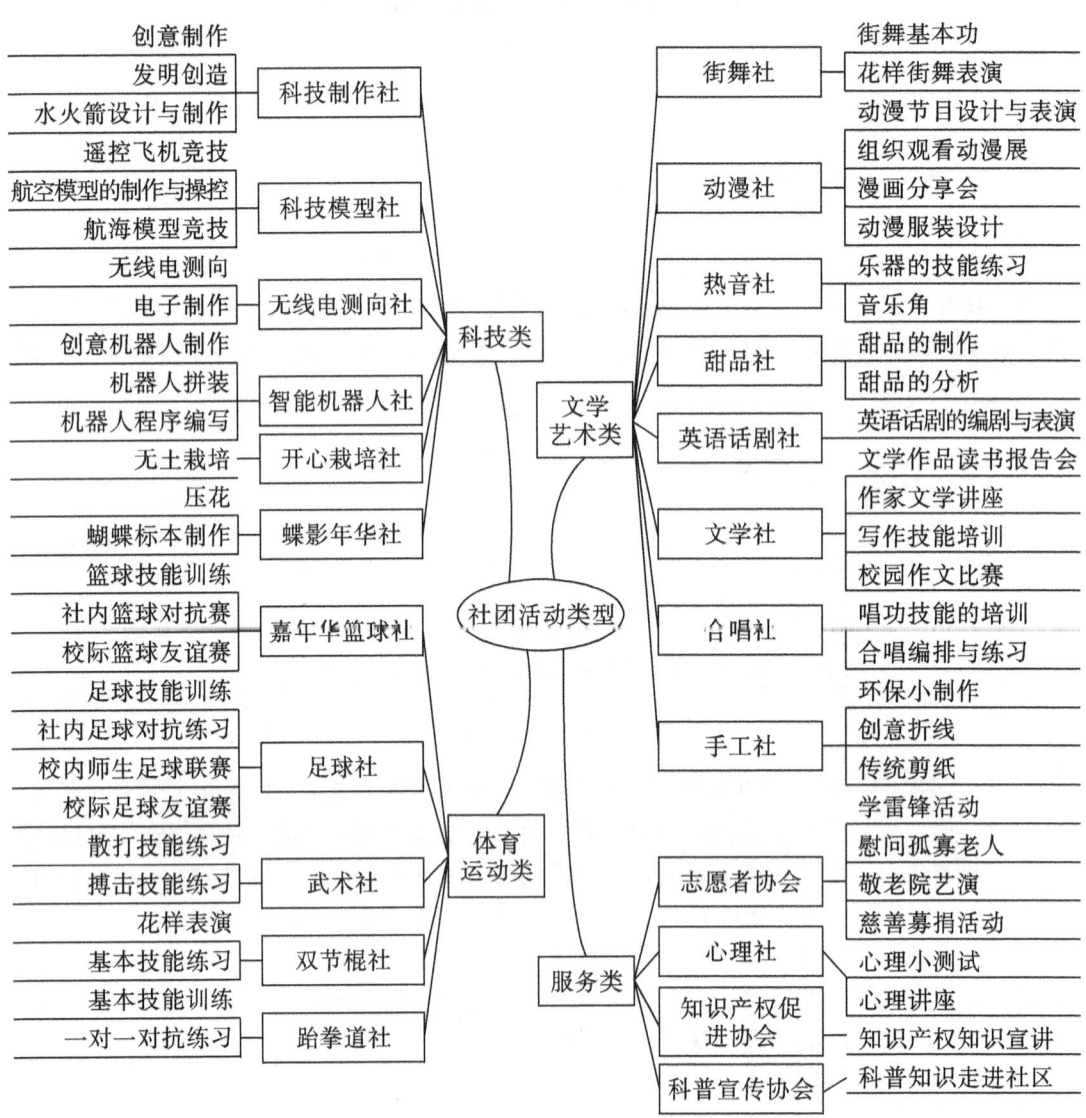

社团活动的类型及内容

社团活动内容

类型	社团名称	主要活动形式
科技类	科技制作社、科技模型社（航空模型社、航海模型社、建筑模型社、车辆模型社）、无线电测向社、智能机器人社、开心栽培社、蝶影年华等	创意制作、发明创造、水火箭设计与制作、遥控飞机竞技、航空模型的制作与操控、航海模型竞技活动、智能机器人的设计活动、游戏程序的设计与开发活动、电脑网页制作等
文学艺术类	街舞社、动漫社、热音社、甜品社、英语话剧社、文学社、合唱社、手工社	音乐角、吉他弹唱技能教学、流行音乐分享会、街舞基本功、甜品制作与分享活动、手工教学、手工作品展、义卖活动
体育运动类	嘉年华篮球社、足球社、武术社、双节棍社、跆拳道社	篮球对抗赛、足球对抗赛、摔跤技能练习、搏击术练习、擂台挑战活动、双节棍花样表演设计、跆拳道技能练习、一对一挑战赛、校际交流活动等
服务类	志愿者协会、心理社、知识产权促进协会、科普宣传协会	学雷锋活动、慰问孤寡老人、敬老院艺演、慈善募捐活动、心理小测试、心理讲座、科普知识进社区活动、知识产权知识宣讲活动

东莞市部分学校的特色社团

学　　校	社　　团	学　　校	社　　团
东莞中学	科普社、手工社	常平振兴中学	机器人 DIY 社
东莞中学松山湖学校	摄影社、尚绿社	石龙中学	安全救援社
东莞市第八高级中学	航模社、天文社	石龙三中	龙城飞鹰社

四、开展社团活动的意义

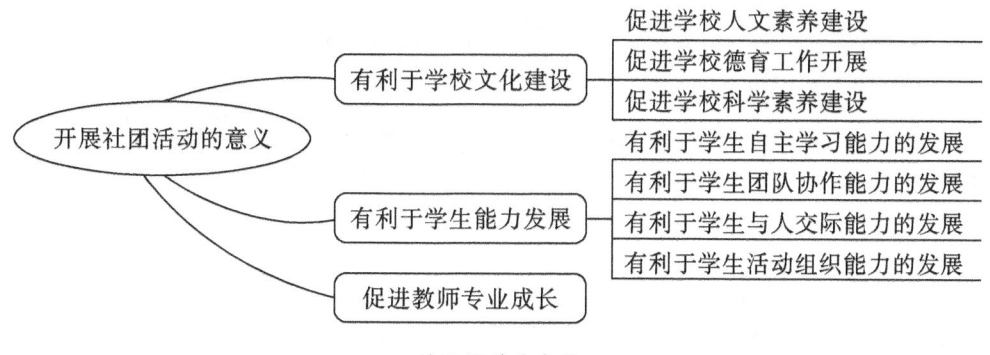

社团活动的意义

（一）社团活动与学校文化建设

1. 社团活动与学校人文文化建设

校园文化建设是学校实施素质教育和精神文明建设的重要组成部分。社团活动是学校传统课堂在课外的延伸，是学生在校园中参与最多的课外活动，是学校文化重要的组成部分。丰富多彩的社团活动，丰富了校园人文文化的内涵，传承与创新了校园人文文化的多元化，促进了校园人文文化的繁荣与发展，提升了校园人文文化的品位与形象。

社团节动漫社展示活动

社团节科技社作品展示活动

2. 社团活动与学校德育工作建设

现代中学生的思想活跃，见识面广，他们的思想观念前卫，追求与时俱进，精神文化需求多元化、时尚化。学校的德育工作如果还是一味地说教，不创新手段，不尝试新方式，他们根本听不进去。学生社团是学生因为有着相同的兴趣，有着共同追求而组成的组织，所以学生社团活动有着独一无二的强大号召力。发挥社团活动的凝聚力，在合适的时机引导社团开展各种主题教育社团活动，弘扬主旋律，传达正能量，引导学生树立正确的人生观、价值观和世界观，正确地认知自我与他人，在活动中把社团成员间最初的认同感上升为集体荣誉感、集体责任感，再到集体主义精神。

社团节爱心助学义卖德育活动

学生社团进社区开展普法宣传活动

3. 社团活动与学校科学素养建设

随着素质教育的不断深入，学校的教育已经不仅仅是知识的传授，还包括学生的创新意识，实践能力的培养和科学素养的提升。学生社团活动是传统课堂的课外延伸，是学生探究实践的主阵地。通过实践探究类主题社团活动的开展，学生在实践的过程中体验科学探究过程，掌握科学探究方法，提升科学探究能力，形成科学的观念，锻炼科学探究精神，培养科学创新意识，增强动手实践能力，提升科学素养。

科技社科学实验探究活动　　　　　　　科技社制作电磁炮探究活动

（二）社团活动与学生能力培养

1. 有利于发展学生的自主学习能力

社团活动是有着共同爱好、兴趣和特长而聚集在一起的学生组织的活动。学生在参与社团活动时都带着共同的学习目标，共同的学习动机，怀着强烈的学习欲望，所以社团活动具有强烈的自主、开放的探索学习氛围，有利于促进和发展学生自主学习的能力。

发明部干部在给成员上发明创新技法课　　　航模社干部在给成员上模拟飞行技能课

2. 有利于发展学生的团队协作能力

社团活动具有集体性，是多人参与的活动。要顺利开展社团活动，需要社团成员相互尊重、相互包容、共同努力。为了能出色完成社团活动，需要成员之间学会分工合作，充分发挥各自的能力特长，通过日常的社团活动，有利于提升学生的团队精神和团体协作能力。

社团成员间利用头脑风暴法开展创造活动　　　科技社代表队在比赛中分工合作

3. 有利于发展学生的与人交际能力

学生社团成员一般是来自学校不同的年级、班级，打破了学生常规的以年级、班级为范围的交际圈，社团活动甚至是打破学校与学校之间的地域距离，采取校际社团联谊开展活动，着实扩大了学生的交际面；另外，学生社团是学生自主管理，自发参与活动，要对社团进行有效的管理，开展丰富的社团活动，社团成员之间要进行相互的沟通、协调，通过参与社团活动，有利于培养学生的交际能力。

八中和东莞中学松山湖学校跆拳道社以武会友交流会　　　八中和电子科技学校街舞社"以舞会友"交流会

4. 有利于发展学生的活动组织能力

社团活动是学生自主组织的活动，在社团活动中，学生是活动的主体，学生成了活动的策划者、组织者，学生的自主意识、自主组织能力得到了快速的提升。

热音社在艺术节汇演中的精彩表演

（三）社团活动与教师成长

社团指导老师在做好学科教学的同时，精心指导学生组建社团和开展活动，特别是带领学生参加各类竞赛，指导老师在活动中学习相关理论，撰写指导心得、案例，提升自身的指导水平，促进了教师一人多能的发展，提升了自己的专业技术素养，开阔了专业视野，开辟了更多展示自我才华的途径，拓展了发展空间，成就了一批省、市骨干教师。

东莞市第八高级中学梁毅老师：

东莞市第八高级中学通用技术兼综合实践活动教师、综合实践活动教研组组长，东莞市通用技术教学能手。2012年科技社、航模社成立以来一直担任社团指导老师。几年来，指导社团的学生参加各级科技竞赛活动，获得市级以上奖励的有近150人次，其中国家级奖励近50人次，个人多次被评为优秀指导老师，荣获2014年广东省优秀科技辅导员、2013年东莞市中小学生科技模型优秀指导老师等荣誉称号。因工作出色，他被学校评为年度优秀教师、优秀青年教师。社团活动的指导工作，为他自身的快速成长创造了良好的平台。

东莞中学李敏老师：

东莞中学通用技术兼综合实践活动教师，东莞市综合实践活动学科带头人。2009年起，任学校团支部书记，同时担任学生社团指导老师。他大胆创新社团管理模式，逐步完善社团管理机制。至今，学校学生社区已从原来的9个发展到16个，大大增强了学校校园的文化建设，以及学校品牌社团活动的创建。李敏老师指导的学生研究成果获全国、省、市各级奖项超过100个，获国家专利29项，李老师个人也在《中国科技教育》《基础课程教育》等期刊发表多篇论文。2013年被聘为东莞市第三批综合实践活动学科带头人。

第二章　社团活动的开展

一、社团活动的管理机构

学校团委为社团的发展提供场地、师资和适当的经费支持（其他由社团自筹），并指派一名委员（教师）负责学生社团的整体协调。委员的主要工作包括：①学生会社团部工作指导；②学生社团成立、变更、注销的登记和备案；③各学生社团指导老师的委任；④学生社团活动方案及经费的审核；⑤组织与实施学生社团评优；⑥对学生社团违反《学生社团活动章程》的问题进行监督、检查和处理等。

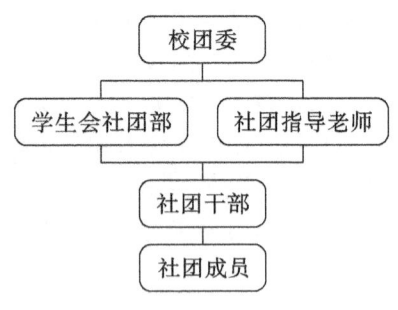

社团活动的管理机构

各学生社团有固定的校内指导老师一名，由各学科组教师担任，负责进行专业性的指导。其主要工作包括：①社团工作计划和总结的审核；②检查并签署社团活动的月记事；③就社团的活动从知识性、专业性等方面进行指导。

同时，学校团委委托学生会社团部负责学生社团的日常监督、管理和协调工作，具体包括：①定期召开社团负责人（社长）例会；②对学生社团实施活动进行协调联系、提供必要的帮助；③对学生社团实施活动进行检查和学期总结检查；④时刻关注各社团的运作情况，创造条件促进社团间的交流、合作。

二、学校社团活动的组建

学校社团通常按照以下流程成立：

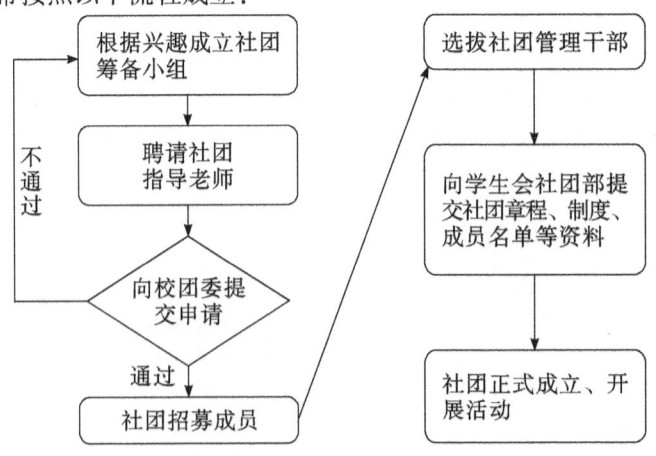

社团活动的成立流程

三、学校社团活动的实施原则

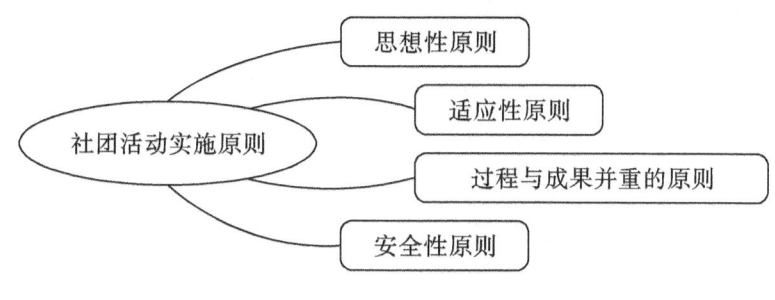

社团活动的实施原则

学校社团开展活动时应遵循以下几个原则：

（一）思想性原则

学校社团文化从属于校园文化，因而也应该有正确的政治方向。在老师的指导下，其主题的设立应该体现学校的办学思想和培养目标，杜绝有违国家法纪和低级趣味的社团活动。

（二）适应性原则

学校社团活动的开展既要适应学校发展的需要，又要充分考虑学生群体内在的需求以及学生的身心特点，开办出适应学生实际的活动。

（三）过程与成果并重的原则

学校社团活动能感染、熏陶、培养学生，是教育过程；同时又是营造校园精神文化氛围，完善校园心理文化状态的过程。学生社团活动的成果既可以成为再教育学生的资源，又可以成为建设校园物质文化环境的新元素。哪一个方面缺失都会影响活动的作用。

（四）安全性原则

学生社团活动的组织，活动设施设备必须有利于学生的身心健康，进行严格选择和处理，消除安全隐患。校外的活动应精心组织，全程注意安全工作的落实，并做好安全预案。

四、学校社团活动的基本过程

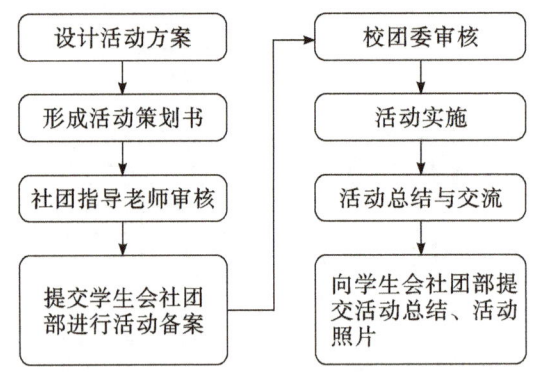

社团活动的基本过程

五、社团活动的开发策略

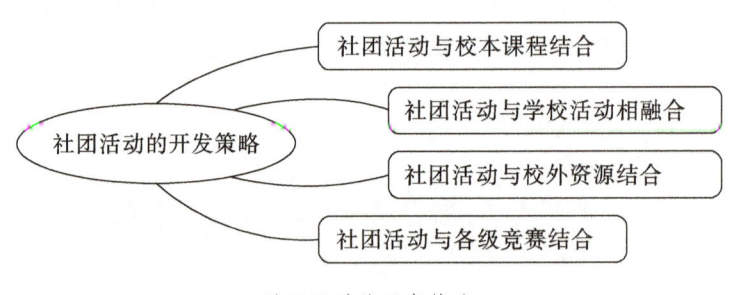

社团活动的开发策略

（一）社团活动与校本课程结合

学生社团活动普遍存在管理不规范、缺乏专业化的指导老师、效果低下等方面的问题。社团活动校本课程化可以最大限度地保证空间、时间和技术指导，突出社团管理和指导规范化，提高活动效率。

（二）社团活动与学校活动相融合

作为学校活动一部分，社团活动可以根据学校年度活动规划，比如科技节、读书节、体育节等传统学校活动和班团活动，适当指导学生组建相关社团，配合学校开展活动。

（三）社团活动与校外资源结合

社团活动的多样性和时尚性决定了社团活动必须广泛利用校外资源，来弥补学校资源的不足，为活动注入源源不断的动力，促成社团活动的整体性、连贯性、持续性。校外资源通常指的是：科技馆、科学馆、科普教育定点单位或其他社会团体等。结合的方式包括：请进来，给社团授课、开设讲座等；走出去，参观、实践体验等。

（四）社团活动与各级竞赛结合

社团活动和各级竞赛是相辅相成的。社团活动为各级竞赛汇集了大量资源，竞赛则为社团活动的展示提供了广泛的平台。这种"竞赛—社团"紧密相结合的社团实施方式助推了社团活动，拓展了学生的成长成才和教育创新的路径、方法和思路，使学生的成才目标更明确，为学生的个性化成长提供了舞台。

六、社团活动的实施困惑与品质提升策略

（一）实施的困惑

（1）参与率低。学生对社团活动理解不够、家长担忧影响学习等原因，只有相当少部分学生乐于参加社团并配合开展活动。

（2）重复乏"新"。学生对没有新意的社团活动缺乏兴趣，导致社团"生存期"短。

（3）有"形"无"神"。因为不能为社团活动提供足够的专业技术支持和交流提升机会等原因，社团活动徒有其表，未得其髓，缺乏深度和挑战性，活动逐渐流于形式。

（4）缺专业教师的指导。

（二）品质提升策略

（1）尊重学生的选择，适当培养学生的兴趣。

（2）加大宣传力度，让更多的学生理解社团活动的意义和对自身发展的作用。可以通过校园表演、成果展示等方式让更多学生（特别是新生）增加对社团的认识，扩大社团影响力，吸引更多学生参加社团。

（3）规范社团管理，发挥骨干成员作用，增强社团凝聚力。

（4）提升教师专业指导能力，提高活动效率。

（5）走出校园，加强交流。

（6）"开源节流"，规范经费开支。通过参加赛事拿奖金、社会赞助等方式补充社团活动经费，提升活动质量。

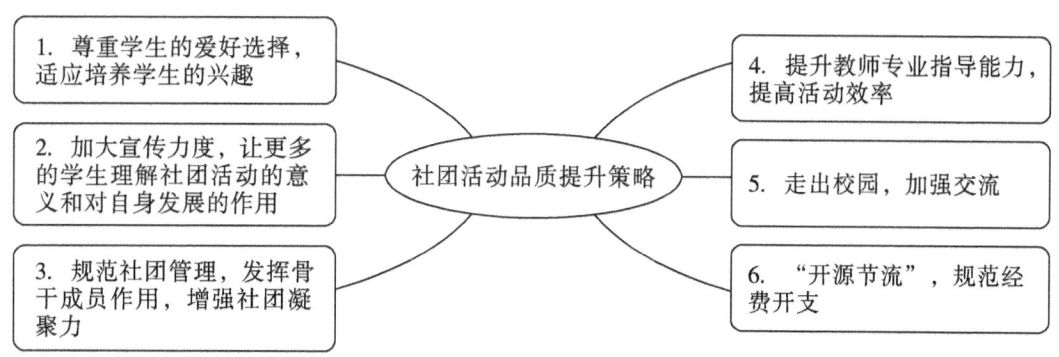

社团活动的品质提升策略

七、社团活动评价

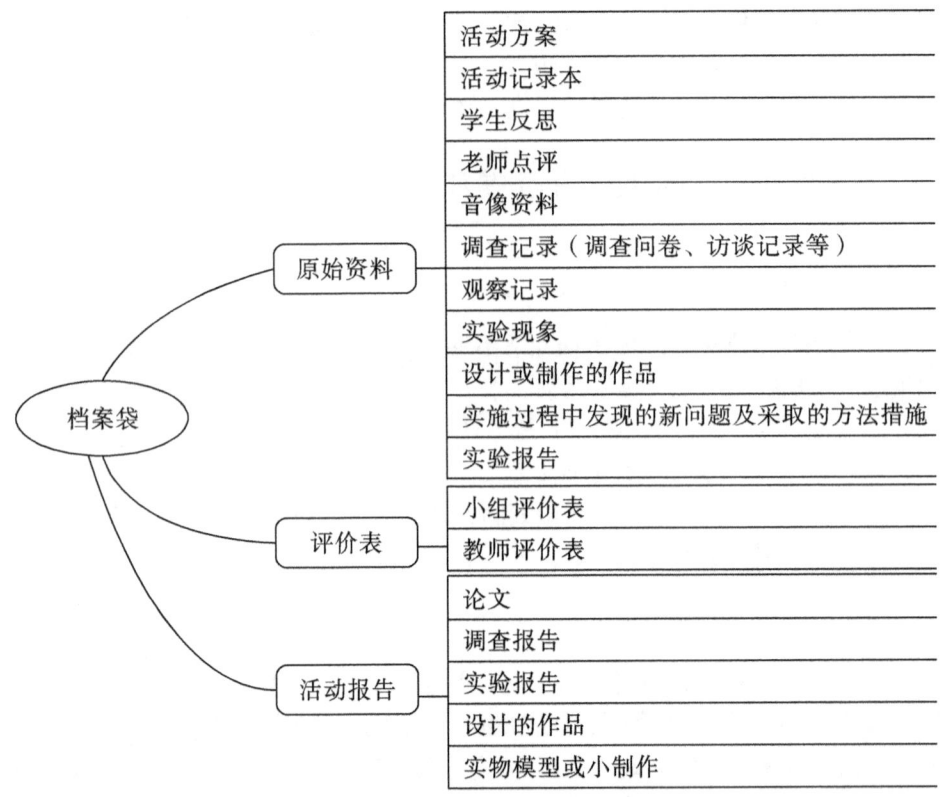

社团活动的评价资料

档案袋作为学生在综合实践过程的真实记录，它将学生的活动过程原始资料及时地保存下来，为活动总结交流阶段寻找规律，得出结论，为撰写各种报告提供很重要的依据，同时也是学生综合素质评价最直接的依据。这些资料是学生在每个主题实践阶段的细节体现与成果体现，有着活动给学生带来变化的痕迹。学生对主题的认识、目标的实现、动手实践的效果、在过程中的思考、自我认知的程度和反思的变化、情感经验的提升等，都收集在综合实践活动过程档案袋里。

学生社团评价表

评价项目及分值	评价内容	单项分值	打分
组织建设（15分）	1. 组织机构健全，各项规章制度健全	5	
	2. 按规定召开会员大会，按规定组织社团换届工作	5	
	3. 指导老师对社团工作的指导，定期与社团沟通联系，专门研究社团工作的计划与任务，及时解决社团工作中遇到的困难和问题	5	

续上表

评价项目及分值	评价内容	单项分值	打分
活动开展（65分）	1. 每学期开学2周内，能递交学期活动计划，且材料符合社团联统一格式要求，内容合理详尽	5	
	2. 开展的活动与社团本身性质相关	10	
	3. 积极与相关学生组织合作，承办或合办各项与社团业务相关的活动	10	
	4. 社团常规活动积分（每周一次，没有举行或参与人数少于总人数的50%算缺一次，扣2分。扣完为止）	20	
	5. 学生每次社团活动结束后有详细的活动总结、活动程序、工作方案等文字资料存档	10	
	6. 积极开展社团对外交流活动，每次5分	10	
宣传工作（20分）	及时向校团委上报社团活动的最新动态，在活动结束后24小时内，上传新闻稿	20	
加分项目	1. 参加各类与业务相关的比赛竞赛获得奖项，市级5分、省级10分、国家级20分，团体奖得分翻倍		
	2. 社团活动被市级以上媒体报道，市级5分、省级10分、国家级20分		
	3. 被评为优秀社团，市级10分、省级20分、国家级50分		
扣分项目	1. 社联各项工作会议无故缺席（每次1分）		
	2. 受到会员投诉并查明情况属实（每次5分）		
	3. 不能按时上交相关活动、工作的策划、总结、活动记录材料等（每次5分）		
	4. 逾期不向学校交还所借物品（每次2分）		
综合评分			
综合评级			

说明：1. 本评价基本分为100分，加分项目及扣分项目按次计算，上不封顶。
2. 评价每学期举行一次，年度考核分数为两学期考核的平均分。

第三章 社团活动案例

案例：
"飞向蓝天"——航空模型社团建设和活动开发

一、活动背景

近年来，我国航天航空科技事业取得了令世界瞩目的成绩。普及青少年航天航空科普知识，培养我国航天航空优秀后备人才受到了社会各界的关注。东莞市第八高级中学在建校之初，航天航空教育活动几乎是空白。学校遵循"对每一位学生的终身发展负责"的办学宗旨，积极开展科普教育，创建"科教"特色学校，促进学生的全面发展。同时，广大学生渴望参加航天航空活动。在学校领导的关注和大力支持下，由梁毅老师牵头，组建了东莞八中"飞向蓝天"——航空模型社团。

二、活动目标

（1）通过开展"飞向蓝天"系列社团活动，让学生在活动的过程中，了解航天航空知识，体验航天航空科技模型带来的乐趣，激发学生对我国航天航空事业的热爱。

（2）通过科技实践活动，培养学生的动手实践能力，激发学生的创新思维，提升学生的科学素养。

三、活动过程

（一）准备阶段

（1）成立"飞向蓝天"航天航空科技社团辅导老师队伍。在社团活动筹备阶段，东莞八中成立了专门的社团辅导老师队伍，并邀请省航空学会专家、全国著名航空模型教练莫春荣老师出任本社团活动的总顾问。

成立科技实践活动科技辅导教师团队

邀请省航空学会专家、全国著名航模教练
莫春荣老师任活动总顾问

（2）成立"纸飞机""橡皮筋动力飞机""水火箭制作""遥控航模"航天航空类社团。目前东莞八中由学生自发组织了纸飞机社团、橡皮筋动力飞机社团、水火箭社团、遥控航模社团，共有约150人参与到了各种航天航空类社团。

航模部（纸飞机、橡皮筋动力飞机等）社团招新

（3）开发"纸飞机""橡皮筋动力飞机""水火箭制作""遥控航模"校本课程纲要。每学期，社团活动的辅导老师要开设各种航天航空模型校本课程，满足不同兴趣、不同层次的学生选择学习。

（二）实施阶段

（1）依托通用技术课程、校本课程，渗透、普及航天航空科普知识。"飞向蓝天"航天航空社团活动并不是孤立的，学校注重把航天航空知识渗透到各学科的教学活动中。如利用通用技术课程，为全校高一年级14个班约700名学生开设"水火箭制作与发射"课。

"水火箭制作与发射"课程教学

（2）依靠航天航空类社团活动，搭建同学们交流、学习的平台。学校成立各种航模类社团，每周有固定的时间、固定的地点开展活动，通过社团活动，让学生有更多的实践机会和交流的平台。

橡皮筋动力飞机社团活动　　　　　　　　　　　纸飞机社团活动

遥控飞机社团活动　　　　　　　　　　　水火箭社团活动

（3）开展校园丰富多彩的比赛，提高学生的航天航空模型竞技水平。东莞八中在开展"飞向蓝天"航天航空社团活动期间，以校园科技节为契机，开展了各种各样的航模比赛，同时积极参与各级航天航空模型比赛活动。

我校首届纸飞机比赛

科技节橡皮筋动力飞机比赛

参加各种航天航空模型比赛

校园内丰富多彩的航天航空知识宣传

四、活动成果

（一）学生参与面、受益面广

东莞八中开展"飞向蓝天"航天航空社团活动，历时将近一年，在本次社团活动期间，学生通过观摩，动手制作，参观航天航空展览室、宣传栏等不同方式活动，都受益匪浅。通过这次社团活动，也在全校普及了航天航空科普知识。

（二）活动效果显著，活动成果丰硕

在参与社团活动的过程中，学生的动手能力、团队合作能力、解决问题能力得到了提高，学生的创新思维、探究精神得到了提升，学生对航天航空科技的兴趣、热情更浓厚。

（三）活动影响大，深得社会各界认可

依托"飞向蓝天"航天航空社团活动的开展，航天航空科普教育已逐渐发展成为东莞八中教育特色活动，并得到市科协、市青少年科技教育协会的认可。东莞八中先后承办了 2013 年"全国科技体育传统校"暨东莞市科技模型教育论坛、2013 年东莞市中小学生航天航空科技模型竞赛、樟木头镇中小学生科技节（航天航空模型表演）等活动，学校先后被评为"全国科技体育试点学校""广东省航空航天科普教育定点学校"称号。

我校被评为"全国科技体育试点学校"

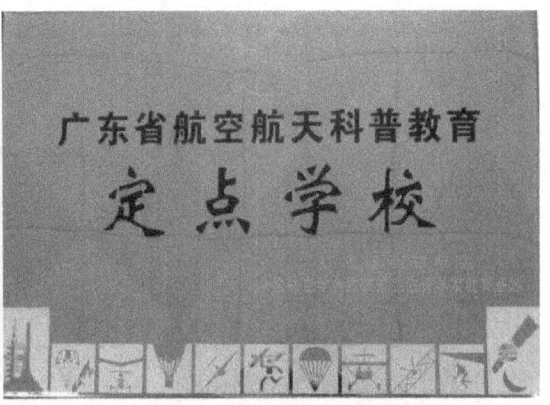

我校被评为"广东省航空航天科普教育定点学校"

2013 年"全国科技体育传统校"暨东莞科技模型教育论坛在我校举行

2013 年东莞市中小学航天航空模型竞赛在我校举行

五、活动总结

（1）我们开展的"飞向蓝天"航天航空社团活动既有面向全体学生的科普知识的普及，也有面向有特长兴趣的航天航空优秀科技人才培养。

（2）让参与的学生体验航天航空社团活动带来的乐趣，感受航天航空的魅力。

（3）在举办的各种校园比赛、省市比赛中，提升学生的自信心，增强学生的心理素质。